前言 / Foreword

“学前教育学”这门课程承担着培养职前幼儿教师和 0-6 岁学前儿童教育工作者职业能力的重任，是师范院校培养合格幼儿教师和从事学前儿童教育工作者的必修课程，是突出教师教育特色的重要标志。本课程是学前教育专业学生的专业理论主干课，在完成专业培养目标中起着核心作用。因此，本书编写时坚持“学以致用”的原则，在阐释主要理论及其发展的基础上，增加了案例与实践活动分析的内容，以强化对学习者实践活动组织能力的培养。

本书体例新颖，由引入案例、学习目标、知识结构、正文、案例链接或案例呈现、问题研讨、知识拓展或者小知识、本章小结、思考与实训、案例分析、章节实训（又分为实训要求、实训过程和实训评价 3 部分）等部分组成，尤其是加入了需要用二维码识别的“扫一扫”栏目，拓展了学生的知识面和核心知识点，增进了学生对内容的直观理解。在使用本书时，教师要有意识地引导学生学习如何成为现代的学前教育教师，多采用探究式、讨论式、案例教学等方式，帮助学生学会分析、思考学前教育实践，并带领学生感受和参与学前教育课程改革的实践，培养学生自我专业发展的意识和能力。

本书主编为江西省上饶师范学院小教分院徐旭荣（省学科带头人、教育学心理学教研室主任）。全书凝聚了编写组成员的辛勤耕耘与努力，各参编人员都认真研读了近年来教育部颁布的学前教育政策规章和文件，书中增加了解读《幼儿园工作规程》《幼儿园教育指导纲要（试行）》《幼儿园教师专业标准（试行）》《3-6 岁儿童学习与发展指南》这四个政策规定的内容，以便于学前教育专业的学生在幼儿园实践中不偏离轨道，认真贯彻政策精髓，树立正确的儿童观、教师观、教育观和教学观。各章节的具体分工是：江西省上饶师范学院小教分院倪连晶编写第一章，江西省上饶师范学院小教分院王黎华编写第二章和第三章，江西省上饶师范学院小教分院刘懿编写第四章，江西省上饶师范学院教育科学学院张继平编写第五章，江西省上饶师范学院小教分院徐旭荣编写第六章，江西省南昌师范学院李慧编写第七章。在此谨向为本书的编写及出版工作作出贡献的同志们表示衷心的感谢！

本书引入了最新的二维码技术呈现随书拓展资源（扫描相关知识点旁的二维码即可访问）。限于时间和水平，本书错漏之处在所难免，敬请读者批评指正，以便我们将不断完善本书后续版本。

编　者

2014 年 5 月

高等教育学前教育专业规划教材

学前教育学

XUEQIAN JIAOYUXUE

◎ 徐旭荣 主编

◎ 刘懿 张继平 朱弋红 副主编

◎ 倪连晶 王黎华 李慧 参编

人 民 邮 电 出 版 社

北 京

图书在版编目（CIP）数据

学前教育学 / 徐旭荣主编. -- 北京 : 人民邮电出版社, 2015.1（2018.7重印）
高等教育学前教育专业规划教材
ISBN 978-7-115-36182-0

Ⅰ. ①学… Ⅱ. ①徐… Ⅲ. ①学前教育－教育理论－高等学校－教材 Ⅳ. ①G61

中国版本图书馆CIP数据核字(2014)第242561号

内容提要

本书立足于学前教育师资培养的实际要求，以夯实学生学前教育的基本理论和基本能力，培养和造就符合时代要求、具有贯彻实施《幼儿园工作规程》《幼儿园教育指导纲要（试行）》《幼儿园教师专业标准（试行）》《3-6 岁儿童学习与发展指南》能力的、有专业素养的新型教师为目标。

全书共 7 章，其中第一章和第三章主要是阐述与学前教育有关的基本概念和基本理论知识；第二章主要是解读学前教育几个重要的政策法规；第四章论述学前教育的基本要素，主要是人和物两方面的要素在学前教育中的地位、作用及其相互关系；第五章、第六章和第七章的主要内容是学前教育的实施，主要通过课程、游戏、教学、区域活动、日常生活活动与其他形式的活动、幼小衔接与家园共育、社区合作等途径进行。

本书既可作为学前教育专业的教材，也可以供相关从业人员作为参考资料使用。

◆ 主　　编　徐旭荣
　副 主 编　刘　懿　张继平　朱弋红
　责任编辑　刘　琦
　责任印制　杨林杰

◆ 人民邮电出版社出版发行　　北京市丰台区成寿寺路 11 号
　邮编　100164　　电子邮件　315@ptpress.com.cn
　网址　http://www.ptpress.com.cn
　大厂聚鑫印刷有限责任公司印刷

◆ 开本：787×1092　1/16
　印张：11.25　　　　　　　2015 年 1 月第 1 版
　字数：296 千字　　　　　　2018 年 7 月河北第 4 次印刷

定价：29.80 元

读者服务热线：(010)81055256　印装质量热线：(010)81055316
反盗版热线：(010)81055315
广告经营许可证：京崇工商广字第 0021 号

目录 / Contents

4

第四章　学前教育的基本要素 / 068

5

第五章　学前教育课程、游戏和教学 / 106

第一章　概　述

引入案例

8 月 28 日，开园前的教职工大会上，园长热情地向大家介绍了一位副园长，说道："欢迎小星星亲子园的刘园长带着她的小星星亲子园加盟我园，从这个学期开始，我们阳光幼儿园和小星星亲子园就是一家人了。我们园招收孩子的入学年龄从 3-6 岁，扩大到了 0-6 岁……"

胡老师是刚参加工作的新老师，听了园长的话，既兴奋又迷惑。兴奋的是，自己刚工作，就进入了一个大家庭，幼儿园的事业蒸蒸日上；迷惑的是，刚才园长提到的入园孩子的年龄是 0-6 岁，这和自己了解的幼儿园入学年龄有些不同。下班后，胡老师找来了新编的《学前教育学》细细地研读起来，希望能从中得到一些启发。

本章我们就来关注一下，学前教育与学前教育学、我国 0-3 岁婴儿教育机构教育的目标和原则以及我国幼儿园教育（3-6 岁）的目标、任务和原则。

本章学习目标

（1）了解学前教育学的研究对象、内容、任务以及学前教育的发展历程。

（2）掌握我国学前教育的目标、任务和原则。

（3）学会反思和改进学习方法。

本章知识结构

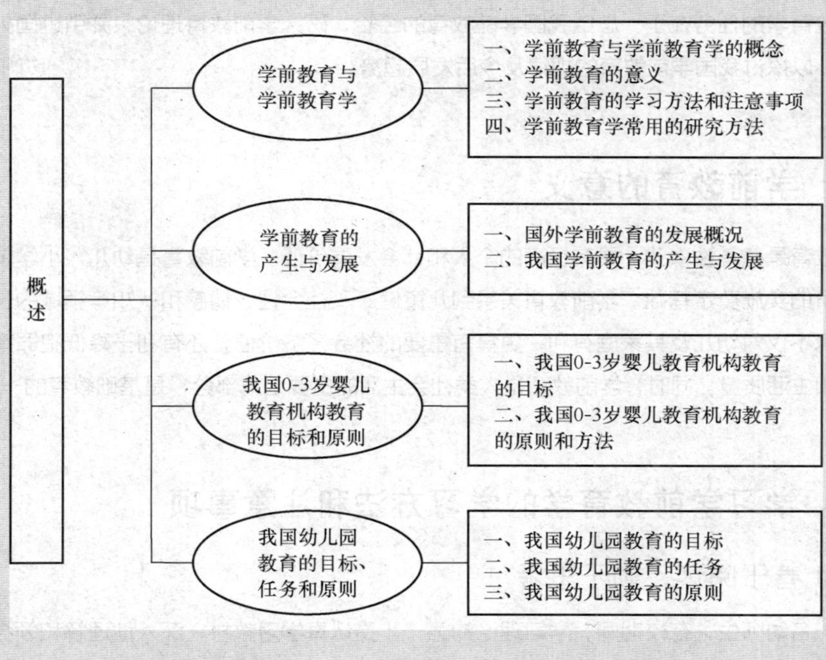

第一节　学前教育与学前教育学

一、学前教育与学前教育学的概念

关于“学前教育”的概念，一直都是仁者见仁智者见智，在我国影响较大的主要是两本著作中提出的观点。一个是 1989 年我国出版的第一本高等师范院校教材《学前教育学》，主编黄人颂提出 “学前教育是指从初生到 6 岁前儿童的教育”；另一个是 1990 年北京师范大学出版社出版的该校教育系学前教育研究所编著的《学前教育学》，梁志燊教授在书中提出“学前教育是对出生到入学前的儿童所进行的教育”。

还有学者以人类学和生理学的知识为基础提出“学前教育”是指从受精卵形成到正式进入小学教育之前，在该时段内儿童主要以游戏方式、学习直接经验为主的内容的活动。从时间的维度来看，分为胎儿教育（妊娠期至满 1 周岁）、婴儿教育（2 至 3 岁）和幼儿教育（4 至 6、7 岁）三个时期。

学前教育是对胎儿至进入小学前的儿童所进行的教育、组织的活动和施加的影响。它的教育包括胎儿、婴儿（0-3 岁）、幼儿（3-6 岁）。

1982 年《中华人民共和国宪法》第十九条第二款规定：“国家举办各种学校，普及初等义务教育，发展中等教育、职业教育和高等教育，并且发展学前教育。”1995 年《中华人民共和国教育法》第十七条规定：“国家实行学前教育、初等教育、中等教育、高等教育的学校教育制度。”

每一门学科都有自己特有的研究领域，学前教育学是教育学的一个分支学科。根据受教育对象的年龄不同，把人一生的教育分成了学前教育、初等教育、中等教育、高等教育、终生教育等教育阶段。各个阶段的具体任务、教育的内容和教育方法都不尽相同，各阶段教育的特点和教育规律也各不相同。

学前教育是指对 0-6 岁儿童进行的教育。学前教育学就是专门研究学前教育规律的科学。本教材把儿童的教育从出生到 3 岁这一阶段划分为婴儿的早期教育，3 岁到 6 岁阶段划分为幼儿教育，婴儿教育和幼儿教育是相互连接，性质相近又密切联系的。

学前教育学的任务在于：总结我国学前教育的经验，研究学前教育理论，并引进国外学前教育的理论和实践，以探讨我国学前教育的规律及今后发展趋势。

二、学前教育的意义

学前教育是奠基性事业，具有极高的个人和社会发展价值。学前教育是幼儿入小学前的准备，为九年义务教育的实施奠定基础。学前教育关系到儿童健康、社会性、情感和认知等领域的长期发展。优质的学前教育不仅对幼儿及其家庭有利，更具有重要的社会经济价值，还有利于降低犯罪率和改善公民的健康状况和生活质量。同时，学前教育是人类社会生活的重要组成部分，是基础教育的一部分。

三、学习学前教育学的学习方法和注意事项

（一）善于阅读，勤于思考

作为一名幼师生，在校期间，学习理论的第一步是认真学习教材，深入地理解和领会学前教育学的

基本概念和基本原理；初步了解学前教育学的基本结构。除教材之外，也应该广泛阅读相关的报刊书籍。

反复推敲教材每一章节的主要内容和渗透在其中的重要观念、概念、教育思想和教育理念，弄清此章节和彼章节的内在联系，注意各章节间的逻辑关系。

系统了解和掌握各个派别幼儿教育理论的实质、内容、价值等，用批判继承的态度思考、分析和比较这些派别的教育理论。

善于观察、独立思考是学习和研究学前教育学的重要方法，对于已有的教育观点和教育方法要多问几个为什么，不必为传统的观念和结论所束缚，人云亦云。勇于探索新问题，提出新见解，是提高自己认识水平的重要途径。在自己学习的基础上和老师同学相互交流看法，讨论切磋，让不同的观念相互碰撞，相互启发，使自己能更清楚、全面、准确地掌握学前教育学理论。

（二）理论与实践相结合

学前教育学是一门实践性学科，学前教育理论必须为学前教育实际服务，理论联系实际是学好学前教育学的必由之路。

在校期间联系实际的方式有多种，如到学前教育机构（亲子园或者幼儿园）进行见习、实习，访问优秀幼儿教师，开展社区、家庭的亲子教育、幼儿教育调查，尝试设计和组织一些教育活动、做一些教育小实验，对一个或多个幼儿进行观察研究以及参加各种有关的专业活动等，都能有效地提高自己的教育理论修养和从事学前教育工作的能力。那种认为："在校认真学习理论知识，毕业后再去实践"的思想是不对的，我们不能把学习理论和参加实践机械地割裂开来，脱离实际的理论是空洞的理论，没有理论指导的实践是盲目的实践。

（三）学会反思，注重研究性学习

"学而不思则罔，思而不学则殆"，幼儿教师是个需要反思的职业。

关于反思，我国历史源远流长。在我国古代，圣贤就倡导"反求诸己""扪心自问""吾日三省吾身"。但这大多都停留在对反思的认识理解上，很少有将反思与实践相联系的。

在近代，将反思应用于教学实践的代表人物是华东师范大学的熊川武教授，他在其著作《反思性教学》一书中对反思性教学作了以下定义："教学主体借助行动研究，不断探究与解决自身发展和教学目的，以及教学工具等方面的问题，将'学会教学（learning how to teach）'与'学会学习（learning how to learn）'结合起来，努力提升教学实践合理性，使自己成为学者型教师的过程。"因此，学会反思，注重研究性学习，才能学好学前教育学这门课程。

四、学前教育学常用的研究方法

（一）观察法

观察法是在自然条件下，教师有目的、有计划地对所要研究的现象或行为进行观察、记录和评价的一种方法。

在学前教育研究中，观察法是最基本、最常用的一种研究方法，特别适合于对幼儿行为的研究，道理很简单，幼儿身心发展水平还比较低，言语理解与表达能力十分有限，无法用文字测验和书面调查来获取有关资料。另外，幼儿较少对观察产生敏感，即使在不相识的观察者面前，幼儿仍然能表现其自然行为，我行我素，很少作假，因而观察所得资料通常比较真实可靠。

观察法的适用范围很广，凡是幼儿呈现的任何行为现象均可作为观察目标。通常观察法用于描述自然条件下的行为状态或正在进行着的某些过程。如，研究班级中幼儿之间的人际关系，幼儿交往中活动类型，幼儿社会性发展水平等。另外，也适用于获取第一手资料或对研究对象进行纵向跟踪研究。如，幼儿的言语发展水平，计数能力，动作技能的发展过程等。

观察法作为一种独立的研究方法，也可作为其他研究方法的辅助手段。观察法简便易行，获得资料可靠性较高；有时，还可以获得一些意料之外的资料。观察法在教育研究中的作用是任何别的方法所不能替代的。只要我们认识到观察法的优点和局限性，在研究实践中扬长避短，就能充分发挥它的作用。

1. 观察法的优点

（1）在自然状态下即时进行，生动、具体、直观，可获得第一手资料。

观察法的一些支持者认为，同其他主要的资料搜集技术相比，观察法运用过程中个人的主观意识参与较少，相对来说，所得资料比较客观。

（2）可收集到非言语行为的数据和资料，便于对行为进行研究，特别适合于对学前儿童的研究。

对搜集非言语行为作为资料而论，观察法明显优越于其他研究方法。观察研究中，在场的观察人员可随时发觉不断发展变化的行为。观察人员可做现场笔记，将行为的突出特征记录下来，甚至可以用录像机将其整个行为过程录下来。

（3）可对观察对象做较长时间的跟踪研究，能获取行为现象发展变化趋势的有关资料。

在教育研究中使用观察法，观察人员能够在天然环境中对受观察者进行研究，从而通常需要比其他研究更长的时间。调查对象对很久以前发生的事情可能记忆不清，而观察人员是在事件正发生的当时对他们进行观察研究，从而能够说明偶然事件和平常事件之间的区别。

（4）观察资料是从被试的常态行为表现中获得，可以排除被试的主观反应偏差，具有较好的生态效应。

2. 观察法的局限性

（1）由于在自然状态下进行观察，不允许改变观察对象的各种条件，对可能影响观察的外部因素难以控制，并且难以完全重复观察和检验观察结果。

（2）观察的主观性较强，既受到观察者生理感知能力方面的限制，也受到认识能力方面的限制，往往只能得到表面的感性材料，难以深入事物的本质和被试的心理，难以确定因果关系。

（3）受时间、地点、人力、经费等条件限制，不可能进行大范围、大场面的观察，样本较少。

（4）观察通常是靠观察者的感觉进行判断、测定的，所得资料往往难以系统方式进行编码和分类，定量困难。就这点而言，有些类似调查研究中开放性问题的答案。在这两种情况下，研究人员均可能面临上百甚至上千的抄写材料，详细地说明逐日发生的事情，却无法充分地综合资料，以得出同假设有关的结论。

（二）实验法

实验法是教师根据研究目的对某些条件加以控制，有计划地改变某种教育因素，从而考察该因素与随之产生的结果之间的因果关系的一种研究方法。

实验法要求在实验开始前就必须有一个明确的科学假设。实验假设是实验者在长期实践、经验积累的基础上对实验因素与教育效果之间因果关系的一种假定性的推测。科学发展的历史证明，任何一种科学理论的产生，都是经过由科学的假说到实验和实践的验证才确立起来的。教育实验是针对教育中存在的某种问题，提出有科学根据的设想和假说，然后付诸实验的检验，从而得出结论，接受或拒绝假设。例如，师幼关系对幼儿人格发展有哪些影响，某种教学方法能否促进幼儿的学习能力等，都可以提出不同的理论假设，并通过实验加以验证。

实验过程被施行严格的积极主动的控制，与观察法在自然状态下消极等待研究现象的出现不同的是，实验法是在严格控制的条件下，人为设置某种情境，积极主动地促使某些现象、性质特征的出现，进而揭示事物、现象发生的原因。在教育实验中，自变量即实验因素，因变量即实验效果，是依赖于其他变量而变化的变量，是实验因素等变量作用下的反应，是实验的结果。如在幼儿园教学方法改革的实验中，教学方法即自变量（实验因素），教学质量是因变量（实验结果），实验控制即控制除实验因素以外的其他因素（如幼儿年龄、幼儿人数、幼儿的智力、幼儿教师水平、幼儿园教材、幼儿努力程度、教学时间等）对实验结果的影响。控制是实验法的本质特征和精髓，没有控制，也就称不上是实验。

教育实验的主要目的是探求变量间的因果关系。因为实验过程中一切无关因素都已受到严格控制，而作用于因变量的只有实验因素。因此，这一结果是必然的，研究者可确定实验因素与结果之间的因果关系。

案例链接

“幼儿园美术深入尝试教学法培养幼儿创新能力的实验”，实验因素是深入尝试教学法，因变量是幼儿的创新能力。在对“尝试教学法”作出操作性定义后，分别在中班和大班幼儿中各选 2 个班进行为期一学期的实验。在每个教学内容中，让实验班幼儿在创作前进行深入尝试，而对照班幼儿在创作前不进行深入尝试。在严格控制其他条件的情况下，一学期下来，实验班幼儿的作品与对照班幼儿的作品相比，在运笔用墨和画面内容以及创造想象上更丰富，在画面构成上更饱满，在个性特征上更鲜明，而且整个画面都洋溢着活泼、朝气、童趣。由此揭示了深入尝试教学法与创新精神培养的因果关系。

要得出两类变量之间存在因果关系，需要满足以下四个条件。

（1）共变关系。自变量和因变量向同一方向变化。如上例中，进行美术课的尝试教学法后，幼儿的创新能力就提高了，说明两类变量间有共变关系。

（2）时间顺序。先有自变量的变化，才有因变量的变化。上例中，不能先有创新能力的提高，再进行尝试教学法。

（3）控制无关变量。上例中，影响幼儿创新能力的其他因素，如实验班与对照班的原有基础、师资水平、幼儿学习态度等都是需控制的无关变量。

（4）具有可重复性。所谓可重复性是指在同样实验条件下，可以在不同地区、不同单位获得同样的实验结果。实验结果本身就是经过长期艰苦反复的实验获得的。一旦某一因果关系确定后，可以肯定它具有较高的科学性。因此，如果在相同的实验情境下，施加同样的实验因素，控制好无关因素的干扰，按同样的方法加以操作，应该能够获得基本相同的结论。教育实验的可重复性，使得实验结果具有更强的说服力和推广价值。

（三）个案研究法

个案研究法是教师利用观察法、调查法、作品分析法等方法对班级个别学前儿童进行全面系统的研究，以揭示学前儿童发展的普遍规律的一种研究方法。它包括对一个或几个个案材料的收集、记录，并写出个案报告。在现场收集数据的叫做“实地调查”。它通常采用观察、面谈、收集文件证据、描述统计、测验、问卷、图片、影片或录像资料等方法。

1. 个案研究法的特点

（1）研究对象的个别性与典型性

个案研究的对象是个别的，但不是完全孤立的个别，而是与其他个体相联系的，是某一个整体中的个别。因而，对这些个别对象的研究必然在一定程度上反映其他个体和整体的某些特征和规律。个案研究的目的固然是了解把握某个个体的具体情况，但也要通过一个个案的研究，揭示出一般规律。例如瑞士著名的儿童心理学家皮亚杰通过对少数儿童的个别谈话法，揭示出儿童心理发展的普遍规律。当然，个案研究取样较少，其研究的结论代表性也就较小，因此不宜机械地推广到一般中去，需要谨慎思考和分析。此外，作为个案研究对象的个别，应该具有与众不同的典型特征，不具有典型性的个别，显然没有多少研究价值。

一般来说，作为个案研究的对象应该具有三个显著特征：第一，在某方面是否有显著的行为表现；第二，与这方面有关的某些测量评价指标是否与众不同；第三，教师、家长等主要关系人是否都有类似的印象和评价。

（2）研究内容的深入性和全面性

个案研究既可以研究个案的现在，也可以研究个案的过去，还可以追踪个案的未来发展。个案研究可以做静态的分析诊断，也可以做动态的调查或跟踪。由于个案研究的对象不多，所以研究时就有较为充裕的时间，进行透彻深入、全面系统的分析与研究。例如，对一个学习有障碍的幼儿的研究，往往需要从多方面加以考察，诸如幼儿学习的智力因素和非智力因素，原有的知识基础和学习方法，以及教师的教学和家长的辅导情况，还要进行前后左右的对照和比较，这样就可以对该幼儿进行比较全面而深入的了解和认识。

（3）研究方法的多样性和综合性

个案研究有自己的研究方法，如下面要介绍的追踪法、追因法、临床法和产品分析法等。但是，个案研究又不是完全独立的研究方法。为了搜集到更多的个案资料，从多角度把握研究对象的发展变化，就必须结合教育观察、教育调查、教育实验、教育测量等多种研究方法，综合各种研究手段。

2. 教育个案研究的意义

首先，它适用于具有典型意义的人和事的研究。其次，个案研究还适用于那些不能预测、控制，或由于道德原因不能人为重复进行的事例的研究。

个案研究是特别适合教师使用的一种方法。由于教师主要时间和精力还是放在教学和教育工作上，开展大规模的教育调查和严格控制实验往往有一定的困难。而个案研究的对象少，研究规模也较小；同时个案研究一般都是在没有控制的自然状态中进行的，也不要在一段时间内突击完成。所以，个案研究就特别适合教师的研究。幼儿教师可以抓住一两个典型的幼儿，结合教学、教育工作实践进行研究。

个案研究是因材施教的基础，具有实践意义。个案涉及的人与事较少，教师有条件对个案的方方面面进行细致的研究，便于掌握个案的全面情况。同时，个案研究可以对少数个案进行几年甚至更长时间的追踪研究，便于掌握个案动态发展。我们只有在对个案全面研究和了解的基础上，提出针对性的教育措施，才能真正做到因材施教。

此外，个案研究可以帮助教师及时了解整个班级或年级的情况，及时收集到对自己教育措施的反馈信息。通过对个案的辅导，还可以不断总结和评价一些积极的教育措施的实施经验与效果，从而得出对以后教育工作的有益启示。

扫一扫

扫一扫——关于诺贝尔奖获得者的采访

第二节　学前教育的产生与发展

一、国外学前教育的发展概况

英国是世界上最早出现学前教育雏形的国家，空想社会主义者欧文创立了世界上第一所工厂托幼机构名为“幼儿学校”。德国是近代学前教育理论的创始国，福禄贝尔创办了世界上第一所幼儿园，建立了一整套幼儿园教育体系，大力提倡幼儿园运动，在幼儿教育史上开创了新的时代。美国是现代学前教育重要发展国，其通过立法对学前教育投入进行保障，这对我国学前教育业的发展有着重要的启示作用与借鉴价值。日本学前教育对近代中国学前教育也产生重要影响。

（一）英国学前教育概况

18 世纪末 19 世纪初欧洲发生革命后，随着大机器生产的产生与发展，英国的学前教育也应运而生。1800 年，英国出现了私立儿童保育机构，其教师由年长的妇女担任，称为“保姆”，它是英国学前教育的雏型。1816 年，空想社会主义者欧文，在纽兰纳克的纺织工厂中创立了世界上第一所工厂托幼机构名为“幼儿学校”。1870 年英国政府颁布了早期的“教育法”，其中明确规定：各地要大力举办小学并吸收 2-5 岁的幼儿入学，从而使英国的学前教育纳入法制的轨道。1900-1901 年，英国的小学中 5 岁以下的儿童大约为 616000 人，其中 3 岁儿童占 43%。第一次世界大战期间，英国的幼儿教育发展迅速，新建全日制托儿所 108 所，1940 年发展到 1345 所，到 1980 年托儿所发展到 130997 所，1991 年比 1980 年又增长了 36%；1998 年英国国家教育与科学部（DES）统计有 338541 所，它基本上满足了工作家长及社区的需要。

在英国，由于举办部门的不同，学前教育可以分为以下几种类型。

（1）由社会福利部门举办的，如日托中心、托儿所、社区中心婴儿室等。

（2）由教育部门举办的，如托儿所、幼儿学校、幼儿班（学前班、4 岁年龄班）、小学附设托儿所等。

（3）由卫生保健部门举办的，如日托中心、游戏小组等。

（4）由私人或团体举办的，如托儿所、幼儿学校、教会托儿所游戏小组、亲子小组、儿童保育中心等。

幼儿一般在 2 岁或 3 岁时入托。托儿所、幼儿学校、幼儿班有全日制，也有半日制。全日制的儿童上午 8：55 入学，下午 3：15 放学，中午无午睡，有 1 小时的午餐时间。半日制的儿童，要么选择上午班，要么选择下午班，上午班的儿童每天 9：00 入学，11：30 放学，下午班的儿童每日 12：45 入学，15：15 放学。而游戏小组、亲子小组、儿童保育中心、社区中心育儿室以记时性为主，家庭成员可依据自己工作、生活的需要，自由选择。

（二）德国学前教育概况

弗里德里希·威廉·奥古斯特·福禄贝尔（德语：Friedrich Wilhelm August Fröbel，1782年4月21日-1852年6月21日），德国教育家，被公认为是19世纪欧洲最重要的几个教育家之一，现代学前教育的鼻祖，1837年在勃兰根堡开办学前教育机构，1840年正式命名为“幼儿园”。他不仅创办了第一所称为“幼儿园”的学前教育机构，而且他的教育思想迄今仍在主导着学前教育理论的基本方向。福禄贝尔的教育思想与实践对世界各国幼儿教育的发展均起到深远的影响。

德国幼儿教育的特色主要是：

（1）混龄编班。德国所有的幼儿园不分公私立全采取混龄编班，这种编班方式可回溯到19世纪的幼儿学校。为了给较低阶层家庭的幼儿提供保育并减轻父母亲的负担，往往一个家庭里所有学龄前儿童全在同一所幼儿园学校就读。虽然在德国幼教史上有多次教育理念的更新，但这个混龄编班的特色一直保留下来，成为德国幼儿园的传统。德国的幼教界一致认为，幼儿在混龄的班组里可以熟悉各种社会行为。而在独生子女越来越多的时代里，混龄编班更有其必要性，幼儿可以在类似有兄弟姐妹的家庭环境下学习必要的礼让及如何处理冲突。德国幼儿园不以认知教育为主要的教育目标，所以混龄编班不至于影响课程的安排。

（2）大部分的幼儿园只提供半天班。德国幼儿园的设立是为了分担在职父母亲照管幼儿的压力。但是，德国幼教界也非常强调亲子教育，并认为它是无法通过幼儿园教育来取代的。基于这个考虑，幼儿园尽量只提供半天班，只有少数的幼儿园提供全天班。原则上，只有来自单亲家庭及均为大学生或正在接受职业训练的双亲家庭的幼儿才能得到全天班的位子。一般家中有0-3岁幼儿的父亲或母亲可以向所属工作单位申请长达三年的教育假，留职停薪，而政府在此段时间内每月发给父母教育津贴。因此，在德国招收0-3岁幼儿的托儿所数量并不多。有3-6岁幼儿的家庭通常父母亲中会有一方只上半天班，所以就读半天班的幼儿下午可以在家中接受家庭教育。在这种福利体系下，德国的幼儿园只要提供半天班即可满足大部分家长的需要。

（3）户外活动灵活多样。如今的孩子，特别是生活在城市里的孩子，接触大自然的机会实在太少了。德国弗勒博格市生态中心的主任伯格曼说，“很多孩子待在室内的时间太长。我希望他们能有机会亲近自然，并对大自然充满好奇心。”想要实现这一目的，教师除了要努力将保护环境、善待自然的理念渗透在课程中以外，还应精心策划，带领孩子走出幼儿园，到森林、田野去接触和探究大自然。一方面，德国的幼儿园几乎都把环境教育作为重要的内容之一；另一方面，孩子们整天在森林或户外活动，德国大约有370多个森林幼儿园，人们称它们是“没有房顶和围墙的幼儿园”。

（4）德国的幼儿园不提供班车接送幼儿。除非在非常偏远的地区，否则一般的幼儿园不提供接送幼儿的服务。通常幼儿的父母亲在选择幼儿园时，会以居家附近的、以走路或骑自行车能到达的幼儿园为优先考虑。一方面，幼儿可以通过走路上学认识居家环境，稍大时也可以自己去上幼儿园；另一方面，幼儿下午或周末可以找住在附近的同班小朋友一起玩，不必父母接送。

（5）强调从游戏中学习，不进行分科教学。幼儿不被要求在进入小学之前得学会写字母、认字及算简单的加减法，而且幼儿回家后不必做作业。

（三）美国学前教育概况

美国经过独立战争后确立了资本主义制度，完成了工业革命。随着资本主义的发展，美国的学前教育也获得了长足的发展。美国早期的幼儿教育机构主要有以下两种：

（1）幼儿园：一般以对 5 岁幼儿进行入学准备教育为主，但有时也招收一些 4 岁甚至 3 岁的幼儿，从 1870 年开始就有一些州把幼儿园看作是正规学校体系的一部分。

（2）保育学校：以招收 3-4 岁的幼儿为主，有时也招收 5 岁的幼儿，大多由私人开设。时至今日，美国的学前教育水平在世界范围内已居于领先地位，这一点是勿庸置疑的。平均学前教育经费 8522 美元、学前教育经费占 GDP 的比重 0.5%、学前教育师生比 1：15.5、学前经费占教育总经费 10%。究其原因，我们不难看出这是与联邦政府对学前教育的重视密切联系的。同时充足的投入也是一个国家学前教育事业发展的基本保障，而通过立法对学前教育投入进行保障，这对我国学前教育业的发展有着重要的启示作用与借鉴价值。

作为当今国际公认的教育最发达的国家之一，美国也日益认识到学前教育对儿童个体发展、社会进步和国家综合实力提升的重大意义。在 1994 年克林顿总统签署的《2000 年目标：美国教育法》中，第一编明确规定："到 2000 年，所有美国儿童都能够做好入学学习的准备"，明确把发展学前教育放在全美八大教育目标之首，足见其对学前教育的重视程度。

美国是一个分权制国家，教育基本上是州和地方的责任。第二次世界大战之后，随着美国政治、经济的发展和国际间竞争的加剧，以及教育在国家政治、经济中作用的增大，美国联邦政府改变了不插手教育事务的做法，加强了对教育的干预。随着对学前教育功能的认识更加深入，美国联邦政府与国会对学前教育事业的发展越来越重视。白宫于 1970 年和 1981 年两次做出决定，把发展托幼事业作为国家最迫切的需要之一，并先后在联邦一级通过了《儿童保育法》《儿童学前教育与发展法》《提前开始法》《儿童保育与发展固定拨款法》及《不让一个儿童落后法》等成文法来保障学前教育应有的地位及其发展，特别是通过上述立法明确规定并有效地保障了对学前教育事业的各项拨款，有力地推动了美国学前教育事业的发展。

二、我国学前教育的产生与发展

我国古人对学前教育意义的认识由来已久，历代的思想家、教育家都曾或多或少地论及学前教育问题，并且有了中国古代学前教育的代表性著作《颜氏家训》，它比较全面地论述了学前教育的问题。南北朝的颜之推完全可以称得上是我国古代最伟大的学前教育思想家，宋代理学家朱熹等对当代和后代的学前教育思想都产生过巨大影响。

古人对学前教育关键期的探讨也非常深入，这一现代思想早在 2000 多年前就被我国古代的思想家和教育家在经验的水平上知觉到了。战国时期的孟柯主张教育要"时雨化"之。《孟子·尽心上》《学记》主张"及时而教""不陵节而施""当其可，谓之时"，其中的"时""节""可"可以说指的都是我们今天所说的"关键期"或"最佳年龄阶段"。正因为我国古代思想家和教育家已经意识到教育关键期的存在，所以他们都主张要不失时机地对儿童进行教育。

我国古代思想家和教育家在学前教育思想探索中，提出了不少远见卓识：如要重视环境对儿童的熏陶作用。《颜氏家训·慕贤》主张在人"神情未定"、可塑性相当大的少儿时期，即施以良好的"熏渍淘染""潜移暗化"，以使其自然而然地形成良好的个性和品德。懂得强调学前教育要根据儿童的"天性"，即要符合儿童自身的特点。如王守仁特别反对当时普遍存在的违背儿童天性、不顾儿童年龄特征的教育方法。同时注重早期技艺教育，颜之推认为在人的幼年时期就应该向他们施以"薄技"，以便逐渐养成独立生活能力。

学前教育的近代化，是指与几千年来自给自足的封建农业经济基础和封建专制制度相适应的传统学前家庭教育，逐步向与近代化大工业生产和资本主义发展相适应的近代学前公共教育转化演变的历史过程。

1903 年 9 月我国第一所官方开办的湖北武昌幼稚园是我国学前公共教育制度开端的标志，我国学前公共教育在现代化的道路上仅行进了一个世纪的路程。19 世纪末 20 世纪初，西方幼儿教育思想开始在中国得到传播，欧美一些著名教育家如瑞士的裴斯泰洛齐、法国的卢梭、德国的福禄贝尔以及意大利“幼儿之家”的创办者蒙台梭利等人的教育思想在中国得到传播，对我国幼儿园教育的产生和发展起到了重要的推动作用。

中华人民共和国成立后，中国学前教育制度及其思想发生了巨大转变。

1. 学前教育的新模式：学习苏联的学前教育

新中国刚刚成立，就受到美国政治上和经济上的严厉封锁。在“以俄为师”的思想指导下，教育战线掀起全面学习苏联教育的热潮。从教育建设自身看，教育战线面临的迫切任务是改造旧的教育体系，建立社会主义教育新体系和马克思主义教育理论。

苏联是第一个社会主义国家，它在社会主义革命和建设上积累了宝贵的经验，自然成为中国学习的榜样。1949 年 10 月，中苏友好协会总会召开成立大会。刘少奇在会上指出：“我们要建国，同样也必须以俄为师，学习苏联人民的建国经验。”“苏联有许多世界上所没有的完全新的科学知识，我们只有从苏联才能学到这些科学知识。例如：经济学、银行学、财政学、商业学、教育学等。”

1949 年 12 月，第一次全国教育工作会议在北京召开，会上确定教育改造的方针，即借助苏联的教育模式，以取代此前的美国模式。

2. 幼儿园制度的建立（1950–1977）

1949 年年底，教育部召开第一次全国教育工作会议，确定了全国教育工作的总方针。1951 年 10 月 1 日，颁布施行《关于改革学制的决定》，确定幼儿教育为我国学制的第一个环节，实施幼儿教育的组织为幼儿园，明确幼儿园负有教育幼儿和解放妇女劳动力的双重任务。幼儿园招收 3-7 周岁的幼儿，并纳入学校教育系统，中国的幼儿教育开始了它新的生命。

从 1953 年至 1965 年，中国的幼儿教育事业经历了逐步发展（1953-1957）到盲目发展（1958-1960）到整顿提高（1961-1965）的发展阶段。

逐步发展阶段：1953 年，我国进入社会主义建设阶段，当时确定的幼儿教育方针：根据各地不同情况、城乡差异，有计划有步骤地在整顿中提高，在巩固的基础上适当发展，发展的重点应该首先放在工业地区、企业部门，其次是机关、学校及郊区农村，并鼓励私人办园。这一时期，在各方办园的形势下，幼儿教育事业逐步发展。幼教发展方针积极稳妥，符合国情，切合实际，并与我国当时经济发展的步调相适应，因而幼儿园及各级各类幼教专业学校发展速度逐年稳步上升。到 1957 年，我国幼儿园发展到 16420 所，幼儿入园数为 108.8 万人，这个时期，我国幼儿教育的发展方针是正确的。

盲目发展阶段：1958 年，各地幼儿园特别是农村幼儿园急剧增加，有些地方还将小园合并成几百人的大园。不顾条件，一哄而起，有的地方提出了“三天托儿化”“一夜托儿化”，实行寄宿制，消灭三大差别等口号。1958 年仅幼儿园就发展到了 695297 个，比 1957 年增加了 42.3 倍，幼儿净增 28410000 人。到 1960 年再度发展，幼儿园已达 784905 个，入园幼儿 29331000 人。这样的发展速度，大大超越了我国当时城乡的经济发展水平。由于没有足够的物质和资金支持，又脱离了群众的需要，这一大批新发展的幼儿园普遍设施简陋，缺少经费来源，师资水平低下，教育活动过于单调，幼儿园对幼儿失去了吸引力，出现了幼儿逃避来园或自己跑走的现象，以后随着农村食堂的解散，幼儿来园的唯一经济支柱不复存在，幼儿园自然解体。1959 年下半年国家出现经济困难，从农业到工业全面紧张，人民生活遇到了前所未有的困境，幼儿园便大量地自动解散了。

整顿提高的发展阶段：经过两年多的整顿，在"调整、巩固、充实、提高"方针的指导下，到 1963 年全国幼儿园的数量恢复到 1957 年的水平，幼儿园的数量逐年稳步回升。从 1958 年到 1965 年，这八年中，幼儿园从一哄而起的大发展到急剧下马到稳步前进的历史，说明了幼儿教育的发展一旦违背了发展的可能条件和群众的切实需要，凭主观的行政命令办事，必然出现这种大起大落的破坏性局面，这是应该永远牢记的历史教训。

1966-1976 年，幼儿教育事业遭到严重破坏，处于无政府状态。

3. 幼儿园制度的发展（1978 年至今）

十一届三中全会以后，党和政府把发展幼儿教育的重要性提到一个新的高度。1979 年，中共中央、国务院转发的《全国托幼工作会议纪要》的"通知"指出：坚持两条腿走路的方针，恢复、发展、整顿、提高各类托幼组织。幼儿教育事业在积极恢复、整顿和发展幼儿教育的指导思想下，得到恢复和发展。1987 年转发的《关于明确幼儿教育事业领导管理职责分工请示》调动了各级政府和各有关部门管理幼儿教育工作的积极性，形成了国家、集体、个人办园的新格局。20 世纪 90 年代起，中国积极贯彻世界儿童问题首脑会议通过的《儿童生存、保护和发展世界宣言》和《行动计划》，认真履行《儿童权利公约》，并结合中国的实际，制定了一系列有关儿童教育的国家法律和纲领性文件，把儿童的生存、保护和发展与人类未来之间的关系提高到人口素质基础和未来发展的先决条件的高度，并与世界儿童的发展相连接。2001 年，教育部部长陈至立在 9 国儿童首脑会议上的报告中提出了 21 世纪初中国全民教育发展的基本策略，确立基础教育在社会主义现代化建设中的战略地位，坚持基础教育优先发展，重视和发展学前教育。与此同时，幼儿园开始积极稳妥地进行体制改革，进一步明确各级政府的责任，探索适应社会主义市场经济的办园模式和内部管理机制。

2003 年 3 月，国务院办公厅向全国转发教育部、中央机构编制委员会办公室等十个部门（单位）制定的《关于幼儿教育改革与发展的指导意见》（以下简称《意见》），就幼儿教育改革与发展目标，幼儿教育管理体制和机制以及师资队伍建设等方面提出了具体意见。《意见》提出（2003-2007）幼儿教育改革的总目标：形成以公办幼儿园为骨干和示范，以社会力量兴办幼儿园为主体，公办与民办、正规与非正规教育相结合的发展格局，根据城乡的不同特点，逐步建立以社区为基础、以示范性幼儿园为中心、灵活多样的幼儿教育形式相结合的幼儿教育服务网络。全国幼儿教育事业发展的总目标：学前三年儿童受教育率达到 55%，学前一年儿童受教育率达到 80%，大中城市普及学前三年教育，全面提高 0-6 岁儿童家长及看护人员的科学育儿能力。坚持实行地方负责，分级管理和有关部门分工负责的幼儿教育管理体制。《意见》绘制了 21 世纪初叶我国教育改革与发展的宏伟蓝图，幼儿教育事业进入了一个崭新的历史阶段，沿着现代化、科学化、社会化的轨道全面迈进。

2010 年 11 月 21 日颁布了《国务院关于当前发展学前教育的若干意见》（即《国十条》）提出了：①把发展学前教育摆在更加重要的位置；②多种形式扩大学前教育资源；③多种途径加强幼儿教师队伍建设；④多种渠道加大学前教育投入；⑤加强幼儿园准入管理；⑥强化幼儿园安全监管；⑦规范幼儿园收费管理；⑧坚持科学保教，促进幼儿身心健康发展；⑨完善工作机制，加强组织领导；⑩统筹规划，实施学前教育三年行动计划。

扫一扫

扫一扫——国务院关于当前发展学前教育的若干意见

第三节 我国 0–3 岁婴儿教育机构教育的目标和原则

一、我国 0-3 岁婴儿教育机构教育的目标

婴儿心理学研究表明，婴儿从出生开始就需要活动，因为活动能够促进婴儿的发展，0–3 岁是婴儿发展的关键期，正确的教育活动起着非常重要的作用。那么 0–3 岁婴儿教育活动的目标是什么呢?

首先应该明确以婴儿为主体的核心思想，最终把活动目标落实到婴儿身心全面和谐发展上。我国婴儿教育机构将婴儿教育活动的目标细分为三步：第一，开展多种形式的教育活动，开发婴儿潜能，促进其身心和谐发展；第二，为多个婴儿家庭提供集体活动场所，促进婴儿的社会性发展以及家长之间的育儿知识交流；第三，指导家长科学育儿的具体方法和内容，将课堂的知识运用到日常生活中，提高家长的育儿水平。

（一）0–1 岁婴儿教育活动目标

0–1 岁的婴儿处于感知运动阶段初期，婴儿各种运动、动作的发展是其活动发展的直接前提，在婴儿期，由于言语能力有限，婴儿的发展水平更多的是通过其动作表现反映出来的。婴儿动作发展水平的高低决定着婴儿大脑、心理多方面的发展水平。婴儿期动作发展主要是大动作和精细动作的发展，即行走动作和手部运用物体技能的发展。0–1 岁婴儿还不能独立行走，以爬行为主，或是在家长搀扶下可缓行，手部动作以抓捏为主，十指灵活性不足，语言水平很低，只能掌握简单的单字和词。这个年龄段的婴儿的教育目标应以发展其动作能力为主，通过发展动作能力来促进其他能力的发展。

依据 0–1 岁婴儿发展的主要特点，早教机构针对 0–1 岁婴儿开展的教育活动为亲子活动，即以多种亲子游戏形式展开的教育活动，教师通过指导家长和婴儿开展亲子游戏，达到对家长和婴儿双方面的教育目标。早教机构设置的 0–1 岁婴儿教育活动目标：

（1）通过丰富多样的集体活动和互动游戏等，激发婴儿的参与热情。

（2）让婴儿体验与人相处的愉快情绪，并学会用语言、表情、语音回应他人，促进其社会交往能力的初步发展。

（3）让婴儿理解简单词义，乐于模仿成人的发音。

（4）让婴儿练习自如爬行、独自稳定站立及扔、套、敲、拍等精细动作。

（5）让婴儿能够分辨指认基本颜色，让婴儿能够对音乐做出反应。

扫一扫
扫一扫——0–1 岁亲子活动

（二）1–2 岁婴儿教育活动目标

婴儿在 1–2 岁发展阶段，大肌肉动作和精细动作发展有所提高，手部动作更灵活，能更好地从事精细动作的活动，语音语言能力也有所增强，更喜欢说话、唱歌，在音乐中更能体验到愉快的情绪，对音乐和乐器表现出了强烈的兴趣。针对 1–2 岁婴儿的发展特点，早教机构为其设置了亲子活动和音乐感统活动。亲子活动与 0–1 岁亲子活动比较而言，更多地注重手部精细动作的发展，强调婴儿的自主动手能力，活动内容有所调整，但活动形式大相径庭。以音乐为背景的感统活动不但能够鼓励和启发婴儿探索外界事物的自主性，而且能够发展婴儿的语音、语言能力，同时还能够促进婴儿大肌肉动作和精细动作的协调发展。教师指导下的音乐活动还可以培养婴儿对音乐的兴趣，以婴儿为导向的活动能够让他

扫一扫
扫一扫——1–2 岁音乐感统活动

们参加一些使其获得内在激励去探究音乐的活动，这将使婴儿的自尊、音乐能力得到进一步的发展，并让婴儿获得对音乐兴趣和能力的自我认识。

（三）2-3 岁婴儿教育活动目标

婴儿心理学研究表明 2-3 岁是婴儿词汇量迅速增长，对新词感兴趣的时期，也是婴儿对语言的理解能力迅速提高的时期。婴儿在 2 岁半以后常表现出系统整合的语言内化能力，能说出完整的句子。2-3 岁还是婴儿疑问句的快速发展期，提问成为他们与社会进行信息交换的主要途径。

维果茨基认为，儿童到了两岁左右的某一时刻，思维和言语发展的曲线就会出现汇合，言语开始为智力服务。在这个思维开始用言语表达的时刻，儿童对词语有主动的好奇心，儿童的词汇量也迅速扩展，他有了说词语的需要，通过提出问题，意欲学会表示事物的语言符号。该教育活动目标拟定为：

扫一扫

扫一扫——语言活动

（1）为婴儿创设多看、多听、多练的语言环境，丰富婴儿的语言经验，促进语言发展的同时，提供思维的培养、情感的陶冶、文化的传递及交往的机会。

（2）在活动中帮助婴儿积累词汇量。

（3）通过有组织的对话，培养婴儿的语言表达能力和交往能力。

二、我国 0-3 岁婴儿教育机构教育的原则和方法

（一）早期教育的原则

1. 情感化

0-1 岁是母婴依恋的关键期，依恋是一种积极的、充满热情的相互关系。婴儿与照顾者之间的相互作用不断强化着这种情感上的联结。如果婴儿早期缺乏关心、爱抚，就很难建立良好的依恋关系，将影响他们认知与社会性的发展。在早期教育中，特别是父母，他们需要用感情作为载体来教育孩子。父母对孩子的爱，能够在日常生活中渗透进孩子的内心。当爱的教育能够围绕在孩子的身边，孩子也能习得一些良好的品质。

2. 主动性

依据埃里克森的心理社会发展论，1-3 岁为儿童早期阶段。这个阶段的婴儿主要是获得自主感和克服羞怯感，体验着意志的实现。埃里克森认为，这时的婴儿除了养成适宜的大小便习惯外，他们已不满足于狭窄的空间活动，而是渴望探索外面的世界。

在这段期间，父母要特别注意对婴儿的态度，一方面，要把婴儿看成一个独立的人来看待，给予他们适当的自由；另一方面，也要仔细观察和帮助他们塑造宽容和自尊的性格。婴儿不是父母的玩偶或宠物，他们是有思想、有生命力并且不断发展的人，父母要了解他们内心的需要，并帮助婴儿发挥主动性，促进其身心发展。

3. 社会化

教育是一种将人从自然人转变为社会人的活动。而在 0-3 岁，婴儿已经开始出现社会化的发展，婴儿通过自身与外界环境的接触，自身的社会经验也在增长。这里的增长是以成长作为中介来获得的，父母在此阶段应该正确引导他们，使婴儿习得亲社会行为。

（二）早期教育的方法

1. 身教重于言教

0-3 岁的婴儿对于语言的理解有限，他们获得信息最大的来源主要是观察与模仿。虽然婴儿对于他们看见的景象还不能表达自己的意见，但是却能将所看到的一些行为印入脑海，并可能进行模仿。一些良好的生活习惯和礼仪，其实并不需要特意教授，平日成人的行为就是最好的教科书。在年幼养成良好的习惯，对其将来一生都是受益匪浅。

2. 爱的教育

父母对于孩子的爱是无私的，伟大的，现在大多数孩子都是独生子女，他们身上的爱实在是太沉重了。不少孩子因为溺爱而养成了不良的习惯，甚至是性格的缺陷。

现在大多数的孩子都以自我为中心，全家都必须围绕着他转，成人的溺爱让他们成为了温室中的花朵。爱，不是溺爱，而是一种正确的教育态度。父母正确的爱是为了让孩子健康快乐地成长。

3. 适当的锻炼

婴儿出生后，他们各个方面都在迅速发展。首先是躯体和运动能力的发展，运动能力的发展是为了思维发展作铺垫。在婴儿初期，可以让婴儿多游泳；也可以伴随音乐，给孩子做一些肢体锻炼。适宜的锻炼有利于婴儿智力、思维的开发。

拓展阅读

关于 0-3 岁婴儿语言教育的任务和目标，我国卫生部、教育部和有关专家在不同时期从教养和教育的角度提出过具体任务和目标。

1984 年，我国卫生部颁布试行的《3 岁前小儿教养大纲》（草案）中规定语言方面的教养任务。

（1）引导小儿笑出声音，从咿呀学语到掌握一定的词汇，并正确发音。

（2）发展小儿理解语言的能力，逐步懂得一些周围事物中常接触的生活知识。

（3）培养小儿利用语言和成人交往，并表达自己的要求。

（4）通过成人正确的语言教育，培养小儿的注意观察、思维与记忆等，并培养良好的道德品质。

在《学前儿童语言教育》一书中，对 0-3 岁宝宝语言教育提出的主要目标如下。

出生至 1 岁半。

（1）喜欢听别人说话、唱歌、念儿歌，喜欢听乐曲、鸟叫等好听的声音。

（2）听到别人对自己说话，能用声音、手势、表情、单词等做出反应。

（3）能说出常见物品的名称。

（4）能辨认并说出身体的某些部分，能辨认并说出图片上常见物体的名称。

（5）能理解常用的简短的语句，能执行简单的命令。

（6）能用单词、手势、表情等向成人表达自己的要求。

1 岁半至 3 岁（以托儿教育机构里小托班和大托班进行划分）。

- 小托班

（1）喜欢听和谐、悦耳的声音，乐意听别人说话。

（2）喜欢听成人讲述玩具、其他实物以及图片上的物体。

拓展阅读

（3）能静听成人念儿歌、讲简短的故事。

（4）喜欢翻阅感兴趣的图书。

（5）能说出自己的名字。

（6）能用“是”或“不”回答别人的问题。

（7）对本民族或方言的发音能使别人听懂。

（8）积极地尝试运用日常听到的词和句子。

（9）能听懂并执行生活常规方面的某些指示。

- 大托班

（1）喜欢听和谐、悦耳的声音，乐意听别人说话。

（2）能与成人交谈玩具、人或动物的动作以及图片上的物体和人的动作。

（3）能静听并参与成人念儿歌、讲简短的故事。

（4）能按顺序听成人讲述图画书上的故事。

（5）能说出自己的名字和年龄。

（6）能用简短的语句回答别人的问题。

（7）对本民族或方言的发音基本清楚。

（8）积极地运用简短的语句与别人交谈。

（9）能听懂并执行生活常规的指令。

（10）能积极主动地学习新词和新的句型。

（11）在游戏中喜欢与同伴交谈。

在《学前儿童语言教育》一书中，对 0-3 岁宝宝每一个年龄段言语发展的特点和教育重点提出以下几点。

出生至 1 岁左右的宝宝，属前言语阶段——言语发生的准备阶段，听力的训练是发展语言的重点。宝宝从 1 岁开始进入了正式学话的阶段。1 岁至 1 岁半为单词句阶段，给宝宝丰富的词，帮助其理解词义，是这个阶段语言发展的重点；1 岁半至 2 岁为简单句阶段，宝宝开始用单词句加简单主谓句表达自己的意思，引导宝宝学习说完整话是这个阶段的重点；2-3 岁是复合句发展阶段，宝宝已开始用比较完整的句子与人交往，开始出现复合句，但多为省略连词的简单句的组合，且情景性强，提高宝宝运用句子的表述能力，是此阶段重点。

关于早期阅读要求，由美国哈佛大学客座教授、国际著名的儿童语言学家凯瑟琳·斯诺领导的，国家研究院早期阅读教育委员会负责的，“培养成功的阅读者”是近年来美国最有影响的早期阅读研究项目。他们经过 3 年的系统研究，整合了国际有关阅读教育与早期阅读的主要研究成果，建立了美国早期阅读的系统理论，并提出了学前阶段培养儿童早期阅读能力的教育目标、教育措施和教学建议，在美国社会以及其他国家的教育界引起了强烈反响。他们认为，儿童阅读能力是一个逐步发展的过程，教育者需要对不同年龄的儿童提出不同的阅读发展要求，才能形成一个逐步递升的早期阅读目标体系。其中，关于 0-3 岁儿童的阅读能力要求：

拓展阅读

（1）能够通过封面认识不同的图书。
（2）会假装自己在读书。
（3）知道书应该怎么拿。
（4）开始建立跟主要的养育者共读图书的习惯。
（5）通过发声游戏感受语言节奏的快乐和语言游戏的滑稽等。
（6）能够指认书本上的物体。
（7）对书中的角色做一些评论。
（8）阅读图书上的图片并且意识到图片是真实物体的一种表征。
（9）能够聆听故事。
（10）会要求或建议大人为他们阅读或书写。
（11）可能开始关注某些特定的印刷字词，例如姓名的字等。
（12）逐渐有目的地涂涂写写。
（13）有时候似乎能够区分图形和文字的差异。
（14）能够写出一些类似字的符号，也能像用书面语言写作那样涂涂写写。

第四节　我国幼儿园教育的目标、任务和原则

我国学前教育机构创建于 20 世纪初期，清朝政府 1903 年颁布《奏定学堂章程》，1904 年年初正式实行。1903 年在武昌创立幼稚园，1904 年依蒙养院章程改名武昌模范小学蒙养院。

1949 年新中国成立后，1951 年政务院颁布《关于改革学制的决定》，学制规定第一阶段为幼儿教育，实施幼儿教育的组织为幼儿园，幼儿园的名称一直沿用至今。

一、我国幼儿园教育的目标

教育目标，即培养目标。在幼儿园里，起主导作用的不是园舍和设施等物质条件，而是要把幼儿培养成怎样的人。

1. 幼儿教育总目标

1996 年国家教育委员会颁发的《幼儿园工作规程》第三条明确规定：“幼儿园的任务是：实行保育与教育相结合的原则，对幼儿实施体、智、德、美诸方面全面发展的教育，促进其身心和谐发展。”第五条又具体规定了幼儿园保育和教育的主要目标：“促进幼儿身体正常发育和机能的协调发展，增强体质，培养良好的生活习惯、卫生习惯和参加体育活动的兴趣。发展幼儿智力，培养正确运用感官和运用语言交往的基本能力，增进对环境的认识，培养有益的兴趣和求知欲望，培养初步的动手能力。萌发幼儿爱家乡、爱祖国、爱集体、爱劳动、爱科学的情感，培养诚实、自信、好问、友爱、勇敢、爱护公物、克服困难、讲礼貌、守纪律等良好的品德行为和习惯，以及活泼、开朗的性格。培养幼儿初步的感受美和表现美的情趣和能力”。

应该注意，这里规定的是“主要目标”，以四个方面为主线提出，但并不意味着幼儿的发展只局限于这些内容。例如，发展幼儿与他人友好相处的交际能力、自律能力，开发创造性思维和创新精神，萌发环保意识，培养对环境的适应能力等，都属于幼儿素质发展内容，也都是现代社会所需求的。这一精神，国家教育委员会基础教育司在《幼儿园工作规程》、《幼儿园管理条例》的“讲解提纲”中已作了说明。

2. 教育领域分类目标

实施教育活动，首先应确定教育内容。而教育内容因各教育领域的不同特点决定着分类。教育领域的分类，目前我国有两种分法：一是划分为五大领域，即健康教育、语言教育、社会教育、科学教育、艺术教育等；二是划分为七大领域，即包括健康教育、语言教育、社会教育、科学教育、数学教育、音乐教育、美术教育等。两种分类，各有一定道理，不妨先在实践中检验，不必一刀切。

在各大教育领域中，又包括不同的内容类别。如健康领域分为卫生保健、体育活动、心理健康；数学领域分为数概念、10 以内的加减运算、量的感知和几何形体、时空关系的认识以及感知集合（物体归类）；科学领域分为生命科学、环保科学、科技产品、科学现象；社会领域分为社会意识、社会环境、人际关系、社会行为、社会文化；音乐领域分为唱歌、律动、音乐欣赏、器乐演奏；美术领域分为绘画、手工、作品欣赏。

按照上述领域和类别，分别确定教学内容和要求的分类目标，依传统说法，称为“教学大纲”。

3. 幼儿身心素质发展目标

幼儿身心素质的发展领域，应包括身体发育与体质、知识与经验、动作与技能、智力与才能、个性与社会性品质等五个方面。在这五个方面具体规定幼儿发展规格，只有达到了预期的结果或状态，才算实现了幼儿素质发展目标。

4. 学段目标

由于教育活动和幼儿发展都既有连续性，又有阶段性，是一个循序渐进、螺旋上升的运转过程，也是幼儿素质不断由“现有发展区”向“最近发展区”持续递进的过程，因此要制定不同的学段目标。学段目标包括各年龄班的学年目标和学期目标，即综合性地规定每个学段的教学内容、教学要求、主要教育活动与幼儿发展的预期目的等。形式可采用条文规定或表格式，也可以二者结合运用。

5. 单元主题教育目标

单元主题教育目标即把学段规定的各个教育领域内容，按照以科学知识为主导，以事物发展规律和幼儿思维逻辑为序，确定一个个主题的排列组合，建成循序渐进、有机结合的系列性单元主题教育活动，并相应地一一制定主题教育目标。由于教育内容是紧密围绕主题组合的，因此，主题教育目标具有明显的综合性和有机性，而不是各领域的要求分割并列。即让幼儿获得的知识、经验、技能、方法、智力、才能以及个性、社会性品质等要求，都体现在主题教育目标中。目标要重点突出，简要、明白、确切，富有针对性、关联性、综合性和有机性。主题目标还应包括：教幼儿一些基本的学习方法，如引导幼儿体验学习、操作学习、探索学习、发现学习等，即变幼儿被动学习为积极主动、创造性学习，使之真正成为学习的主体。

6. 教育活动目标

幼儿教育任务和培养目标都要通过一个个的具体教育活动而实现。每个主题教育可包括若干个具体教育活动（多少由教师策划确定），可以是综合性的，也可以侧重于某个教育领域内容。不管如何组合，具体活动目标都要落实学段目标和贯彻主题教育目标，并密切针对幼儿身心发展的实际水平和新需求，把握在"最近发展区"内开发其潜能。教育活动目标比主题教育目标更应突出针对性、儿童性、趣味性、活动性和可操作性。

二、我国幼儿园教育的任务

（1）幼儿园教育应当贯彻国家的教育方针，坚持保育与教育相结合的原则，对幼儿实施体、智、德、美诸方面全面发展的教育，全面落实《幼儿园工作规程》所提出的保育教育目标。

（2）幼儿园教育的内容是广泛的、启蒙性的，可按照幼儿学习活动的范畴相对划分为健康、社会、科学、语言、艺术五个方面，还可按其他方式做不同的划分。各方面的内容都应发展幼儿的知识、技能、能力、情感态度等。

（3）幼儿的学习是综合的、整体的。在教育过程中应依据幼儿已有经验和学习的兴趣与特点，灵活、综合地组织和安排各方面的教育内容，使幼儿获得相对完整的经验。

三、我国幼儿园教育的原则

1. 促进儿童全面发展的原则

本原则有以下几个含义。

（1）体、智、德、美教育的相互渗透，有机结合，各育并重。

（2）在幼儿园的各种活动中，充分考虑其中的各育因素，在结合中、渗透中同时完成身体、智力、品德行为与情感、美感等各方面的教育，或有主有从地实现教育。

（3）避免上述各方面教育的片面实施，以至丧失大量的接受全面教育的机会。

（4）全面发展教育在实施中的渗透与结合，而并非人为的、机械形式的、面面俱到的结合，应从活动内容及活动方式中考虑全面教育的因素。

2. 既重视幼儿的年龄特点，又重视儿童个体差异的原则

本原则有以下几个含义。

（1）年龄特点具有普遍性，一般年龄大致相同的儿童普遍存在共同的身心发展特征。

（2）年龄特点不可绝对化，在每一个幼儿个体中，不一定具有该年龄幼儿的所有年龄特征，差异性明显存在于幼儿个体中。

（3）幼儿年龄特征与幼儿个体差异均为教师实施教育的依据，对此应有仔细的观察了解及灵活的施教艺术。

（4）克服施教的一般化、一律化，教育难易程度、教育的方式与方法应从本原则出发，做不同的选择。

3. 以游戏为基本活动的原则

本原则有以下几个含义。

（1）游戏为幼儿的基本活动，幼儿园一日生活中应从时间、场地、玩具材料及教师指导等给予保证。

（2）充分利用游戏手段组织各种活动。

（3）游戏除外的其他活动也应该给以重视，也是教育幼儿的活动手段。

4. 教育的活动性和活动的多样性原则

多样性原则是指幼儿园活动应该灵活运用多种途径、多种组织形式和方法来进行。幼儿园游戏的各种组织形式和方法都各具特色，任何一条途径、一种组织形式或一个教育方法都有其他途径、组织和方法所不能替代的作用。为此，开展幼儿园活动需要多条途径、多种组织形式和方法相互补充、相互配合、灵活运用，才能实现幼儿园的教育目标。

5. 保教结合的原则和发挥一日活动整体教育功能的原则

本原则有以下几个含义。

（1）幼儿园一日生活中的各种活动是完成体、智、德、美全面发展教育的需要，因而都具有保育与教育的意义。

（2）幼儿一日生活中教育手段的多样性，有助于幼儿接受教育。

（3）坚持克服重视某些活动、轻视其他活动的现象，提高每日的教育质量。

（4）一日生活的组织应以活动目标指导各种活动的连接、协调、沟通，发挥一日生活整体的教育效应。

本章小结

本章我们主要学习了学前教育与学前教育学的相关内容，了解了学前教育的产生与发展，区分了我国 0-3 岁婴儿教育机构教育的目标、原则以及我国幼儿园教育的目标、任务和原则。本章内容是全书内容的前奏曲，使读者清晰地知道学前教育学的研究对象、内容及任务，并掌握学习学前教育学的学习方法、注意事项，能使用学前教育学常用的研究方法进行学前教育的基本研究。

本章思考与实训

一、思考题

1. 什么是学前教育？什么是学前教育学？
2. 蒙养院（园）制度对学前教育的影响有哪些？
3. 简述学前教育理论与实践的发展历程。

二、案例分析题

经过数百年的发展，学前教育已成为当今世界范围内的热门话题。众多教育家、心理学家、社会学家致力于其研究与宣传工作，全球学前教育处于进一步繁荣和发展阶段。结合案例，运用学前教育学发展阶段的理论对上述案例进行分析。

三、章节实训

1. 实训要求

到当地的幼儿园参观，分析该幼儿园单元主题教育的目标，并根据具体的目标对单元主题活动提出有建设性的意见和建议。

2. 实训过程

（1）教师事先联系好当地单元主题活动开展的比较好的几所幼儿园。

（2）安排好时间和路线，教师带领学生参与聆听幼儿园的主题活动，提醒学生带好笔记本和笔做好听课笔记，以备讨论时使用。

（3）学生在班级里进行研讨，分析幼儿园的主题活动，并提出建设性的意见和建议。

3. 实训评价

项目		评分标准	分值	得分
活动准备	1	目标是否具体、操作性强，内容是否蕴含教育价值	10	
	2	单元主题活动的重点难点是否清晰	8	
	3	单元主题活动的教学方法选择是否恰当，教学手段是否符合教学需要	6	
	4	单元主题活动是否具有明显的综合性和有机性	6	
活动过程	1	内容是否符合本班幼儿的生活经验和心理发展水平	8	
	2	单元主题情境能否帮助幼儿进入活动状态	10	
	3	活动能否体现幼儿自主性，是否能使幼儿获得知识、经验、技能、方法、智力、才能以及个性、社会性品质等方面的提升	20	
	4	师幼定位是否准确，教师的指导是否适宜、有效，师生互动是否积极自然	10	
活动延伸	1	结束是否自然、流畅	6	
	2	主题活动延伸的角度和方法是否适宜、全面	10	
	3	通过本次主题活动，幼儿学习的积极性、主动性是否有所提升	6	
自我反思				

第二章　重要的学前教育政策法规

引入案例

某幼儿园为参加一项比赛，组织该园中班、大班幼儿练习团体操。每天需要在室外排练 3 个多小时，排练期间不许幼儿小便，也不允许喝水，致使个别幼儿体力不适，直至晕倒。

问题　这个幼儿园违反了什么规定？对幼儿有什么影响？幼儿园和教师应该遵守哪些规章制度？若要回答这些问题，让我们进入本章的学习。

本章学习目标

（1）了解我国学前教育的几个重要法规体系，树立依法施教的教育理念。

（2）理解《幼儿园工作规程》《幼儿园教育指导纲要（试行）》《幼儿园教师专业标准（试行）》和《3-6 岁儿童学习与发展指南》等法规制定的背景与意义。

（3）熟悉《幼儿园工作规程》《幼儿园教育指导纲要（试行）》《幼儿园教师专业标准（试行）》和《3-6 岁儿童学习与发展指南》的内容及实施方法。

（4）学会利用学前教育的法规来指导学前教育的实践。

本章知识结构

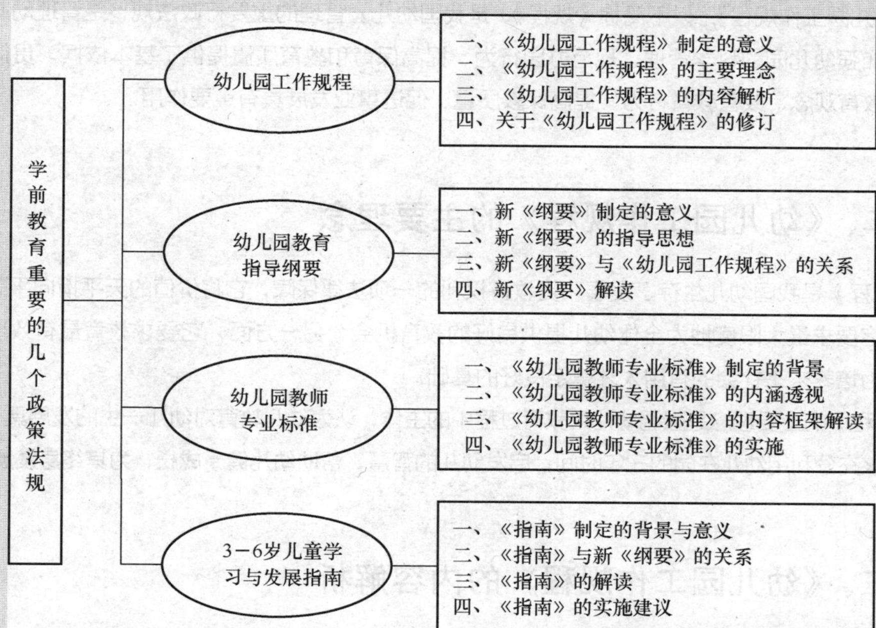

教育法规是有关教育方面的法令、条例、规则、规章等规范性文件的总称，也是对人们的教育行为具有法律约束力的行为规则的总和。它是由国家政权机关制订，以国家暴力机器为后盾而实施的，对人们接受教育的权利和义务起着保护和规范的作用。我国目前已颁布实施的教育法律法规主要有《中华人民共和国教育法》《中华人民共和国义务教育法》《中华人民共和国教师法》《中华人民共和国民办教育促进法》《中华人民共和国未成年人保护法》以及《教师资格条例》等。对于学前教育方面的内容，以上法律都有部分相关条款，如《中华人民共和国教育法》第十七条已将学前教育纳入学校教育制度，并规定为我国的教育基本制度，《中华人民共和国教师法》对关于教师权利与义务、资格与使用、培养与培训、考核待遇等规定都适合用于在幼儿园专门从事教育教学的教师。

虽然以上教育法律法规对学前教育有所涉及，但并没有针对学前教育的特点进行详细规定，因此我国教育部根据学前教育的特殊性制定了相关学前教育行政法规和规章。主要包括以下四种：一是 1996 年 3 月 9 日中华人民共和国国家教育委员会颁布并于同年 6 月 1 日起施行《幼儿园工作规程》；二是 2001 年 7 月 2 日颁布并于同年 9 月 1 日试行的《幼儿园教育指导纲要》；三是 2012 年 2 月 10 日教育部颁布的《幼儿园教师专业标准》（试行）；四是教育部于 2012 年 9 月印发的《3-6 岁儿童学习与发展指南》。

第一节　幼儿园工作规程

一、《幼儿园工作规程》制定的意义

1996 年 3 月 9 日中华人民共和国国家教育委员会颁布《幼儿园工作规程》，并于同年 6 月 1 日起施行，这是依据《中华人民共和国教育法》等法律法规制定的。

《幼儿园工作规程》（以下简称《规程》）是我国幼儿园管理的重要行政法规，是管理幼儿园的基本依据，为加强幼儿园的科学管理、规范办园行为、提高保育和教育质量提供了基本依据。贯彻《规程》对于转变教育观念、改善教育行为、提高保教质量、促进事业发展具有重要作用。

二、《幼儿园工作规程》的主要理念

《规程》是我国幼儿生存、发展和受教育权利的一项法律保障，它将价值的天平指向平等与效益。一方面，它要求最大限度地为全体幼儿提供良好的教育机会；另一方面，它要求教育最有效地促进幼儿的发展，为培养未来社会的有用人才奠定良好的基础。

《规程》的主要理念是强调幼儿是教育过程中的主体，认为幼儿教育对幼儿一生的发展具有奠基性的作用，应该充分利用幼儿在园的三年时间，启发幼儿的智慧，帮助幼儿健康成长，为其终身发展打下基础。

三、《幼儿园工作规程》的内容解析

（一）明确了幼儿园的任务、目标和教学原则

幼儿园是对三周岁以上学龄前幼儿实施保育和教育的机构，是基础教育的有机组成部分，是学校教

育制度的基础阶段。幼儿园的任务：实行保育与教育相结合的原则，对幼儿实施体、智、德、美诸方面全面发展的教育，促进其身心和谐发展。

幼儿园保育和教育的主要目标包括以下几点。

（1）促进幼儿身体正常发育和机能的协调发展，增强体质，培养良好的生活习惯、卫生习惯和参加体育活动的兴趣。

（2）发展幼儿智力，培养正确运用感官和运用语言交往的基本能力，增进对环境的认识，培养有益的兴趣和求知欲望，培养初步的动手能力。

（3）萌发幼儿爱家乡、爱祖国、爱集体、爱劳动、爱科学的情感，培养诚实、自信、好问、友爱、勇敢、爱护公物、克服困难、讲礼貌、守纪律等良好的品德行为和习惯，以及活泼开朗的性格。

（4）培养幼儿初步感受美和表现美的情趣和能力。

《幼儿园工作规程》明确了幼儿园的教学要求：尊重、爱护幼儿，严禁虐待、歧视、体罚和变相体罚、侮辱幼儿人格等损害幼儿身心健康的行为。

（二）明确幼儿园的登记入学制度

《规程》规定，幼儿入园前，须按照卫生部门制定的卫生保健制度进行体格检查，合格者方可入园。幼儿入园除进行体格检查外，严禁任何形式的考试或测查。

《规程》规定幼儿园规模不宜过大，幼儿园每班幼儿人数一般为：小班（3-4 周岁）25 人，中班（4-5 周岁）30 人，大班（5-6、7 周岁）35 人，混合班 30 人，学前幼儿班不超过 40 人。

（三）幼儿园的卫生保健

《规程》规定，幼儿园要制订合理的幼儿一日生活作息制度。两餐间隔时间不得少于 3.5 小时。幼儿户外活动时间在正常情况下，每天不得少于 2 小时，寄宿制幼儿园不得少于 3 小时，高寒、高温地区可酌情增减。幼儿园应建立幼儿健康检查制度和幼儿健康卡或档案。每年体检一次，每半年测身高、视力一次，每季度量体重一次，并对幼儿身体健康发展状况定期进行分析、评价。

应注意幼儿口腔卫生，保护视力。幼儿园应建立卫生消毒、病儿隔离制度，认真做好计划免疫和疾病防治工作。幼儿园内严禁吸烟。

积极开展适合幼儿的体育活动，每日户外体育活动不得少于一小时，加强冬季锻炼。要充分利用日光、空气、水等自然因素，以及本地自然环境，有计划地锻炼幼儿肌体，增强身体的适应和抵抗能力。

（四）幼儿园的教育

1. 教育原则

《规程》明确指出，幼儿园教育工作的原则：体、智、德、美诸方面的教育应互相渗透，有机结合。教育要遵循幼儿身心发展的规律，符合幼儿的年龄特点，注重个体差异，因人施教，引导幼儿个体健康发展。

它要求教师面向全体幼儿，热爱幼儿，坚持积极鼓励、启发诱导的正面教育，要求教师合理地综合组织各方面的教育内容，并渗透于幼儿一日生活的各项活动中，充分发挥各种教育手段的交互作用。创设与教育相适应的良好环境，为幼儿提供活动和表现能力的机会与条件。

2. 教育形式

《规程》规定了幼儿园的教育要以游戏为基本活动，寓教育于各项活动之中。游戏是对幼儿进行全面发展教育的重要形式，应根据幼儿的年龄特点选择和指导游戏，应因地制宜地为幼儿创设游戏条件（时间、空间、材料）。游戏材料应强调多功能和可变性。

应充分尊重幼儿选择游戏的意愿，鼓励幼儿制作玩具，根据幼儿的实际经验和兴趣，在游戏过程中给予适当指导，保持愉快的情绪，促进幼儿能力和个体的全面发展。

3. 教育活动的内容

在幼儿的一日活动中，教师的组织应动静交替，注重幼儿的实践活动，保证幼儿愉快的、有益的自由活动。日常生活组织要从实际出发，建立必要的合理的常规，坚持一贯性、一致性和灵活性的原则，培养幼儿的良好习惯和初步的生活自理能力。幼儿园的教育活动应是有目的、有计划引导幼儿运动、活泼、主动活动的，多种形式的教育过程。

教育活动的内容应根据教育目的、幼儿的实际水平和兴趣，以循序渐进为原则，有计划地选择和组织。组织活动应根据不同的教育内容，充分利用周围环境的有利条件，积极发挥幼儿感官作用，灵活地运用集体或个别活动的形式，为幼儿提供充分活动的机会，注重活动的过程，促进每个幼儿在不同水平上得到发展。

4. 品德教育过程

幼儿园的品德教育应以情感教育和培养良好行为习惯为主，注重潜移默化的影响，并贯穿于幼儿生活以及各项活动之中。幼儿园应在各项活动的过程中，根据幼儿不同的心理发展水平，注重培养幼儿良好的个性心理品质，尤应注意根据幼儿个体差异，研究有效的活动形式和方法，不要强求一律。

（五）幼儿园的园舍、设备

《规程》规定幼儿园应设活动室、儿童厕所、盥洗室、保健室、办公用房和厨房。有条件的幼儿园可单独设音乐室、游戏室、体育活动室和家长接待室等。寄宿制幼儿园应设寝室、隔离室、浴室、洗衣间和教职工值班室等。

幼儿园应有与其规模相适应的户外活动场地，配备必要的游戏和体育活动设施，并创造条件开辟沙地、动物饲养角和植园地。应根据幼儿园特点，绿化、美化园地。

幼儿园应配备适合幼儿特点的桌椅、玩具架、盥洗卫生用具，以及必要的教具、玩具、图书和乐器等。寄宿制幼儿园应配备儿童单人床。幼儿园的教具、玩具应有教育意义并符合安全、卫生的要求。幼儿园应因地制宜，就地取材，自制教具、玩具。

（六）幼儿园工作人员的要求

幼儿园的工作人员有园长、副园长、教师、保育员、医务人员、事务人员、炊事员和其他工作人员。《规程》明确规定幼儿园工作人员应拥护党的基本路线，热爱幼儿教育事业，爱护幼儿，努力学习专业知识和技能，提高文化和专业水平，品德良好、为人师表、忠于职责、身体健康。

（七）幼儿园的管理

幼儿园实行园长负责制，园长在举办者和教育行政部门领导下，依据《规程》负责领导全园工作。幼儿园可建立园务委员会，由保教、医务、财会等人员的代表以及家长的代表组成。园长任园务委员会主任。

园长定期召开园务会议（遇重大问题可临时召集）对全园工作计划，工作总结，人员奖惩，财务预算和决算方案，规章制度的建立、修改、废除，以及其他涉及全园工作的重要问题进行审议。

幼儿园应制定年度工作计划，定期部署、总结和报告工作。每学年年末应向行政主管部门和教育行政部门报告工作，必要时随时报告。幼儿园应接受上级教育督导人员的检查、监督和指导。要根据督导的内容和要求，切实报告工作，反映情况。

幼儿园应建立教育研究、业务档案、财务管理、园务会议、人员奖惩、安全管理以及与家庭、小学联系等制度。幼儿园应建立工作人员名册、幼儿名册和其他统计表册，每年向教育行政部门报送统计表。

四、关于《幼儿园工作规程》的修订

为适应新形势下学前教育改革发展的需要，进一步加强幼儿园的科学管理，规范办园行为，提高保育和教育质量，2013 年 3 月 21 日，教育部对 1996 年的《幼儿园工作规程》进行了修订，制定出了《幼儿园工作规程（修订稿）》（征求意见稿）。此次修订对相关规定做了部分调整，主要有以下几个方面：

（一）入园年龄为 3 周岁或更小

征求意见稿表述：幼儿园适龄幼儿一般为 3-6 周岁，已经满足适龄幼儿入园需要的地区，可将入园年龄适当向下延伸。这说明在有条件的前提下，幼儿园也可以接收 3 周岁以下的幼儿。

（二）必须优先保护幼儿安全

此次修订稿特别增加了幼儿园的安全管理章节，要求建立健全房屋、设备、消防、交通、食品、药物、幼儿接送交接、活动组织等安全防护和检查制度，建立安全责任制和应急预案，幼儿园的园舍应当符合国家的相关安全、卫生标准，定期检查维护，保障安全。幼儿园不得设置在污染区和危险区，不得使用危险房。幼儿园的设备设施、装修装饰材料、用品用具和玩具材料等，应当符合国家相关的安全质量标准和环保要求。

幼儿园配备或者租赁的校车，应当符合法律法规以及国家和地方的其他相关规定。幼儿园应当严格执行国家有关食品药品安全的法律法规，保障饮食饮水卫生安全。妥善管理药品，保证幼儿用药安全。

修订稿还要求教职工必须具有安全意识，掌握基本急救常识和防范、避险、逃生、自救的基本方法。紧急情况下，优先保护幼儿的人身安全。幼儿园应当把安全教育融入一日生活，并定期组织开展多种形式的安全教育和事故预防演练。幼儿园应当投保校方责任险。

（三）幼师准入门槛拟提升

近年来，幼儿在幼儿园受到伤害的事件，不时见诸报端，家长们一再呼吁要提高幼师准入的门槛，给祖国的未来更多的呵护和安全感。此次的修订稿透露出类似的信息。幼儿园要配足配齐教职工，教师实行聘任制，要求具有良好品德，热爱教育事业，尊重和爱护幼儿，努力学习专业知识和技能，提高文化和专业素养，为人师表，忠于职责，身心健康。同时强调，有犯罪记录者和精神病史者不得在幼儿园工作；幼儿园保育园的学历要求从 1996 年的初中毕业以上，提高至高中毕业以上；幼儿园园长应当具有教师资格、具备大专及以上学历、有三年以上幼儿园工作经历和一定的组织管理能力。

（四）幼儿园要限制规模，不得与小学内容重合

修订稿首次规定幼儿园规模应当有利于幼儿身心健康，便于管理，一般不超过 360 人。现在很多

幼儿园的讲授内容都是小学的数学算术题或者学习古诗，很多家长也把孩子在幼儿园能写几个字、认识几个字来作为评价幼儿园质量高低的一个标准，过早地把孩子推进应试教育的泥潭。因此，这次修订稿特意强调幼儿园不得以任何形式提前教授小学内容，不得开展任何违背幼儿身心发展规律的活动，同时也明确规定幼儿园不得设置学前班。

扫一扫

扫一扫——美国幼儿园安全健康条例

第二节　幼儿园教育指导纲要（试行）

2001 年 7 月，教育部颁发了《幼儿园教育指导纲要（试行）》（以下简称《纲要》），这是根据党的教育方针和《规程》而制定的，是指导全国幼儿教师进行宏观管理和指导的单行法规文件。

一、新《纲要》制定的意义

新《纲要》总结了近年来我国幼儿教育改革的经验，立足于我国幼儿教育改革的现实，在充分吸纳世界范围内早期教育优秀思想和研究成果的基础上，阐明了幼儿教育的发展目标，力求体现终身教育、全面推荐素质教育的思想，倡导尊重儿童、尊重儿童身心发展规律、师生共同成长等先进的观念。它的颁布标志着幼儿教育的课程改革已经与整个基础教育课程改革同步启动，对于全面贯彻教育方针、全面提高幼儿园保教质量具有重要的意义，具体表现在以下几个方面：

（一）以全新的教育观念指导教师的教育行为

新颁布的《纲要》体现了“以人为本”的教育理念：强调幼儿教育应尊重幼儿的人格和权利，尊重幼儿身心发展的规律和学习特点，尊重每个幼儿的想法和创造，肯定和接纳他们独特的感受和表达方式，促进每个幼儿富有个性的发展；注重幼儿兴趣的培养，要求用幼儿感兴趣的方式发展幼儿的各种动作，以自由、宽松交往环境体验交往与交流、探究和发现的乐趣，激发幼儿对周围事物和现象的兴趣、好奇心和求知欲，丰富幼儿的感性经验和审美情趣；突出幼儿在教育过程中的自主性，培养幼儿的生活自理能力、主动参与各项活动，支持幼儿自主的选择、计划活动，鼓励他们认真、独立的完成任务，体验自由表达和创造的乐趣。尊重、兴趣、自主是我们幼教工作者在新时期必须树立的教育观念，并将正确的儿童观、教育观、发展观转化为教育行为，让每一个幼儿都充满着自信、都富有个性地发展。

（二）以适宜的教育目标促进幼儿的健康发展

《纲要》中所确立的教育目标是依据幼儿身心发展的规律来制定的，特别强调尊重幼儿的年龄特点和生活经验：有基本的生活自理能力；注意倾听对方讲话，能理解日常用语；喜欢听故事、看图书；理解并遵守日常生活中基本的社会行为规则；能努力做好力所能及的事；能用适当的方式表达、交流探索的过程和结果；能用自己喜欢的方式进行艺术表现活动。

（三）以丰富的教育资源拓宽教育内容

《纲要》将幼儿园的教育内容相对划分为健康、语言、社会、科学和艺术五个领域，从不同的角度去促进幼儿情感、态度、能力、知识、技能等方面的发展。同时让我们认识到幼儿教育不等于幼儿园的教育，应充分挖掘和利用幼儿园、家庭和社会的一切资源对幼儿实施全面的、启蒙的教育；幼儿园应与家庭、社区密切结合，与家长配合，根据幼儿的需要建立科学的生活常规。与家庭、社区合作，引导幼儿了解自己的亲人以及与自己生活有关的各行各业人们的劳动；充分利用社会各方面的资源，引导幼儿实际感受和体验家乡的变化和发展；引导幼儿对周围环境中的数、量、形、时间和空间产生兴趣，建构初步的数的概念；引导幼儿接触周围环境和生活中美好的人、事、物，激发幼儿表现美、创造美的情趣；幼儿园应与小学相互衔接配合，综合利用各种教育资源，共同为幼儿的发展创造良好的条件。因而，只有为幼儿提供健康、丰富的生活和活动环境，拓宽教育内容，才能满足每一个幼儿多方面发展的需求，使他们在快乐的童年生活中获得有益于身心发展的经验。

（四）以多渠道的教育评价提高教育质量

《纲要》强调，教育评价是幼儿园工作的重要组成部分，是了解教育的适宜性、有效性，调整和改进工作，促进每一个幼儿发展，提高教育质量的必要手段。

随着教育改革的不断深入，教育评价不再是教育行政部门的特权，也不再是教师的专利，应是多层次、多角度、多尺度地对幼儿、教师、幼儿园进行较科学的评价。管理人员、教师、幼儿、家长均是幼儿园教育评价工作的参与者。评价过程是他们共同参与、相互支持与合作的过程。教育评价的着眼点是幼儿的发展水平：了解幼儿的发展需要，提供适宜的帮助与指导，而不是甄别和选拔；全面了解幼儿的发展状况，防止重知识，忽视情感、社会性和实际能力的倾向；将幼儿在自然状态下的行为表现和所积累的各种作品作为评价的重要依据，承认和关注幼儿的个体差异，避免形式上的整齐划一，切忌在幼儿面前横向比较。只有以发展的眼光看待每一个幼儿，关注其发展的速度、特点和倾向等，才能尽快提高教育质量，使教育评价成为有效的手段。

（五）以《纲要》的指导价值提升教师的综合素质

《纲要》要求：幼儿园的教育是为所有在园幼儿的健康成长服务的，要为每一个儿童，包括有特殊需要的儿童提供积极的支持和帮助。这对21世纪的幼儿教师提出了更高的标准，实施素质教育必须尽快提升教师的综合素质。幼儿教师的综合素质是在教育实践中不断提高的，教师在教育过程中应成为幼儿学习的支持者、合作者、引导者，以关怀、接纳、尊重的态度与幼儿交往，学会理解、支持、鼓励幼儿探索与表达，做孩子们的好朋友；根据《纲要》和本班幼儿的实际情况，选择适合幼儿现有水平、贴近幼儿生活的教育内容，制定切实可行的教育计划，并灵活执行；善于发现幼儿感兴趣的事物、游戏中所隐含的教育价值，以敏锐的观察能力、运用教育引导幼儿；充分利用自然环境和社区的教育资源，协调幼儿园与家庭、社会各方面的关系，有效促进每一个幼儿的全面发展。

二、新《纲要》的指导思想

新《纲要》的基本指导思想集中反映在总则里，贯穿在整个《纲要》的各部分。主要有以下几个方面。

（一）终身教育的理念

终身教育、终身学习，这是联合国教科文组织提出的深刻而富有远见卓识的观点，从根本上影响了全世界的教育价值取向。终身教育理论认为，教育不是一个局部问题或过渡环节，不能只限于人生的某一时期，而应该贯穿人的一生。终身教育体系是一个从幼儿到老年，从家庭教育、学校教育到社会教育的一体化教育体系。这里的终身教育不仅是对幼儿而言，当然也是对我们教育者的要求。

《纲要》明确指出，“幼儿园教育是基础教育的重要组成部分，是我国学校教育和终身教育的奠基阶段，”它要为“幼儿一生的发展打好基础”。这是一个符合终身教育理念的定位，符合社会发展需要的定位，也符合幼儿长远、可持续发展为本的定位。

《纲要》各领域的目标、内容和要求、指导要点、组织实施与评价均一致地将培养幼儿终身学习的基础和动力放在核心地位；强调教育活动“既要符合幼儿的现实需要，又有利于其长远发展”。

《纲要》着眼于幼儿终身持续发展最基本的素质，如积极主动的态度、强烈的学习兴趣、与环境有效互动的能力、初步的合作意识、责任感等。

融入终身教育理念的幼儿教育质量观追求幼儿健康的、真实的、全面的、可持续的发展，要求幼儿园从小学的预备阶段真正地转变为人生学习的初始阶段。依据《纲要》的精神，重塑幼儿教育质量观，创造符合这一理念的高质量幼儿教育，是贯彻《纲要》的最重要的行动。

（二）“以人为本”的幼儿教育

《纲要》旗帜鲜明地倡导尊重幼儿、保障幼儿权利、促进幼儿全面和谐发展的儿童观。《纲要》围绕“以幼儿发展为本”，明确指出要“为幼儿一生的发展打好基础”，“共同为幼儿的发展创造良好的条件”，“满足幼儿多方面发展的需要，使他们在快乐的童年生活中获得有益于身心发展的经验”，“尊重幼儿的人格和权利，尊重幼儿身心发展的规律和学习特点……促进每个幼儿富有个性的发展……”等。

《纲要》肯定了幼儿的兴趣、需要、游戏，具有独立的而非从属的价值，肯定了幼儿现实生活本身对幼儿成长的重要性，而非仅是未来生活的准备，或只是教育的媒介手段。

《纲要》的目标和要求体现出“以幼儿发展为本”教育是帮助幼儿从现实的存在状态过渡到更高质量的生活的中介，是融入到幼儿的成长和发展过程中的教育，它必须为幼儿发展权的实现作出积极的贡献。

（三）面向世界的科学的幼儿教育

《纲要》在立足我国幼教的现实基础上，面向世界教育潮流发展方向，注意吸收现代教育科学研究的成果，倡导对幼儿身心发展规律的尊重，对教育规律的尊重。

在教育目标方面，《纲要》重视幼儿的兴趣、情感、态度，并在实施中重视幼儿为主体的探索性学习，《纲要》把情感作为幼儿认知发展的推动力，同时也重视幼儿认知的情感化和情感的认知化。

在内容方面，《纲要》吸收了建构主义和现代认知心理学的研究成果，强调了作为教育内容的知识的建构性、过程性，视知识为动态变化的、幼儿主动建构的过程。

在《纲要》的实施原则方面，根据现代学习心理学的研究，要求保证幼儿的游戏、自由和自发的活动时间。同时《纲要》强调幼儿园教育的生活性，这符合教育回归儿童的生活，密切贴近儿童的生活的世界教育发展趋势。

《纲要》还体现出世界基础教育另一个共同特征：学科融合的方向。“各领域的内容要有机联系，相互渗透，注重综合性、趣味性、活动性，寓教育于生活、游戏中”作为《纲要》的实施原则，这与我国基础教育改革的步调一致，也符合现代教育发展的趋势。

终身教育、以人为本、面向世界、注重科学等《纲要》的基本指导思想将在 21 世纪里指导我国幼儿教育发展的方向，从根本上推动幼儿园素质教育更加深入地发展。

三、新《纲要》与《幼儿园工作规程》的关系

（1）相同点:《纲要》与《幼儿园工作规程》都是教育部颁布的关于幼儿园管理的重要行政法规，对于幼儿园的教学管理具有一定的指导意义。

（2）区别:《规程》涉及的面广且比较宏观，而《纲要》涉及的主要是幼儿园教育方面的内容，比较具体详细，比《规程》更具有科学性、整体性、实践性、思辨性。

（3）联系:《规程》是《纲要》制定的参考依据，《纲要》是《规程》的下位文件，是《规程》的细化、具体化，是指导幼儿园教育教学的抓手，是在《规程》与教育实践层面之间搭起过渡的桥梁。

四、新《纲要》解读

（一）第一部分“总则”解读

1. 说明制定《纲要》的依据和目的

《纲要》制定的依据是《中华人民共和国教育法》、《幼儿园管理条例》和《幼儿园工作规程》；目的是指导幼儿园深入实施素质教育。

2. 说明我国幼儿园教育的性质和根本任务

幼儿园教育是“基础教育的重要组成部分，是我国学校教育和终身教育的奠基阶段”，其根本任务是为幼儿一生的发展打好基础。

3. 规定了我国幼儿园教育的外部原则

《纲要》规定应该办开放的、社会化的幼儿教育，与家庭、社区等密切合作，充分利用各种教育资源。

4. 幼儿园教育的特点

幼儿园与小学不同，小学是通过学科教学获得间接知识；而幼儿园是在环境中学习，在生活中学习，在一日活动中学习。

5. 幼儿园教育的内部原则

幼儿园教育的内部原则包括以下几点。

（1）对幼儿的尊重，即尊重幼儿的人格和权利，尊重幼儿身心发展的规律和学习特点。

（2）以游戏为基本活动，保教并重。

（3）注重个性发展，关注学生个别差异。

（二）新《纲要》第二部分“教育内容与要求”解读

新《纲要》第二部分“教育内容与要求”突出体现两大特点：整体观和知识观。

1. 教育整体观

幼儿教育的整体观是我们对于幼儿教育系统性整体性的看法。“纲要”明确指出，幼儿园教育活动的主旨应重视综合性、生活性和趣味性。如何体现“纲要”的精神，如何使幼儿教育真正具有整体性，这就要求我们有系统的、整体的思想，形成幼儿教育的整体观，并努力实践以下观念：

（1）幼儿的发展是整体的、全面的，幼儿教育应注重整体性和全面性。

（2）幼儿一日生活中的各项活动，都对幼儿的发展有重要的价值，应有机地整合各项活动，努力提高各项活动的整体成效。

（3）幼儿园课程的内容可以相对划分为一些领域，应充分挖掘和利用各领域的内在的联系，对课程内容进行合理的有效的整合。

（4）幼儿园、家庭及社区有丰富的教育资源，应充分发挥各种教育资源的整体性影响。

（5）幼儿园课程实施的方法、形式及手段丰富多样，应有机的、综合的利用这些方法、形式和手段。

幼儿教育的整合，最终也应该落实到具体的课程实施过程之中。我们倡导课程综合，是强调课程内容的有机联系，使课程内容成为一个有机的整体，注重教育的整体性，而不是全面地倡导和建设综合课程。

幼儿教育是一个复杂的系统，在这个系统中有很多因素需要加以有机整合，包括以下几个方面：

（1）观念的整合，就是观念的联系和渗透。幼儿教育应该关注多样化的观念，并注意这些观念之间的相互联系。

（2）目标的整合。《纲要》中把教育目标划分为健康、社会、科学、语言及艺术五个方面。五大领域的内容已不局限在某个或某些具体的知识点和技能要求上，而指向幼儿参与的教育性活动。

教育目标从总体的目标到现实的活动目标应该是一个整合—分解—整合的过程。目标的整合是教育整合的基础，它直接影响教育内容的整合，进而也影响教育内容、方法和形式的整合。

（3）内容的整合。课程内容的整合是以目标的整合为前提的。教育内容整合的主要表现是使同一个领域的不同方面的内容、不同领域的内容之间产生有机的联系，甚至可以突破“领域”这一内容组织形式。

（4）资源的整合。幼儿园、家庭及社区都有丰富的教育资源，应该充分加以运用，并进行有机整合，使它们协调一致地对幼儿的成长产生积极有效的影响。

2.《纲要》的知识观

《纲要》第二部分对教育内容和教育要求的表述，与以往不同的是，这里没有单独列出一个幼儿应该学和教师应该教的知识和技能的清单，而是通过对教师提出要求怎样做和追求什么，将教育内容涵盖于其中。这样的表述方式是服从于当前幼教改革的目的和所倡导的新教育价值观，是新知识观的直接体现。

过去知识常被看成是静态的、结论性的，所以在教学中我们常常把现成的结论告诉儿童，而新《纲要》强调了知识的动态性和过程性。过去常认为知识具有客观性、普遍性和绝对性，把知识的获得看成信息的接受，因而教学过程中强调教师主导作用，而不重视学生主观能动性的发展，新《纲要》肯定了知识的主观性、个人性和相对性。过去知识仅仅看成是对世界的描述和解释，因而教学过程常常忽视实践的环节，新《纲要》强调实践本身，认为“做”的能力也是知识。

以何种维度划分领域不是《纲要》的实质和核心所在，教育内容的分类与教育理念、实施过程之间没有必然的联系；实施形态是其关键：“在幼儿的生活中综合地实施教育”，“通过创设环境进行教育”。使各领域综合地、统一地呈现在幼儿的生活与各种活动中。

（三）新《纲要》第三部分“组织与实施”解读

新《纲要》第三部分“组织与实施”包括以下五个方面。

（1）组织与实施的根本原则。幼儿园的教育是为所有在园幼儿的健康成长服务的，要为每一个儿童，包括有特殊需要的儿童提供积极的支持和帮助。

（2）幼儿园教育活动的含义。幼儿园的教育活动，是教师以多种形式有目的、有计划地引导幼儿生动、活泼、主动活动的教育过程。

（3）教育活动的组织与实施的基本原则。教育活动的组织与实施过程是教师创造性地开展工作的过程。教师要根据本《纲要》，从本地、本园的条件出发，结合本班幼儿的实际情况，制定切实可行的工作计划并灵活地执行。

（4）教育活动的目标、内容、形式、环境、一日生活、衔接问题。教育活动目标要以《幼儿园工作规程》和《纲要》所提出的各领域目标为指导，结合本班幼儿的发展水平、经验和需要来确定。活动内容的组织应充分考虑幼儿的学习特点和认识规律，各领域的内容要有机联系，相互渗透，注重综合性、趣味性、活动性，寓教育于生活、游戏之中。组织形式应根据需要合理安排，因时、因地、因内容、因材料灵活地运用。教育活动应通过环境的创设和利用，有效地促进幼儿的发展，科学、合理地安排和组织一日生活。同时幼儿园教育要与 0-3 岁儿童的保育教育以及小学教育相互衔接。

（5）教师在活动的组织与实施中的角色和作用。教师应成为幼儿学习活动的支持者、合作者、引导者。

“组织与实施”部分贯穿着尊重幼儿的权利，尊重教师的创造，尊重幼儿在学习特点、发展水平、个性特征等方面的差异，尊重幼儿身心发展的客观规律，尊重教育、教学的客观规律等理念，突出组织与实施中的教育性、互动性、开放性、针对性、灵活性等原则。

（四）新《纲要》第四部分“教育评价”解读

新《纲要》第四部分“教育评价”包括以下五个方面。

（1）教育评价的功能。教育评价是幼儿园工作的重要组成部分，是了解教育的适宜性、有效性，调整和改进工作，促进每一个幼儿发展，提高教育质量。

（2）幼儿园教育评价的主体。评价主体多元化，包括管理人员、教师、幼儿、家长等。

（3）幼儿园教育评价的原则。教育评价以教师自评为主，园长及有关管理人员、其他教师和家长参评。

（4）幼儿园教育评价的主要内容。教育评价以幼儿为中心，综合采用观察、谈话、作品分析等多种方法。

（5）幼儿园发展评价的原则。通过评价来了解幼儿的发展，以便提供更加适宜的帮助和指导。围绕幼儿园的教育评价，提出了评价的发展性、合作性、标准的多元性以及在评价方法上强调多角度、多主体、多方法、重过程、重差异、重质性研究的原则。

扫一扫

扫一扫——师幼互动中情感的升华

第三节　幼儿园教师专业标准（试行）

2012 年 2 月 10 日，教育部颁布了《幼儿园教师专业标准（试行）》，这标志着我国幼儿园教师队伍建设进入专业化阶段，必将大力促进我国幼儿园教师队伍专业水平的提高。

《幼儿园教师专业标准（试行）》（以下简称《专业标准》）是国家对合格幼儿园教师专业素质的基本要求，是幼儿园教师实施教育教学行为的基本规范，是引领幼儿园教师专业发展的基本准则，也是幼儿园教师培养、准入、培训、考核等工作的重要依据。

一、《幼儿园教师专业标准（试行）》制定的背景

《专业标准》是在我国学前教育事业发展需要和国际幼儿园教师专业发展趋势的双重推动下制定的，并作为落实《国家中长期教育改革和发展规划纲（2010-2020 年）》（以下简称《教育规划纲要》）的一项具体措施和紧迫任务而颁布实施。

（一）我国学前教育事业发展的需要

随着《教育规划纲要》的贯彻落实，《国务院关于当前发展学前教育的若干意见》已经颁发，各地学前教育三年行动计划也纷纷出台，国家启动了学前教育重大项目，大力发展学前教育正成为我国教育事业发展的一道亮丽风景线。

学前教育事业发展不仅需要建设一大批诚信可靠的幼儿园，更需要建设一支师德高尚、业务精良的幼儿园教师队伍。要实现“基本普及”的战略目标，满足人民群众对学前教育的热切需求，不仅意味着要提高入园率，更重要的是提升学前教育的质量，而其中的关键与核心是提升幼儿教师队伍的专业水平。在学前教育蓬勃发展的关键时期，幼儿教师队伍素质的高低直接关系到学前教育的质量，影响到幼儿身心全面发展及国民整体素质，因此，加强幼儿教师队伍管理，制定颁布实施统一的专业标准势在必行，可以为幼儿教师的培养、选拔、管理提供依据。

（二）国际幼儿园教师专业发展的趋势

1966 年联合国教科文组织发布《关于教师地位的建议》，提出了教师职业的专业化，以此提升教师地位和实现教师权益。自此，在世界范围内掀起了一场声势浩大的“教师专业化”运动。在 1980 年以后，教师专业化运动追求的目标开始从教师权益转移到教育质量上。1986 年，美国卡内基教育和经济论坛发表《国家为培养 21 世纪的教师做准备》、霍姆斯小组发布《明日教师》报告，敦促教师专业化水平的提高。英国于 1984 年成立了教师教育课程鉴定委员会，致力于建立全国范围的教师教育质量标准体系。日本也在 1970 年制订了教师专业发展计划，并设立了丰富的激励机制以促使教师投入专业化发展中。

目前，欧美等国均形成了自己的教师专业发展和评价体系，而教师专业标准体系在教师专业化中起到了重要作用。从国际经验看，提升教师队伍的专业化水平，也大多是从教师专业标准的制定和实施入手的。顺应国际幼儿园教师专业发展的趋势，制定我国的幼儿园教师专业标准是国际教师专业标准化运动的一部分，共同推动着国际幼儿园教师专业化的进程。

（三）落实《教育规划纲要》的紧迫任务

《教育规划纲要》指出：“教育大计，教师为本。有好的教师，才有好的教育。提高教师地位，维护教师权益，改善教师待遇，使教师成为受人尊重的职业。严格教师资质，提升教师素质，努力造就一支师德高尚、业务精湛、结构合理、充满活力的高素质专业化教师队伍。”这是国家对教师队伍重要性和教师职业地位的确认，也是国家对高素质专业化教师队伍的呼唤。《教育规划纲要》还指出：“严格执行幼儿园教师资格标准，切实加强幼儿园教师培养培训，提高幼儿园教师队伍整体素质，依法落实幼儿园教师地位和待遇。”这是教师专业化队伍建设在学前教育领域中的具体要求，重点是严格执行幼儿园教师资格标准。只有坚持幼儿园教师资格标准，才能确保幼儿园教师队伍的质量，才能实现幼儿园教师的专业化。《若干意见》提出“国家颁布幼儿园教师专业标准”，制定教师专业标准，明确教师专业素质要求，是建立健全教师管理制度的一项重要内容，将有利于极大地促进我国教师专业水平的提高。建立教师专业标准体系，严格实施教师准入制度，对于提高教师队伍整体素质，提高教育质量，促进学前教育均衡发展和教育公平都将发挥重要作用。

总地来说，无论是从促进教师的专业化，还是从提升教育质量来说，《专业标准》都能够起到重要的指引和支撑作用。教师专业标准的意义在于它是选拔教师的依据，是培训教师的指南，是评价教师的尺度，是引领教师自身发展的导向，还是提高整个教师队伍素质和水平的依据。面对当前我国幼儿园教师队伍水平、素质参差不齐的现状，制定《专业标准》指引教师教育和教师专业发展与教育教学工作实际成为当务之急。

二、《幼儿园教师专业标准（试行）》的内涵透视

《专业标准》共包括三部分：基本理念、基本内容、实施建议，在“师德为先、幼儿为本、能力为重、终身学习”的基本理念下，对幼儿教师的专业素质提出具体要求，包括三个维度、14 个领域，分别对幼儿教师的专业能力、职业道德做了详细阐述。对《专业标准》进行归纳总结，可以发现有以下几个特点：

（一）儿童观：坚持以学生为主体，幼儿为本

在《专业标准》的第一部分即提出其基本理念之一为幼儿为本。“尊重幼儿权益，以幼儿为主体，充分调动和发挥幼儿的主动性；遵循幼儿身心发展特点和保教活动规律，提供适合的教育，保障幼儿快乐健康成长”。将以幼儿为本的儿童观作为幼儿教师专业发展的要求，是促进幼儿教师专业发展、保证学前教育质量的重要一笔。

所谓“儿童观”即对儿童的观点和看法，北京师范大学庞丽娟教授提出：“儿童观是指教师关于儿童的基本看法，包括对儿童身心发展特点、规律和心理发展动力等一系列问题的一般性认识及由此形成的对儿童的特定期望等”。该标准凸显了幼儿教师应坚持以“学生为主体，幼儿为本”的儿童观，主要表现为以下几点。

第一，在理念上，应坚持以儿童为本，尊重幼儿作为个体的独立性、主动性和特殊性，对其进行适宜的教育。

第二，在对待幼儿的态度上，要关爱、尊重和信任幼儿，不可歧视幼儿，以正确的态度看待，摒弃“小大人观”等其他不重视或不能正确认识儿童的观点。

第三，对幼儿的教育教学，幼儿教师应掌握幼儿不同发展阶段的身心特点及规律，了解幼儿个体的一般特点及差异性，为幼儿创造条件，鼓励其主动、积极地学习，对幼儿施以适当的教育。

（二）教师观：体现人本主义教师观

所谓教师观，即对教学过程中教师地位、权利的认识。传统教师观习惯将教师比作蜡烛、园丁，虽然蕴涵教师默默付出的伟大，但是也将教师置于教学过程中的主导地位，是知识的代言人、传递者。人本主义流派对传统的教师观提出挑战，以马斯洛、罗杰斯等为代表的人本主义者认为教师应与儿童平等，尊重儿童的主体性，发挥儿童的独立性。以罗杰斯为代表，在其“学习者中心理论”基础上，提出“教师即促进者”的观点，认为教师在儿童学习过程中的地位应该是一个“侍者”，教师的作用是为儿童创造一种适宜学习的氛围，主张教师与学生之间建立具备“真实”“理解”“接受”三种品质的师生关系，作为促进者、帮助者、辅助者、合作者促进儿童的学习。

教师的教师观直接决定教师在教学过程中的教学方法、评价模式以及师生的交往模式，因此作为幼儿教师专业发展的标准及依据，《专业标准》借鉴人本主义老师观的理念，对教师的教育行为提出明确要求，表现为：第一，强调幼儿园教育环境的创设，包括硬件环境，如教具、游戏场所等，同时还包括软环境，如良好的师幼关系、伙伴关系及班级氛围的营造；第二，主张以游戏活动为主，为幼儿提供符合其年龄特点、兴趣需要及发展目标的游戏条件，以供幼儿主动学习；第三，同幼儿建立良好的师幼关系，要求幼儿教师了解儿童的身心特点，用适当的语言与其交流，同时带着爱心、耐心在尊重、信任幼儿的前提下与幼儿交往。

（三）学习观：践行“发展取向型学习观”

儿童学习观是对儿童学习本质、目标、内容、过程与途径等方面的基本看法与观点。涉及几个基本

的问题：儿童的学习是什么?儿童为什么要学习?儿童学习什么以及儿童如何学习?如何评价儿童的学习?学习观与教师观、学生观等一同作为教师的教育观念，对幼儿教师的教学行为有重要影响，尤其作为学前教育阶段，其不同于中小学阶段的独特的学习特征，要求幼儿教师必须持有合理、科学、符合幼儿年龄特征的学习观，这是幼儿教师专业发展的前提，也是对幼儿教师专业能力提出的要求。

（四）幼儿教师专业能力标准：强调综合、全面发展

作为幼儿教师专业发展的指导性文件，《专业标准》将幼儿教师的专业能力分为三个维度、14 个领域，其中三个维度包括专业理念和师德、专业知识、专业能力，而专业知识又包括幼儿发展知识、幼儿保教知识以及通识性知识。其中对专业理念和师德以及专业能力更是做了详尽的要求。

纵观《专业标准》的基本内容，可以发现其特点是“综合全面”，表现为：第一，能力与师德兼备，“师德为先”“能力为重”是《专业标准》的基本理念;第二，教育理论与教育实践能力、保育与教育能力两全，《专业标准》要求幼儿教师既具有一定的专业知识，同时对于环境创设、活动设计、一日生活的组织与保育以及与幼儿的沟通、对幼儿的激励评价等都提出具体要求;第三，学习能力与反思能力不可或缺，终身学习是以基本理念的形式对幼儿教师提出，因此，学习能力的培养是幼儿教师的专业能力之一，同时，幼儿教师还需在实践中时刻具备反思意识，以提高保教工作的水平，提升自身素质;第四，兼具专业知识与一般知识，《专业标准》要求幼儿教师不仅要掌握有关幼儿身心发展特点、规律以及幼儿教育政策法规的专业知识，同时对于一般的自然科学、社会科学知识以及艺术、信息技术等知识也需兼备。

三、《幼儿园教师专业标准（试行）》的内容框架解读

（一）“专业理念与师德”维度

《专业标准》从职业理解与认识、对幼儿的态度与行为、幼儿保育和教育的态度与行为、个人修养与行为四个领域对幼儿园教师的专业理念与师德提出了具体要求，体现了鲜明的时代特色和幼儿园教师的独特性。

第一，强调幼儿园教师专业的独特性，要求幼儿园教师理解并注重自身的专业发展，认识到专业发展的重要性、紧迫性。幼儿园教师要理解时代发展和学前教育进步对教师专业发展的诉求，树立专业发展的责任感、使命感。

第二，以幼儿发展为基点，养成正确对待幼儿的态度与行为。学前教育关注 0-6 岁儿童的生命生长、身体发育、认知发展、情感培育、人格建构、道德养成等，就是关注人类未来、人类本身的发展。幼儿园教师应当关爱幼儿，重视幼儿身心健康，将保护幼儿生命安全放在首位；尊重幼儿人格，维护幼儿的合法权益，平等对待每一个幼儿;信任幼儿，尊重个体差异，主动了解和满足有益于幼儿身心发展的不同需求；重视日常生活对幼儿健康成长的重要价值，积极创造条件，让幼儿拥有快乐的幼儿园生活。

第三，突出学前教育的特殊性，注重保教结合。幼儿园生活是幼儿园教师和幼儿共同拥有的，以幼儿快乐生活、健康成长为着眼点。教师有必要转变儿童观、教育观、师幼观，注重培育幼儿良好的意志品质，帮助幼儿形成良好的行为习惯;注重保护幼儿的好奇心，培养幼儿的想象力，发掘幼儿的兴趣爱好;重视环境和游戏对幼儿发展的独特作用，创设富有教育意义的环境，将游戏作为幼儿的主要活动;重视丰富幼儿多方面的直接经验，将探索、交往等实践活动作为幼儿最重要的学习方式;重视自身日常态度、言

行对幼儿发展的重要影响与作用。

第四，重视修身养性。《专业标准》对幼儿园教师的个人修养与行为提出了明确要求。这些要求首先反映了幼儿园教师作为平凡的人理应具备的心性、品质和行为，其次反映了幼儿园教师作为教育者所应具备的特有的心性、品质和行为。

扫一扫

扫一扫——丑小鸭

（二）“专业知识”维度

《专业标准》从幼儿发展知识、幼儿保育和教育知识、通识性知识三个领域对幼儿园教师的专业知识提出了具体要求。

第一，了解和掌握关于幼儿发展的知识，目的在于维护幼儿的身心健康，保障幼儿的合法权益，促进幼儿健康成长。幼儿园教师不仅要了解幼儿的身心发展特点、发展水平、发展优势、学习特点等，还需要了解关于幼儿生存、发展和保护的有关法律法规及政策规定，了解幼儿安全防护的知识，掌握针对幼儿可能出现的各种侵犯和伤害行为的预防与应对方法。幼儿园教师还要特别了解有特殊需要幼儿的身心发展特点与规律，为真正开展个别化教育、全纳教育奠定知识基础。

第二，具备教育知识及相应的学科知识。幼儿园教师要具备一定的幼儿保育和教育知识，熟悉幼儿园教育的目标、任务、内容、要求和基本原则，掌握幼儿园环境创设、一日生活安排、游戏与教育活动、保育和班级管理的知识与方法，熟知幼儿园的安全应急预案，掌握意外事故和危险情况下幼儿安全防护与救助的基本方法，掌握观察、谈话、记录等了解幼儿的基本知识，了解 0-3 岁婴幼儿保教和幼小衔接的有关知识与基本方法。幼儿园教育的综合性特点还要求幼儿园教师了解多学科知识，掌握健康、语言、艺术、科学、社会等方面的知识。

第三，关注通识性知识的重要价值。对通识性知识的关注是强调幼儿园教师作为人的整体素质的提升。通识性知识是非功利的、非专业化的知识，是幼儿园教师作为专业人员必须具备的基本素质。

（三）“专业能力”维度

《专业标准》从环境的创设与利用、一日生活的组织与保育、游戏活动的支持与引导、教育活动的计划与实施、激励与评价、沟通与合作、反思与发展七个领域对幼儿园教师的专业能力提出了具体要求。

第一，注重幼儿园教育环境的创设与利用。幼儿园教育注重环境的隐性教育功能。幼儿园教育环境包括室内、室外、区角的物质环境，也包括以同伴、师幼、邻里社区为核心的社会环境，还包括反映价值导向和生活方式的文化环境。环境创设与利用的关键是教师与幼儿建立良好的师幼关系，帮助幼儿建立良好的同伴关系，让幼儿感到温暖和愉悦;建立班级秩序与规则，营造良好的班级氛围，让幼儿感到安全、舒适;创设有助于幼儿学习、游戏的教育环境;合理利用资源，为幼儿提供或制作合适的玩教具和学习材料，引发和支持幼儿的主动活动。

第二，以一日生活的组织能力为基础。一日生活是幼儿园保教工作的基石，幼儿园一日生活的组织能力是幼儿园教师的基本能力之一。教师在组织一日生活时的基本要点是能合理安排和组织一日生活的各个环节，将教育灵活地渗透到一日生活中;科学照料幼儿日常生活，指导和协助保育员做好班级常规的保育和卫生工作;充分利用各种教育契机，对幼儿进行随机教育;有效保护幼儿，及时处理幼儿的常见事故，危急情况下优先救护幼儿。

第三，以游戏活动为主导。对游戏活动的支持与引导是幼儿园教师重要的专业能力，《专业标准》对这一方面提出了诸多要求。例如，提供符合幼儿兴趣需要、年龄特点和发展目标的游戏条件;充分利用与合理设计游戏活动空间，提供丰富、适宜的游戏材料，支持、引发和促进幼儿的游戏;鼓励幼儿自主选择游戏内容、伙伴和材料，支持幼儿主动地、创造性地开展游戏，充分体验游戏的快乐和满足;引导幼儿在游戏活动中获得身体、认知、语言和社会性等方面的发展等。

第四，以教育活动的计划与实施为主要责任。幼儿园教育活动的计划与实施是幼儿园教育的中心，也是幼儿园教师的核心能力。幼儿园教师要具备一定的计划与实施教育活动的能力，诸如制订阶段性的教育活动计划和具体活动方案;在教育活动中观察幼儿，根据幼儿的表现和需要，调整活动，给予适宜的指导;在教育活动的设计和实施中体现趣味性、综合性和生活化，灵活运用各种组织形式和适宜的教育方式;提供更多的操作探索、交流合作、表达表现的机会，支持和促进幼儿主动学习等。

第五，提高激励与评价能力。关注幼儿发展，重视幼儿发展评估是发达国家学前教育的突出特点。幼儿园教师不仅自己要掌握评价幼儿发展的能力，还要带动家长及其他教育者学会评估幼儿发展。教师要关注幼儿日常表现，及时发现和赏识每个幼儿的点滴进步，注重激发和保护幼儿的积极性、自信心;有效运用观察、谈话、家园联系、作品分析等多种方法，客观全面地了解和评价幼儿;有效运用评价结果，用以指导下一步教育活动的开展。

第六，强调沟通与合作能力。基于幼儿园教师工作依托于多角色的人际互动这一特点，《专业标准》对幼儿园教师如何有效进行人际沟通与合作提出了具体要求，诸如使用符合幼儿年龄特点的语言开展保教工作;善于倾听，和蔼可亲，与幼儿进行有效沟通;与同事合作交流，分享经验和资源，共同发展;与家长进行有效沟通合作，共同促进幼儿发展;协助幼儿园与社区建立合作互助的良好关系等。

扫一扫

扫一扫——纽扣错位的故事

第七，重视培养反思与发展能力。《专业标准》对教师反思与发展能力的要求，是对全球教师专业化发展背景下的教师专业发展内在要求的回应。教师专业化的本质就是让教师意识到自身在专业成长中的力量，形成自主发展意识，进而在各项专业发展活动中积极进行自我反思，有意识地规划自己的专业发展，主动提升自己的专业能力。

《专业标准》的 3 个维度看上去是平行的，其深层却是相互影响、相互叠加、共同促进的；14 个领域直接规定了幼儿园教师的德、知、能结构，也间接规定了教师资格认证的价值导向、资格考试的基本框架以及教师教育质量的评价标尺；62 项基本要求表面看是对幼儿园教师的规范约束，深层是对教师进行价值引领，指引教师专业发展的方向。

四、《幼儿园教师专业标准（试行）》的实施

《专业标准》的制定为各级教育行政部门、幼儿教师教育院校、幼儿教育机构以及幼儿教师提供了教师培养、准入、考核、评估以及自我发展的总体依据，但对其进行具体落实还需要各部门采取多种措施。

（一）制定行动指南，从横向层面细化《专业标准》

《专业标准》的基本内容不可能穷尽对幼儿园教师的具体要求，为保障其可操作性，应对之进行细化。南阳师范学院李辉博士认为可通过制定“《专业标准》行动指南”附则，细化《专业标准》。美国幼儿教师专业标准也体现出类似特点，其强调理论与实践相结合，一方面对专业知识和理论进行解释说明，另一方面运用更大篇幅对与专业要求相对应的实践操作进行详细阐述，必要时结合实例说明。这样，“标准”就不再单纯是文本性的抽象叙述，而是更类似于程序性知识的行动指南，呈现出明显的“操作性”特征。

（二）根据教师专业发展不同阶段，从纵向层面细化《专业标准》

有人提出，“可针对不同级别教师，将标准细化”，“设计针对不同工龄教师的方案”，建立标准体系。目前制定的《专业标准》是“国家对合格幼儿园教师专业素质的基本要求”，也即合格教师标准。可借鉴国际和我国一些地方的经验，建立分阶段的专业标准体系。如，澳大利亚、香港地区将教师专业标准分为若干范畴，并辅以每种范畴以总体标准和阶段标准，据此对教师进行分类分级评估。以澳大利亚 2011 年颁布的全国教师专业标准为例，这个标准将教师专业发展划分为新任教师、熟练教师、娴熟教师以及主导教师四个阶段，并对各阶段教师各方面的专业能力做出相应要求。例如，就合作学习而言，对新任教师的要求是“拥有献身精神、热情和人际沟通能力并为学校整体运行做出贡献”；而对于娴熟教师而言则要求他们“与同事、家长和社区团体合作，对专业团体做出积极贡献”，这充分体现了教师专业发展不同阶段的质的区别，以及在专业标准中的不同体现。武汉市在编制幼儿园教师专业标准时将教师专业发展划分为适应期（1-4 年）、探索期（5-9 年）、反思期（10-14 年）和学者期（15 年以上），对不同专业发展阶段教师的专业要求不同。

（三）开展专门性的学习与培训

开展专门性的学习活动是让利益相关者了解政策的重要途径，也有利于形成良好的政策执行的社会舆论环境。南阳师范学院李辉博士等人认为，应针对《专业标准》开展专门性的学习与培训，为提高专门性学习与培训活动的效果应分步骤、分层次进行。首先，应由《专业标准》的起草、制定者对教育部相关部门及各省、直辖市、自治区负责《专业标准》推行的核心管理人员进行高层培训；其次，由各省、直辖市、自治区负责人对市、区、县的相关行政管理者和教研员及全省参与《专业标准》推行与培训的相关机构负责人进行中层培训;再次，由全省、直辖市、自治区相关机构、市、区、县行政管理者和教研员对辖区内教师进行分批次、有重点的培训，可先培训园长和骨干教师;最后，由园长、骨干教师带领全园教师进行学习。通过分层次、分步骤、全覆盖式的学习与培训以提高相关部门和人员对《专业标准》重要性的认识，并抓好落实。

（四）试点推行并考虑地区差异

是否持有教师资格证、所学专业与从事职业的相符度是衡量教师专业化水平的重要指标，从这两项指标来看，我国幼儿园教师的专业水平堪忧，特别是城乡差异非常明显。在当前幼儿园教师专业化水平堪忧的状况下，《专业标准》是对合格教师专业素养的基本要求，若据此对幼儿园教师进行考核，势必有部分甚至不小比例的教师达不到基本的专业要求与任教标准，尤其是农村地区该问题会更加突出。那么，针对不合格的教师是取消其任教资格，还是限期经由专业培训重新上岗，这既关涉幼儿园教师的供给数量，又影响教师队伍稳定。有被试提出，“《专业标准》应试点推行，应首先在城市试点推行”，“推行要考虑到经济发展水平和地区差异，尤其要多关注农村幼儿教师。因农村地区幼儿教师的整体水平偏差，离标准还有一定距离”。

（五）建立相关保障措施和配套政策

其一，推行《专业标准》应与提高教师地位、待遇相结合。《专业标准》是对幼儿园教师专业素养的基本要求。但根据我国《教师法》和《〈教师资格条例〉实施办法》及相关政策文件，师范院校毕业生，凡具备幼儿师范学校学历及其以上者，可以被直接认定获取幼儿教师资格;非师范院校毕业生，除了其学历、思想道德、身体条件要达到规定要求外，只需通过教育学、心理学和普通话的考试就可以获得幼儿教师资格证，至于他们是否达到幼儿教师应必备的专业资格条件，如专业道德与态度、专业知识与理解、专业能力与实践等，却没有明确规定加以限制。而《专业标准》对教师的专业理念与师德、专业知识、专业能力提出了全面要求，与以往相关政策法规相比，其对幼儿园教师提出的要求更高、更加全面具体。但一项政策若不能使其目标群体受益，而只是要求，那么政策很有可能被排斥、被架空。基于上述原因，不少被试提出，在实施《专业标准》时，“应将对教师的要求与提高地位、待遇相结合”、“应有利于教师的权益保护与专业发展”。正如有学者所言，“提高幼儿教师的社会地位是幼儿教师专业标准的有效性的基础”，国家应通过学前教育立法的强制性规定，使幼儿教师享受与中小学教师同等的地位和待遇，规范编制，保障幼儿教师在进修培训、专业技术职务评聘、工资和福利待遇、社会保险等方面的合法权益，为幼儿教师专业发展与《专业标准》的实施提供动力。

其二，应建立配套政策以推行《专业标准》。可建立配套政策，如《幼儿园教师教育课程标准》《幼儿园教师教育机构资质标准》《幼儿园教师教育质量评估标准》《幼儿园教师资格考试标准》等，并在实施中进一步建立与上述标准相配套的《学前教育专业规范》《学前教育专业培养方案》《幼儿园教师资格考试大纲》《幼儿园教师资格考试题库》等政策或实施办法，形成从顶层设计到具体操作、从宏观把握到微观落实的完整的幼儿园教师专业化政策制度体系。

第四节　3–6 岁儿童学习与发展指南

一、《3-6 岁儿童学习与发展指南》的制定背景与意义

（一）《3–6 岁儿童学习与发展指南》的制定背景

1. 建设社会主义和谐社会的需要

李季湄教授指出，幼儿教育关系到社会的稳定与和谐，幼儿教育质量是建设社会主义和谐社会的重大民生工程。专注于幼儿学习发展的质量是我们对社会需要的积极回应，这需要抓幼儿学习质量的文件出台。幼儿教育的质量关系着数千万幼儿的发展，寄托着数千万家庭对美好生活的期盼。提高幼儿教育质量是建设社会主义和谐社会的重大民生工程。

2. 我国教育发展的需要

李季湄教授指出，《国家中长期教育改革和发展规划纲要（2010–2020 年）》把提高质量作为教育发展的核心任务，树立以提高质量为核心的教育发展观，注重教育内涵发展，教育进入了一个质量的时代，学前教育要更加关注内涵的发展。随着社会价值多元化，商业浪潮下的幼儿教育受到很大冲击，一些价值观也需要拨乱反正。

为进一步落实联合国《儿童权利公约》，贯彻《国务院关于当前发展学前教育的若干意见》，保障适龄儿童接受基本的、有质量的学前教育，加强幼教质量监控，建立幼儿园保教质量评估监管体系；进一步深入贯彻《幼儿园工作规程》《幼儿园教育指导纲要（试行）》，促进每个幼儿在不同水平上的发展，促进每个幼儿富有个性的发展，保障幼儿基本的发展权利，需要一个具体的指导性文件。李教授指出，实施《教师教育课程标准》《中小学幼儿园教师资格标准》《幼儿园教师专业标准（试行）》，其核心是提高以“幼儿为本”教育的专业能力——了解幼儿的知识与能力、科学保教的知识与能力。《3–6 岁儿童学习与发展指南》（以下简称《指南》）的推出正是在这一角度上去帮助教师去理解每一个孩子，

看懂每一个孩子。

3. 联合国儿童基金会"遍及全球"项目（Going Global Project）的契机

李教授指出，"遍及全球"项目是联合国儿童基金会总部从2002年起，在全球的发展中国家发起的一个制定早期儿童的学习与发展指导文件的项目。借助"遍及全球"项目的契机，教育部基教司从2006年起与儿童基金会合作，国外知名专家小组指导的研讨学习，组织北京师范大学、华东师范大学、南京师范大学等科研机构的专家，开始分领域着手研制以家长和教师为主要使用对象的《3-6岁儿童学习与发展指南》。

（二）《指南》制定的意义

（1）有助于教师和家长了解3-6岁幼儿学习与发展的基本规律和特点。

（2）有助于教师和家长建立对幼儿发展的合理期望。

（3）有助于幼儿园实施科学的保育和教育，让幼儿度过快乐而有意义的童年，促进后继学习和终身教育。

二、《指南》与新《纲要》的关系

（一）相同点

（1）《指南》与新《纲要》都是我国幼儿教育法规体系中的组成部分，共同促进幼儿的全面和谐发展，共同促进我国幼儿教育科学发展。

（2）《指南》与新《纲要》的目的都是通过五大领域活动促进幼儿的发展，都有目标。

（3）《指南》与新《纲要》都具有共同的教育观、儿童观、发展观。例如，以儿童发展为本，游戏是幼儿园的基本活动，让每一个幼儿富有个性的发展等。

（二）区别

（1）新《纲要》和《指南》的定位不同。新《纲要》是宽泛的教育指导纲领，对3-6岁幼儿目标和内容宏观、笼统。如总目标，既没有分年龄段设置目标，也没有给教师提供具体的操作建议；《指南》目标更具体明确，是具体的细则，是儿童学习与发展的标准，每个领域将不同年龄段儿童发展的表现和水平具体化、细致化和目标化，教育建议更具操作性和针对性。

（2）新《纲要》是完整的课程文件，包含了"总则""组织与实施""教育评价"等内容，帮助教师理解幼儿园教育的宗旨，树立正确的教育理念，是指导教师将教育思想和观念转化为教育行为的指导性文件，是国家指导幼儿教育的上位的纲领性文件；《指南》具有高度的操作性，体现了新《纲要》中第二部分"教育内容与要求"中的内容，是实践性强的指导性文件。

（3）新《纲要》和《指南》的对象不同。新《纲要》的主要对象是研究者和教师，而《指南》的主要对象包括幼儿教育的三个重要主体——教师、儿童、家长。

（三）联系

新《纲要》是《指南》实施方向的重要保证，《指南》是实施新《纲要》的有力抓手和把《纲要》转化为实践的指向，《指南》的实施将推进新《纲要》的深入贯彻落实。

三、《指南》的解读

（一）“说明”的解读

《指南》的“说明”主要包括以下四个部分。

（1）《指南》的制定背景，是为了深入贯彻《国家中长期教育改革和发展规划纲要（2010-2020 年）》和《国务院关于当前发展学前教育的若干意见》（国发〔2010〕41 号），指导幼儿园和家庭实施科学的保育和教育，促进幼儿身心全面和谐发展。

（2）《指南》的目标和功能。《指南》的目标是为幼儿后继学习和终身发展奠定良好素质基础，以促进幼儿体、智、德、美各方面的协调发展为核心，通过提出 3-6 岁各年龄段儿童学习与发展目标和相应的教育建议，帮助幼儿园教师和家长了解 3-6 岁幼儿学习与发展的基本规律和特点，建立对幼儿发展的合理期望，实施科学的保育和教育，让幼儿度过快乐而有意义的童年。

（3）《指南》的内容结构。《指南》从五个领域描述幼儿学习与发展，分别是健康、语言、社会、科学、艺术。每个领域按照幼儿学习与发展最基本、最重要的内容划分为若干方面，而每个方面又分为两个部分。一是学习与发展目标，分别对 3-4 岁、4-5 岁、5-6 岁三个年龄段末期幼儿应该知道什么、能做什么，大致可以达到什么发展水平提出了合理期望，共 32 个目标。二是教育建议，根据幼儿的学习与发展目标，针对当前学前教育普遍存在的困惑和误区，列举了一些能够有效帮助和促进幼儿学习与发展的教育途径与方法，同时也指出了错误做法对幼儿终身发展的危害，为广大家长和幼儿园教师提供了具体、可操作的指导，共 87 条教育建议。

（4）《指南》的实施原则。实施《指南》应把握以下几个方面：

① 关注幼儿学习与发展的整体性。儿童的发展是一个整体，要注重领域之间、目标之间的相互渗透和整合，促进幼儿身心全面协调发展，而不应片面追求某一方面或几方面的发展。

扫一扫

扫一扫——“标准”和“指标”

② 尊重幼儿发展的个体差异。幼儿的发展是一个持续、渐进的过程，同时也表现出一定的阶段性特征。每个幼儿在沿着相似进程发展的过程中，各自的发展速度和到达某一水平的时间不完全相同。要充分理解和尊重幼儿发展进程中的个别差异，支持和引导他们从原有水平向更高水平发展，按照自身的速度和方式到达《指南》所呈现的发展“阶梯”，切忌用一把“尺子”衡量所有幼儿。

③ 理解幼儿的学习方式和特点。幼儿的学习是以直接经验为基础，在游戏和日常生活中进行的。要珍视游戏和生活的独特价值，创设丰富的教育环境，合理安排一日生活，最大限度地支持和满足幼儿通过直接感知、实际操作和亲身体验获取经验的需要，严禁“拔苗助长”式的超前教育和强化训练。

④ 重视幼儿的学习品质。幼儿在活动过程中表现出的积极态度和良好行为倾向是终身学习与发展所必需的宝贵品质。要充分尊重和保护幼儿的好奇心和学习兴趣，帮助幼儿逐步养成积极主动、认真专注、不怕困难、敢于探究和尝试、乐于想象和创造等良好学习品质。忽视幼儿学习品质培养，单纯追求知识技能学习的做法是短视而有害的。

（二）主体部分的解读

《指南》包括五个部分：领域、子领域、若干目标、各年龄段典型表现及其教育建议。

（1）领域是指幼儿个体发展最重要最基本的五个领域，分别是健康、语言、社会、科学、艺术。

（2）子领域是幼儿发展最重要最基本的方面，共有 11 个子领域，其中健康包括身心状况、动作发展、生活习惯与生活能力等三个方面；语言包括倾听与表达、阅读与书写准备两个方面；社会包括人际交往和社会适应两个方面；科学包括科学探究和数学认知两个方面；艺术包括感受与欣赏、表现与创造两个方面。

（3）若干目标是指幼儿在不同领域的不同方面学习与发展的方向，是对幼儿的合理期望，是《指南》导向最主要的方式，体现了以人为本的幼儿教育价值，共有 32 个目标。其中健康包括健康的体态、情绪安定愉快、具有一定的适应能力、具有一定的平衡能力以及动作协调灵敏、具有一定的力量和耐力以及手的动作灵活协调、具有良好的生活与卫生习惯、具有基本的生活自理能力、具有基本的安全知识和自我保护能力等九个目标；语言包括认真听并能听懂常用语言、愿意讲话并能清楚地表达、具有文明的语言习惯、喜欢听故事看图书、具有初步的阅读理解能力、具有书面表达的愿望和初步技能等六个目标；艺术包括喜欢自然界与生活中美的事物、喜欢欣赏多种多样的艺术形式和作品、喜欢进行艺术活动并大胆表现和具有初步的艺术表现与创造能力等四个目标；社会包括喜欢交往、能与同伴友好相处、具有自尊自信自主的表现、关心尊重他人、喜欢并适应群体生活、遵守基本的行为规范和具有初步的归属感等七个目标；科学包括亲近自然喜欢探究、具有初步的探究能力、在探究中认识周围事物和现象、初步感知生活中数学的有用和有趣、感知和理解数与量及数量关系、感知形状与空间关系等六个目标。

（4）各年龄段典型表现是指某年龄段幼儿在目标方面比较常见的、易被观察到的、一般性表现，是大多数幼儿可能表现出来的比较重要的、甚至是具有关键意义的若干表现。因此，它在一定程度上反映了这个年龄段幼儿群体大致的发展趋势、发展水平、发展速度或行为特点。比如在健康体态方面包括身高、体重、姿势三个典型表现；情绪安定愉快包括消极情绪化解、情绪表达、情绪分享转换等三个典型表现。

（5）教育建议是指家长和教师可以利用的帮助幼儿学习与发展的教育方法和建议。

在健康领域建议要为幼儿提供合理均衡的营养、充足的睡眠、适宜的锻炼和有规律的生活，让幼儿充分感受到亲情和关爱，保持愉快的情绪，形成安全感和信赖感。反对成人过度保护和包办代替，养成幼儿过于依赖的不良习惯。

在语言领域方面，强调要积极为幼儿提供与同伴和成人交流的机会，提供丰富、适宜的低幼读物，经常和幼儿一起看图书、讲故事；强调要在生活情境和阅读活动中萌发幼儿对文字的兴趣，反对通过机械记忆和强化训练过早识字。

社会领域建议要为幼儿创设温暖、关爱和平等的家庭和集体生活氛围，建立良好的亲子关系、同伴关系和师生关系；强调幼儿的社会性是在日常生活和游戏中通过观察和模仿潜移默化地发展起来的，成人的榜样作用至关重要。

在科学领域强调成人要善于发现和保护幼儿的好奇心、求知欲，注重探究过程，引导幼儿通过观察、比较、操作、实验等方法，学习发现问题、分析问题和解决问题。反对提前学习小学教育内容，反对强化训练某些知识和技能。

艺术领域在教育建议方面，着重强调要在日常生活中萌发幼儿对美的感受和体验；要充分理解和尊重幼儿的艺术想象、表现和创造，不用成人的审美标准去评判幼儿，不追求技能训练。

四、《指南》的实施建议

（一）把握《指南》和《纲要》之间的联系

《幼儿园教育指导纲要（试行）》和《指南》可以说是幼儿教育的两个纲领性文件，两者之间既有联系，也有区别。《纲要》是纲领性文件，它对幼儿园教育提出的要求，更多是理念上的指引;《指南》以《纲要》为基础，但更具操作性和指导性。《纲要》从理念上对幼儿教育指明了前行的方向，但缺少实践性和具体操作性，也没有细化的各年龄阶段的具体目标和活动内容，教师在实践过程中缺少具体的指引；而《指南》则具体分小、中、大年龄段描述了儿童学习与发展的结果，细分健康、语言、艺术、科学、社会五大领域给教师提供了明确的儿童学习与发展的内容。在实践中，教师要以《纲要》精神为指导，同时根据《指南》的具体学习目标和教育建议结合幼儿身心发展特点来开展丰富多彩的教育活动，充分调动幼儿的积极性、主动性、创造性。

（二）结合《指南》因材施教

《指南》提出了各个领域具体要达到的学习要求，但教师千万不能搞“一刀切”，完全以此作为唯一的评判标准来评定幼儿的发展。每个幼儿都是一个独立的生命个体，他们有着自己完整的生活世界，有着自身的独特性，他们在兴趣、爱好、动机、需要、气质、性格等各个方面都是有所不同的。因而，教师要承认幼儿的个性差异，让幼儿在自己原有的基础上得到完全、自由的发展。例如，在幼儿园的小班科学活动图形分类中，大部分幼儿能进行颜色、图形的分类，但也有部分幼儿的发展水平要高于《指南》的要求，这时教师就可适当增加一些挑战性活动，加入一些延伸活动，如进行图形拼搭创造来满足这部分能力较强幼儿的需求。每个幼儿都有不同的个性特征，教师要根据幼儿的特点进行因材施教，充分发挥每个幼儿的潜力，让每个幼儿都能在自己原有的基础上得到发展。

（三）以多种活动方式促进幼儿身心发展

《指南》指出，幼儿的学习与发展基本上是以一日生活、活动区活动、集体教学为载体进行的。但在现实中，幼儿园大部分的活动还是以讲授式的集体教学为主。幼儿的个性心理特征是各不相同的，所具备的知识经验准备也是参差不齐的，集体教学并不能满足所有幼儿的身心发展需要。皮亚杰认为，知识既不起源于先天的成熟，也不起源于后天的经验，而是个体在与环境相互作用的过程中逐渐建构的结果，区域游戏是幼儿进行自主学习最有效的方式之一。我们要以幼儿为本，以幼儿为中心，以游戏为主要载体设计形式多样的活动，如区域游戏、分组活动、户外实践探索等，满足幼儿学习与发展的需要，促进幼儿身心健康发展。

（四）重视幼儿的学习品质

《指南》提出，要重视幼儿的学习品质。充分尊重和保护幼儿的好奇心和学习兴趣，帮助幼儿逐步养成积极主动、认真专注、不怕困难、敢于探究和尝试、乐于想象和创造的良好学习品质。因此，在实践活动中，教师的关注点应该从单纯的知识、技能转向于情感、态度、价值观等。如，《指南》针对具体的领域学习要求的表述也发生了细微的变化，从过去的“学会”“掌握”等词逐步渐变为“提高”“主动”“‘坚持”“想象”“创造”等。《指南》的转变体现了以幼儿为本的教育理念，倡导让幼儿养成终身学习的理念，强调幼儿的主动学习、自主学习。维果斯基说过，儿童有两种发展水平：一种是已经达到的水平，另一种是即将要达到的水平，这两者之间的差异就是“最近发展区”。作为教师，要让教育走在幼儿发展的前面，在教育中重视学习的过程和幼儿的学习品质，帮助幼儿在此过程中达到最近发展区。

《指南》的制定旨在引导幼儿教师和幼儿家长树立正确的幼儿教育观念，了解 3-6 岁幼儿学习与发展的基本规律和特点，改善幼儿家长的儿童养育观念与技能，建立对幼儿发展的合理期望，进而全面提高幼儿园科学保育教育水平和质量，促进幼儿身心全面和谐发展，让幼儿度过快乐而有意义的童年。

（五）家庭和幼儿园之间形成同向、同步的教育合力

家庭和幼儿园之间形成同向、同步的教育合力是贯彻落实《指南》的有效保障。幼儿教师与幼儿家长都是对幼儿施以教育影响的主体，两者是幼儿教育的重要合作伙伴，家庭与幼儿园之间只有相互沟通交流、彼此支持合作、共享教育资源，才能有效促进幼儿身心和谐发展。正如教育家陈鹤琴在《家庭教育》一书中所指出："幼稚教育是一种很复杂的事情，不是家庭一方面可以单独胜任的，也不是幼稚园一方面可以单独胜任的，必定要两个方面结合方能取得充分的功效。"因此，《指南》的有效贯彻和落实也需要幼儿教师与家长结成稳定的互惠关系，从而保持步调一致，增强"家园共育"的合力。针对当前幼儿家长中较为普遍存在的急功近利思想，除了通过社会舆论的力量进行引领，更重要的是要借助"家园共育"的平台进行宣传与指导。幼儿园可以通过举办家长学校，开设家教专栏，创办园刊及园报、印发家教资料，制定"家长接待日"等合作形式，帮助家长走出幼儿教育的误区，进而对幼儿教育及其价值有正确的认识，树立科学的教育观念（儿童观、教育观、成才观等）。与此同时，幼儿教师应该向家长宣传家庭教育对幼儿学习和发展的重要影响，倡导民主的家庭环境与和谐的亲子关系，使家长学习和掌握科学的育儿知识。这不仅有助提高家长科学施教的意识与能力，而且也有利于幼儿教师与家长对幼儿的学习发展达成基本的共识，形成教育合力，共同促进幼儿身心健康发展。

扫一扫

扫一扫——分工合作

本章小结

为了更好地促进我国学前教育的发展，教育部相继颁布了《幼儿园工作规程》、《幼儿园教育指导纲要（试行）》、《幼儿园教师专业标准（试行）》和《3-6 岁儿童学习与发展指南》等一系列学前教育政策法规，每个法规的颁布背景、侧重点都不同。《幼儿园工作规程》是依据《中华人民共和国教育法》等法律法规制定的，是管理幼儿园的基本依据，对于加强幼儿园的科学管理，规范办园行为，提高保育和教育质量，提供了基本依据；《幼儿园教育指导纲要（试行）》是根据党的教育方针和《规程》而制定的，是指导全国幼儿教师进行宏观管理和指导的单行法规文件；《3-6 岁儿童学习与发展指南》比《幼儿园教育指导纲要（试行）》目标更具体明确，是具体的细则，是儿童学习与发展的标准，每个领域将不同年龄段儿童发展的表现和水平具体化、细致化和目标化，教育建议更具操作性和针对性。《幼儿园教师专业标准（试行）》是国家对合格幼儿园教师专业素质的基本要求，是幼儿园教师实施教育教学行为的基本规范，是引领幼儿园教师专业发展的基本准则，也是幼儿园教师培养、准入、培训、考核等工作的重要依据。

本章思考与实训

一、思考题

1. 新《纲要》与《幼儿园工作规程》有什么关系？

2. 我国幼儿园教育的性质和根本任务是什么?
3. 如何科学合理的安排和组织幼儿一日生活?
4. 你如何理解幼儿教师职业标准的基本理念“师德为先”?
5. 你如何理解幼儿教师职业标准的基本理念“能力为重”?
6. 你如何理解幼儿教师职业标准的基本理念“终身学习”?
7. 在实施《指南》中我们教师应把握哪些问题?

二、案例分析

案例呈现一

案例1 我上幼儿园了

我上幼儿园了!以前,总是听妈妈说幼儿园怎么怎么好玩,可是,我觉得幼儿园除了小朋友多,有些玩具以外好像没什么好玩的,没有家里自由自在,想干什么就干什么,所以啊,我还不太喜欢上幼儿园呢。今天一早,妈妈急急忙忙把我送到幼儿园,又匆匆忙忙的走了,她又丢下我上班去了。我又哭了,哭得一把鼻涕一把眼泪,老师安慰了我又给我洗了一把脸。可是,过了不久我又尿湿了裤子。阿姨从我的书包里拿出裤子给我换了。看见教室里有好多玩具,于是,我不想哭了,我拿着几块积木玩了起来。过了不久我们开始吃早点,有几个年纪小一点的弟弟妹妹还不会自己吃饭,老师们只好喂他们。我会自己吃饭,可是我也想让老师喂我吃,老师喂了我两口以后对我说:“你很能干,你自己吃好吗?”于是我自己大口大口的吃起来,吃了一个鸡蛋还有一碗稀饭。接着老师教我们唱了歌,我们学会了唱“爸爸妈妈去上班,我上幼儿园,也不哭也不闹叫声老师早”,我们还玩了一个“大灰狼和小白兔”的游戏。

案例2

国家有关政策规定,达到一定规模的住宅小区都应配有一所幼儿园。在很多比较大型的楼盘的营销中心,我们都可以看到有幼儿园的规划。很多年轻人在买房时考虑的一个重要因素是有没有配套幼儿园。

重点研讨

请结合以上案例分析幼儿园的任务是什么?

案例呈现二

广东的某个幼儿园的某个大班是一个以识字、珠心算为特色的班级,该班级每周的教学计划大致如下:

	周一	周二	周三	周四	周五
9:00-9:30	识字	珠心算	识字	珠心算	识字
10:00-10:30	珠心算	识字	美术活动	识字	珠心算
3:00-3:30	识字	美术活动	珠心算	美术活动	识字
4:00-4:30	阅读活动	阅读活动	阅读活动	阅读活动	阅读活动

重点研讨

你认为这样的教学安排合理吗？为什么？

三、章节实训

1. 实训要求

选择一个幼儿园见习一周，了解幼儿园的课程安排并观察分析幼儿园的活动实施。

2. 实训过程

（1）事先学习相关理论知识，了解《3-6 岁儿童学习与发展指南》。

（2）教师安排并组织学生去幼儿园大班或中班见习。

（3）回到班级后，学生可以分成五大组写一份关于这个幼儿园大班或中班如何根据《指南》进行健康/社会/语言/科学/艺术教育的报告，并讨论。

3. 实训总结

上交根据《指南》进行健康/社会/语言/科学/艺术教育的报告。

第三章　学前儿童全面发展教育

引入案例

放学的时候，一位来幼儿园接孩子的家长找带班老师了解孩子在幼儿园的情况。老师告诉她说："你的孩子人品很好。"家长不以为然，说："我问的不是这个，我主要想了解孩子学习方面的表现。"接着这位家长又忧心忡忡地说："肯定是这孩子太老实了，长大要吃亏的。"事后，这位有着多年教龄的教师与同事提起这件事时，感叹说："以前的家长听到对自己孩子道德品质的赞誉，一般会很高兴的，真是时代不同啦！"

听到这个案例，你有什么样的想法？学前儿童的德育和智育，孰轻孰重？如何对学前儿童进行全面发展的教育？

本章学习目标

（1）理解学前儿童全面发展教育的涵义和意义。

（2）掌握学前儿童体育、智育、德育、美育和劳育的含义、内容及实施途径。

（3）能运用学前儿童全面发展教育的观点分析、评价幼儿园具体的教育工作。

本章知识结构

学前儿童全面发展教育

- 学前儿童全面发展教育概述
  - 一、学前儿童全面发展教育的含义
  - 二、学前儿童全面发展教育的意义
- 学前儿童体育
  - 一、学前儿童体育的含义
  - 二、学前儿童体育的内容
  - 三、学前儿童体育的实施
- 学前儿童智育
  - 一、学前儿童智育的含义
  - 二、学前儿童智育的内容
  - 三、学前儿童智育的实施
- 学前儿童德育
  - 一、学前儿童德育的含义
  - 二、学前儿童德育的内容
  - 三、学前儿童德育的实施
- 学前儿童美育
  - 一、学前儿童美育的含义
  - 二、学前儿童美育的内容
  - 三、学前儿童美育的实施
- 学前儿童劳育
  - 一、学前儿童劳育的含义
  - 二、学前儿童劳育的内容
  - 三、学前儿童劳育的实施

第一节　学前儿童全面发展教育概述

一、学前儿童全面发展教育的含义

学前儿童全面发展教育是指以学前儿童身心发展的现实与可能为前提，对幼儿实施体、智、德、美、劳诸方面全面发展的教育，以促进其身心的和谐发展。对学前儿童实施全面发展的教育是我国学前教育的基本出发点，也是我国学前儿童教育法规所规定的幼儿教育的任务。

对全面发展的理解要注意以下几点：

第一，学前儿童的发展是整体的发展而不是片面的发展。学前儿童的教育必须促进他们体、智、德、美、劳诸方面的全面发展，而不能偏废任何一个方面。儿童的身体、智力、情感、社会、音乐、劳动等方面的发展是相互联系，不可分割的。

第二，学前儿童的发展是协调的发展。这包括四个方面：学前儿童身体的各部分器官和系统机能的协调发展；学前儿童心理机能如认知、情感、性格、语言和社会性等方面的协调发展；学前儿童的生理和心理的协调发展；学前儿童个体需要和社会需求之间的协调发展。

第三，学前儿童的发展是有个性的发展。对于不同的学前儿童来说，个体之间在不同方面的表现可能会不一样，所以全面发展的教育要允许每个学前儿童根据自身的特点充分发挥各自的潜能，让不同的个体在不同的方面有自己的发展。

知识拓展

木桶原理与孩子的全面发展

管理学上有一个著名的“木桶原理”，即一个木桶由许多块木板组成，如果这些木板长短不一，那么木桶的最大容量不取决于长木板，而取决于那块最短的木板。现在如果要增大木桶的容量，通常可采取两种办法:第一是同时加长每一块木板;第二是只加长最短的木板。相比之下可以看出，第二种方法比第一种要经济得多。

人的发展也是一样，做好一项事业需要人的综合素质与能力，而每个人都有优势领域，又有劣势领域，劣势领域常常制约着发展的上限，因此，要想使个人拥有较好的前景，就要弥补劣势领域的不足，使自己得到相对全面的发展。孩子正站在人生的起点上，全面发展的他将会拓展更加宽广的人生舞台。

二、学前儿童全面发展教育的意义

（一）学前儿童体育的意义

第一，学前儿童体育为儿童的身心发展提供良好的条件与基础。学前儿童处于生长发育的重要时期，身体的生长发育速度很快，身体各部分器官与系统尚未发育成熟，比较娇嫩柔弱，机体对外界环境的适应能力和对疾病的抵抗能力较差，身体易受损害。因此，在这一时期通过科学合理地照顾、安排与组织学前儿童的生活，对学前儿童实施正确合理的体育活动可以保障学前儿童的生命与安全，提高他们的健康水平，促进他们身体的正常生长发育，为他们的健康打下良好的基础。

第二，学前儿童体育为实施各育提供物质基础。学前儿童身体的发展是其他方面发展的重要物质基础。体育为学前儿童进行智育、德育、美育和劳育提供必要的物质基础和条件。体育能促进学前儿童感觉器官和大脑的生长发育。学前儿童身体健康、体力充沛，就能主动探索外在的环境，主动与他人交往，积极参加各种活动，从而促进智力的发展。在进行体育活动中，学前儿童的观察力、注意力和思维能力也能够得到发展。通过幼儿体育活动不仅可以提高学前儿童的活动能力，还可以通过集体性的体育活动培养学前儿童的勇敢坚毅、乐观积极、团结协作、诚实宽容等品质，可以说身体运动始终都伴随着学前儿童的意志、情绪、认知等心理因素。通过对学前儿童进行体育教育有助于完善学前儿童人格，提高他们的社会适应能力。体育活动还能培养学前儿童对美的感受力和创造力以及对劳动习惯的培养。

第三，体育关系到未来国民素质的高低。重视学前儿童体育可以为学前儿童的终身发展奠定良好的身体素质，它不仅能促进每个学前儿童的未来发展，也有利于提高全民族的身体素质。人的能力发挥必须以健康的身体为物质基础，健康身体要从小抓起，增强学前儿童体质是从根本上提高我国劳动力身体素质的有力措施。所以，必须重视学前儿童的体育，为学前儿童的一生健康打下良好的基础，同时也能促进民族素质的改善与提高。

（二）学前儿童智育的意义

第一，学前儿童智育可以满足儿童的认知需要，促进学前儿童智力的发展。心理学研究表明，学前儿童不仅有活动的需要、交往的需要，还有认知的需要。学前儿童求知欲十分旺盛，他们对周围环境中的事物与现象感到好奇，在探索外在的世界时，常常向成人提出各种各样的问题，提出问题正是幼儿求知欲的表现。在与周围环境相互作用的过程中，学前儿童也在主动地根据自己已有的经验去理解客观事物及其现象的意义，但是这种认识往往是片面的、零散的。教育者的责任是积极主动地、不失时机地引导与支持学前儿童的认知活动，满足他们的认知需要，丰富与增进学前儿童对周围环境的认识，促进学前儿童智力的发展。

大量研究表明：学前期是智力发展最迅速的时期。人的大脑结构和机能不是先天完成的，而是在后天的环境中发育成熟的。如果在人的智力发展最快和重要的时期，缺乏良好的环境条件与教育影响，大脑的发育和智力的发展就会受到抑制。国内外大量实验证明，接受早期有计划的教育和训练的婴幼儿比没有接受这种教育的同龄幼儿的智商要高。从这个意义上来说，学前儿童智育对于学前儿童的智力发展具有重要的影响与作用，能促进学前儿童的智力发展。

第二，学前儿童智育为实施各育提供知识和智力基础。智力是顺利地进行任何活动的必要条件。在体育活动、艺术活动和社会性交往活动以及劳动过程中，都必须以一定的知识经验和智力为前提。例如从高处往下跳，既需要勇气与胆量，也需要“智慧”，需要儿童能够迅速判断高度与自己能力之间的关系以及动作的安全性，这就涉及空间距离的知觉与判断能力。因此，智育为其他各育的实施提供了有效的认识工具，为其他各育的实施提供知识和智力的基础。

第三，学前儿童智育可促进社会的进步与发展。智育可以为学前儿童的终身发展和未来的学习与工作奠定良好的智力发展基础和必要的知识基础。它不仅关系到每个学前儿童今后的发展，而且也关系到社会的进步与发展。智育通过发展儿童的智力，可以提高未来社会主义建设者与接班人的工作能力，促进社会物质文明与精神文明的建设。一个民族和国家要跻身于世界民族之林，必须使其人民具有良好的文化修养和智力素质。学前期是智力发展的关键期，科学的早期智力开发，对孩子的未来有长期持久的影响，也对整个社会的进步与发展有深远的影响。

另外，学前儿童智育通过对处境不利的幼儿或智力发展有缺陷的幼儿的早期干预，可以预防智力缺陷的形成，减缓智力发展缺陷的程度，使他们生活自理自立，不仅对于儿童未来的人生和他们的家庭幸福具有重要意义，也可以减轻社会的负担与压力，促进社会的进步与发展。

（三）学前儿童德育的意义

第一，学前儿童德育可以帮助儿童适应社会生活。人们生活在社会中，必须按照一定的社会生活准则（包括道德行为规范）来为人处事，了解和掌握这些社会生活准则，是人的社会性发展的重要内容，也有益于人的社会适应。然而，这些社会生活准则不是自然存在于人的头脑中，而是来自于外部，来自于环境与教育的影响。学前儿童不仅是智力发展的关键期，也是人的社会性、道德品质的重要时期。学前儿童虽然还不能够理解抽象的道德概念与政治理论，但他们在与周围的成人和同伴的交往过程中，必然会遇到如何与人交往、相处，应该遵循哪些行为准则的问题。这就为对幼儿进行德育提供了可能性与必要性。学前儿童德育可以帮助幼儿了解和体验社会生活的基本行为准则，学习和掌握社会性交往技能，可以帮助幼儿适应社会生活。

第二，学前儿童德育可以促进儿童个性品质的健康发展。良好的个性品质对人一生的成长和发展都有十分重要的作用。在人的个性结构中，道德品质、性格、意志等是重要的构成因素。它们作为“非智力因素”，对一个人的发展与成才起着十分重要的作用。它们不仅参与人的智力活动，而且影响人的社会生活，影响着个体在群体中的地位和受欢迎程度，影响着个体的心理健康。俗话说“三岁看大，七岁看老”，这是指从儿童三周岁时的心理特点、个性倾向就能看到长大后的心理与个性形象的雏形，说明学前儿童还是个性品质形成与发展的最佳时期。学前儿童德育的重要任务，是要培养学前儿童诚实、自信、好问、友爱、勇敢、爱护公物、克服困难、讲礼貌、守纪律等良好的品德行为和习惯，以及活泼、开朗的性格，这对于促进学前儿童个性健康发展具有重要意义。

第三，学前儿童德育能促进社会主义精神文明建设。 社会主义的现代化建设，不仅需要物质文明方面的建设，也需要精神文明方面的建设。两个文明建设，都需要培养有理想、有道德、有文化、有纪律的社会主义事业的接班人和建设者。年轻一代的精神风貌体现社会的文明程度和民族精神，对我国未来的社会风貌有重要影响。德育在社会主义事业接班人和建设者的培养中，起着塑造人“灵魂”的作用，对于社会主义精神文明建设具有重要的意义。而人的品德要从小培养，学前时期是人的品德与行为习惯形成的重要时期。在这一时期，他们容易接受外界环境的影响与熏陶，并留下深刻的印象。少成若天性，习惯成自然。这一时期的德育，可以为人的终身发展奠定良好的品德基础，对人的一生都会有重要的影响。

（四）学前儿童美育的意义

第一，学前儿童美育可陶冶儿童的心灵，提高儿童的审美能力。美育通过美好的事物和具体鲜明的形象，对学前儿童的心灵产生潜移默化的影响。生活中美好的事物、音乐舞蹈、绘画艺术等，符合学前儿童认识的特点，能吸引他们的注意力和兴趣，引起情感上的共鸣，学前儿童容易接受和理解，同时提高儿童的审美能力。

第二，学前儿童美育对是实施各育的催化剂。美育是一种情感教育。在实施美育过程中，能促进学前儿童对周围事物产生更广泛的兴趣，这可以拓展学前儿童的视野，增长知识，促进其感知能力、想象力和创造力的培养，促进智力的发展。例如音乐的优美旋律可提高学前儿童的听觉感受力。同时学前儿童在欣赏祖国的秀丽山川时，热爱祖国的情感便会油然而生。对学前儿童进行美育，还能积极影响他们的思想感情，培养良好的品质和情操，形成活泼愉快的性格，有利于其社会性的发展。美育还和体育有机结合，在体育活动中，要求学前儿童队列整齐、姿势优美，也体现了与美育的结合，也促进了幼儿体质和身体机能的发展。而且在平常的劳动中体现美育的要求，促进劳动教育。

第三，学前儿童美育有助于提高社会的审美能力，形成良好的社会风气。在我国，美育有着悠久的历史和优良传统。早在中国古代，动听的音乐、美妙的歌舞在宫廷和民间都会广为流传。关于音乐、舞蹈的知识技能也一直成为学校教育的重要内容。在当今，美育作为社会文明进步的标志，成为我国建设社会主义文明的需要。在物质文明建设中，人们按照美的原则去改造世界，美化环境，装点建筑物；在精神文明建设中，美育能给人追求美好生活的精神动力，提高大众的审美修养，从而促进整个社会的审美化发展。因此，在学前期进行审美教育可以为儿童形成正确的审美观点和良好的审美能力打下良好的基础。

（五）学前儿童劳育的意义

第一，学前儿童劳育能培养儿童独立生活的能力和劳动的习惯。婴儿从出生以后，享受着成人的照顾，亲眼所见成人的劳动。随着年龄的增长，他们逐渐产生了模仿成人劳动、参加与生活有关的简单劳动的愿望，常会提出“我要自己吃饭”“我自己穿衣服”“我要扫地”等劳动要求。如果教师和家长善于抓住时机因势利导，进行适当的劳动教育，学前儿童独立生活的能力就会得到提高，劳动习惯也会慢慢养成。

第二，学前儿童劳育是促进学前儿童全面发展的教育手段。学前儿童参加力所能及的劳动，能促进儿童各器官积极的活动，从而锻炼身体，增强体质。同时四肢的活动促进了儿童的动作的发展，提高大脑的控制和调节机能。学前儿童在劳动的实践活动中，扩大了认识的范围，丰富了生活经验，学会了初步的劳动知识和劳动机能，促进了智力的发展。

劳动对形成学前儿童良好的品德也有突出的作用。组织学前儿童参加劳动是向其进行爱劳动、尊重劳动者和劳动成果教育的基本途径。学前儿童只有在劳动中体验到劳动的艰辛，才能体会到劳动成果的来之不易，从而培养了儿童尊重他人劳动、爱护公物的优良品德。

学前儿童通过自己的劳动，使个人的仪容仪表保持干净整洁，使生活环境更加美观舒适，也培养了儿童初步感受美和创造美的能力，从而产生了用自己的劳动追求美的愿望。

第三，学前儿童劳育对学前儿童个性的形成以及社会风气有直接的影响作用。经常参加劳动的学前儿童，通过自己的行动，能亲眼看到自己劳动的成功，体验到成功的喜悦，从而建立起自信，认为自己有能力，激发自立自主的精神。同时在劳动中还能培养学前儿童的社会责任感以及勤奋刻苦精神。这不仅会影响到他们今后对待劳动和学习的态度，也关系到一生中独立还是依赖、奉献还是索取、勤劳还是懒惰等个性品质的形成。

第二节　学前儿童体育

一、学前儿童体育的含义

体育在人类的生活中有着重要的地位和作用，它具有广义和狭义之分。广义的体育是指人们锻炼身体、增强体质、延年益寿的各种体育活动；狭义的体育是学校体育，是专指在教育机构中进行的保证受教育者的身体正常生长发育的一种有目的、有计划、有组织的教育活动。学前儿童体育是指在幼儿园进行的，遵循学前儿童身体生长发育规律，以促进学前儿童身体健康成长和增强体质为目的所进行的一系列的教育活动。

健康的标志需要从体质所包括的各方面来衡量。一个健康的幼儿，不仅要体格发育正常、形态端正无异常（如背、斜视等异常）、体能正常无障碍（如龋齿、慢性病等障碍），而且要活泼愉快、自信自主、富有好奇心、乐意分享和合作。那种以为小孩子胖就是长得好的观点是不科学的，肥胖并不能说明健康水平，肥胖往往使幼儿运动机能减低，抵抗力变差；或认为身体结实、不生病就是健康的看法也是不正确、不全面的。

一个人体质的强弱或好坏．是受多方面因素影响的，是先天因素与后天因素、外部因素与内部因素等多种因素相互作用的产物。以促进学前儿童身体正常发育，增强体质，提高学前儿童健康水平为目的的体育，是影响学前儿童身体发展状况的重要因素，可以为学前儿童的身体发展创造良好的条件。

二、学前儿童体育的内容

根据我国的教育目的和学前儿童的特点，学前儿童体育的内容主要包括以下五个方面：

（一）保护学前儿童的生命与健康，增强体质

保护生命对于学前儿童来说意义十分重大，健康是从事一切活动的前提和基础。由于学前儿童身体各部分器官和系统发育不成熟，对环境适应能力和对疾病的抵抗力都比较差，同时缺乏独立生活能力，自我保护的能力较差。因此，保护学前儿童的生命与健康，科学安排好学前儿童的生活，积极开展各项体育活动，锻炼身体，提高身体各器官和系统的生理机能，促进学前儿童身体正常的生长发育，是学前儿童体育的重要内容。

（二）发展学前儿童的基本动作

各项体育活动能使学前儿童得到有针对性的锻炼，发展基本动作。基本动作是人体进行各种活动的基本能力，如走、跑、跳、钻、爬、投掷、攀登等，这是儿童独立生活和从事各项活动的基本条件。在发展学前儿童的基本动作时，要培养其动作的协调和正确的姿势。

（三）培养良好的生活习惯和卫生习惯

良好的生活习惯和卫生习惯是保证和增进学前儿童身心健康的必要条件，也能促进形成良好的道德品质和文明行为。

首先要培养学前儿童良好的生活习惯。幼儿园要教育学前儿童逐步学会照料自己的生活，如穿脱衣服鞋子、吃饭、睡觉、如厕等；幼儿园要保证学前儿童有充足的睡眠时间，学前儿童每天的睡眠时间一般不低于 12 小时，其中的午睡时间应不少于 2 小时；要培养学前儿童养成良好的睡眠习惯，如能按时睡觉按时起床，独立安静的自然入睡，睡眠的姿势应保持仰卧和右侧卧为宜，不俯卧，不蒙头大睡等；同时还要培养学前儿童按顺序穿脱衣服、学习整理床铺、把衣服鞋袜整齐放在固定地方的习惯；要培养学前儿童良好的饮食习惯，如愉快进餐、正确使用餐具、吃饭定时定量，不暴饮暴食；饮食多样化，不偏食不挑食；吃饭细嚼慢咽，不边吃边玩；不吃腐败食品、不喝生水；生吃瓜果要洗干净等。

其次，要培养学前儿童良好的个人卫生习惯。良好的卫生习惯能有效保护学前儿童的身体健康，教师应该使学前儿童养成饭前便后洗手、每天洗脸、洗脚、刷牙，经常理发、剪指甲、擦鼻涕，正确使用手绢，会保持服装的整洁及环境整洁等。

最后，培养学前儿童拥有良好的环境卫生习惯。教师要教育学前儿童维护环境的清洁整齐，如不随便在墙上乱涂乱画、不随地大小便、不乱扔瓜皮果壳、懂得节约用水、爱护周围的花草树木和益虫益鸟等。

（四）进行自我保护的安全教育

学前儿童比较好奇好动，喜欢探索和尝试，但是缺乏安全知识，对危险的事不能做出正确的判断，不能预估行为的后果。比如学前儿童会用手伸到烧开的水壶上，想知道为什么那里会冒白雾，在商场看到自己喜欢的玩具突然跑离父母身边等。

幼儿园安全教育内容应从生活中常见的安全知识选取。教师应该向学前儿童传授有关安全的基本常识，如不把东西放入口中、鼻腔和耳朵内，不拿尖锐的东西奔跑玩耍，不能触摸电线和电源插头，不玩火，不在河边、池塘边玩水，不能在马路边追跑。教师还要教育学前儿童简单的自我保护机能的训练，如训练学前儿童正确使用一些带有危险性的物品，如剪刀、铅笔等，学会简单的自救机能，如鼻出血、烫伤、着火、迷路等如何自救等。

（五）进行心理健康教育

学前儿童心理健康教育的目的是增强学前儿童自身的心理承受力，提高心理品质，培养活泼愉快的性格，使他们更好地适应社会生活。教师应注意观察学前儿童动作发展的情况，关心其情绪状态，应该以积极愉快的情绪对待学前儿童，热爱他们，安排丰富多彩、轻松愉快的活动，增强学前儿童的快乐体验，培养他们活泼愉快的情绪。

在教育内容上，教师既要重视学前儿童的身体健康，也要高度重视他的心理健康；在教育方法上，教师既要保护和照顾孩子，又要满足他不断增长的独立要求，鼓励并指导孩子自理、自立的尝试，避免过度保护和包办代替；在教育态度上，既积极促进孩子的健康发展，又要尊重孩子的自身生长发育规律，不要拔苗助长地进行有损孩子健康的比赛、表演或技能训练，防止过度比赛和攀比造成心理的不良影响。

三、学前儿童体育的实施

（一）学前儿童体育的实施途径

1. 创设良好的生活环境，科学护理学前儿童的生活

良好的生活环境是促进学前儿童身心发展的重要物质前提。幼儿园应充分利用现有的经济条件，因地制宜，为学前儿童的健康成长创设符合教育和安全的生活环境；幼儿园的房屋、设备和场地等都要符合卫生、绿化、面积和数量的要求；幼儿园应该远离集贸市场、网吧、医院、垃圾堆等不利于幼儿身心健康成长的场所；幼儿园规模不宜过大，每班人数不宜过多；幼儿园整体环境应力求体现学前儿童的特点；活动室要干燥通风，墙壁以淡色为主，有条件的幼儿园可另外设卧室和盥洗室；活动室的桌椅、图书架和玩具柜等要适合学前儿童的身高，符合规定标准；幼儿园的园内环境要绿化，可以美化园内环境，清新空气。

幼儿园应根据学前儿童的营养需要和当地的食品供应情况制定科学的食谱，要合理搭配儿童膳食，

让学前儿童获得充足合理的营养。

2. 制定和执行合理的生活制度和卫生保健制度

生活制度是指科学的安排生活中主要活动的顺序和时间。制定学前儿童的生活制度要符合学前儿童身心发展的特点及规律、实施全面发展教育的需要，同时要考虑到季节的变化、幼儿园场地、设备和条件以及家长的工作需要等。如制定学前儿童生活作息时间表、安排幼儿园一日活动等要注意夏季和冬季的区别，夏季午睡时间可以适当延长，冬季可以增加户外活动时间。学前儿童的入园和离园时间可适当根据家长的工作需要灵活调整，方便家长接送孩子。

各项活动安排上要注意集体活动和自由选择的活动相结合，动静交替，体力活动与脑力活动交替，活动内容丰富多样。

另外，合理严格的卫生保健制度应贯彻“预防为主”的工作方针，提高学前儿童对疾病的抵抗力，降低发病率，防止幼儿园传染病的蔓延，如春季流行感冒、手足口病、秋季腹泻等疾病的蔓延。要严格执行晨检制度，及时发现身体状况不良的幼儿，并及时采取适当的措施。

3. 积极开展丰富的体育活动

体育活动是学前儿童体育的重要途径。每天体育活动时间是保证幼儿身心和谐发展的重要保障条件，活动时间的多少在一定程度上影响幼儿体育锻炼的量与负荷。《幼儿园工作规程》规定幼儿户外活动时间在正常情况下，每天不得少于 2 小时，寄宿制幼儿园不得少于 3 小时。幼儿园体育活动主要包括以下几个方面：

第一，早操和课间操。早操和课间操活动一般是在户外进行，以学前儿童基本体操的练习、韵律操和慢跑为主要内容，并配上音乐。进行早操和课间操活动时，要做好活动前的准备工作，合理安排活动时间地点，丰富活动的内容，科学编排早操和课间操动作。根据学校的不同，半年或者一年更换一次。另外早操、课间操活动的时间和内容要根据季节和气候灵活调节。对于个别不愿意做早操和课间操的学前儿童要耐心做好教育工作。

第二，体育课。体育课是学前儿童体育活动的基本组织形式。体育课以集体活动为主，教学内容包括基本动作练习、基本体操练习、身体素质练习、体育器械练习、创造性身体活动练习和体育游戏，其中，以各种体育游戏最为普遍。体育课一般在户外进行，除了做游戏以外，教师还带领学前儿童进行滚轮子、拍球等活动。在教学的过程中可以采用包括滑梯、大型组合、木马、小篮球架和各种大小皮球等体育器材。

第三，户外体育活动。户外体育活动主要是利用室外的整个场地，包括各种大、中、小型的运动器械供学前儿童活动。户外体育活动对幼儿的身心发展有多种益处，不仅可以使幼儿获得更自由的活动空间，享受阳光和新鲜空气，而且还可以满足学前儿童对不同环境、不同活动交替的需要。此外，户外体育活动比较自主、自由，能够弥补早操、体育课等限定性较强的体育活动组织方式的不足，更好地满足不同学前儿童的发展需要。幼儿园户外体育活动方式要尽量丰富多彩。有条件的幼儿园，可以设置若干个体育活动区，如球类活动区、钻爬区、投掷区、运动器械区等。

第四，运动会。幼儿园可以每年举办 1-2 次运动会，主要目的是丰富学前儿童的生活，培养学前儿童的集体观念，同时也能了解各班体育活动开展的情况。运动会的形式要多样化，可以是班级基本体操表演、简单的舞蹈动作比赛、集体舞蹈比赛，还可以是简单的动作技能，如拍球、爬、钻圈等比赛。也可以邀请家长共同参与，进行亲子游戏比赛。运动会时间不宜太长，一般不超过半天。

第五，远足活动与短途旅游。幼儿园可以结合当地的实际情况组织学前儿童到附近的公园、植物园、动物园去参观游览，还可以攀登附近低矮的小山坡，去附近的小树林玩耍。农村幼儿园可以带学前儿童到田野、草地、小溪、山坡、竹林游玩，这些都是进行体育活动的天然场所。活动地点的选择与路途的过程，应充分考虑到安全，在出发前要做好全面的准备工作。

4．进行专门的体格锻炼

学前儿童的体格锻炼主要是利用阳光、空气和水等自然因素进行锻炼，目的是促进身体健康，增强体质。学前儿童体格锻炼的途径主要有两种，一是日常生活中的锻炼。保证学前儿童每天在户外活动的时间，让他们呼吸室外的新鲜空气，室内活动要开窗，让学前儿童经常用冷水洗脸洗手，在水中玩耍等。二是进行专门的“三浴”锻炼，即采取一定的措施进行日光浴、空气浴和冷水浴，这需要具备一定的条件与设备，要在专业人员的指导下进行。

（二）实施学前儿童体育应注意的问题

1．注重学前儿童身体素质的提高

身体素质的提高是学前儿童健康成长的重要保障。无论采取何种形式进行体育活动，应以增强儿童体质为核心，在保障学前儿童生命安全的前提下，做到锻炼与保护并重。不能把目光只盯在技能技巧的训练上，不能允许为了比赛和表演，为了争名次和荣誉而进行伤害学前儿童身体的任何活动。要充分考虑学前儿童身体的特点，用丰富多彩、轻松活泼的各种身体活动来促进学前儿童体质的增强。

2．重视培养学前儿童对体育活动的兴趣和态度

培养学前儿童参加体育活动的兴趣是提高体育活动质量的关键。因此要尽量使体育活动游戏化，体育内容要符合学前儿童的年龄特点，让儿童有兴趣并乐于完成。比如可以让学前儿童模仿小兔跳、猴子爬等，可以适当加入竞赛性的活动，提高学前儿童参加体育活动的积极性。

还要注重体育活动环境的创设。整洁的活动环境、色彩鲜艳的教具、造型活泼的器械等都能提高学前儿童的兴趣。

3．幼儿园要与家长合作，互相配合

要培养学前儿童良好的生活习惯和卫生习惯以及进行适当的体育活动，需要家长的密切配合。教师要通过家园联系卡、家长会、打电话、发短信与微信等方式向家长提出培养生活卫生习惯的正确方法，通过家园配合，鼓励指导学前儿童良好的的生活习惯和卫生习惯的养成。

4．开展体育活动要循序渐进，持之以恒

对学前儿童进行体育活动要循序渐进，持之以恒。运动量要从小到大，运动强度和密度合理搭配。运动强度较大，密度应相对小些；运动强度较小，密度可以适当增大些。比如在教学前儿童体操时，要避免幼儿产生动作的疲劳，以每次教 2-3 节为宜。培养良好的生活卫生习惯是一个不断巩固提高的过程，教师需要有耐心，持之以恒。如饭前便后要洗手等规则需要严格的要求和持续的行为才能养成良好的卫生习惯。

5．专门的体育活动与日常生活相结合

专门组织的体育活动是增强学前儿童体质的有效途径，但并不是唯一的途径。幼儿园体育的目标，如良好的生活卫生习惯的形成仅仅靠体育锻炼是不能完成的，还必须通过日常生活的培养和训练。因此，要实现体育的目标，必须将专门的体育活动与日常活动结合起来，如学前儿童自我保护意识的培养可以在平常喝开水时，请小朋友先摸一下是否太烫；吃饭时不能嬉笑打闹，用筷子当玩具等。

扫一扫

扫一扫——大班体育活动：送军粮

第三节　学前儿童智育

一、学前儿童智育的含义

智育是全面发展教育的重要组成部分。智育是有目的、有计划地使受教育者掌握系统的科学基础知识和基本技能，促进受教育者智力发展的教育过程。学前儿童智育是指按照学前儿童认识活动的特点和发展的规律，有目的、有计划地促使学前儿童获得粗浅的知识技能，发展智力，培养其对周围事物的求知兴趣和良好的学习习惯的教育过程。

二、学前儿童智育的内容

（一）发展学前儿童的智力

学前期是人的智力迅速发展的重要时期。智力水平高的孩子，不仅能迅速获取大量的知识，解决问题的能力也更强，智力的发展是学前儿童终身学习的基础。发展智力是学前儿童智育的核心。学前儿童的智力发展主要包括两个方面，一是认知能力的发展，如感知觉、观察能力、思维能力、想象能力和创造能力等；二是培养学前儿童良好的思维品质，如思维活动的灵活性和速度、观察事物的准确性和敏锐性等。

（二）引导学前儿童学习周围生活中初步的知识和概念

学前儿童认识事物始于直接感知。学前儿童获得的知识应该是他们周围生活中常见的事物和现象的粗浅的、具体的知识，且应具有科学性和教育性。这些知识包括：

（1）有关社会生活的常识。如：认识自己和别人，知道自己的名字、年龄、性别等，知道自己和别人的关系；了解衣食住行等方面的知识；认识周围环境和成人的劳动；知道重要的节日等。

（2）有关自然界的常识。如：认识常见的动物和植物；了解安全卫生常识；认识交通工具及常用的交通规则；了解天气和季节的变化等。

（3）有关数的初步知识。如：认识和比较物体的大小、多少、长短、高低、宽窄、轻重等；认识几何物体；认识 10 以内的数等。

（三）培养学前儿童的学习兴趣和良好的学习习惯

学前儿童很早就对周围事物产生浓厚的好奇心，所以他们好问、爱模仿，喜欢听成人讲故事。好奇心是学前儿童求知欲的最初表现，保护并满足学前儿童的好奇心，有利于将其发展为学习的兴趣。良好的学习习惯是儿童获得知识、发展智力及今后继续学习的重要条件，而学前期是形成良好的学习习惯的关键时期，学习习惯的培养要从学前期开始。学习习惯包括学前儿童学习时能否注意力集中、能否克服困难、能否爱护文具书本、能否主动独立地完成学习任务等。

（四）培养学前儿童的语言运用能力

学前期是口头语言和书面语言发展的关键期，因此在这一个阶段要培养学前儿童的语言运用能力。既要培养孩子大胆说话、喜欢说话的兴趣，也要培养孩子善于倾听、与人交流的良好习惯；要激发孩子对早期阅读的兴趣，与书籍成为亲密的伙伴；教师和家长要对学前儿童识字、书写和学习外语进行科学正确的引导。

三、学前儿童智育的实施

（一）学前儿童智育的实施途径

1．创设宽松自由的环境，让学前儿童自主活动

学前儿童智力的发展与环境关系密切。只有在一个宽松自由的环境里，学前儿童才能自由思考、自由活动、自由表达自己的思想和要求、自由进行想象和创造，智力才能得到发展。教师和家长要呵护孩子的好奇心和探究欲望，启发孩子对科学与生活、健康之间关系的认识，培养孩子对科学的热爱，感受科学探究的过程和方法，从中体验发现的乐趣。

学前儿童主要依靠感知觉来认识活动，感知觉是智力发展的基础。因此教师应该利用各种机会让学前儿童运用眼睛、耳朵、鼻子、嘴巴、小手等各种感官直接感知各种事物，引导学前儿童看、听、摸、闻、尝来进行感知事物，从而更好地认识世界。

2．组织多种形式的实践活动以促进学前儿童智力的发展

学前儿童的思维能力是在和环境的交互作用中发展的，而实践活动是这种交互作用的重要方式。因此，幼儿园应让学前儿童参加各种实践活动，根据学前儿童的年龄特点，引导他们从事不同水平的操作活动，让他们在解决问题的实际操作和体验中丰富感性经验，发展思维能力。

3．在游戏中发展学前儿童的思维

游戏，是学前儿童独特的实践活动，也是学前儿童喜爱的活动。学前儿童游戏发展本身反映了学前儿童思维的发展。儿童游戏的内容、形式、时间和参加成员的变化、发展，说明了游戏所反映的现实关系在不断深刻，社会生活中的实质性问题也在游戏中一步步获得体现，因此游戏的发展变化正是反映了学前儿童思维水平的变化。教师和家长应鼓励学前儿童一起合作玩游戏，创设解决问题的情境，能促进学前儿童思维积极地开展，提高独立解决问题的能力，而不是盲目地接受别人的暗示和影响。受游戏兴致的驱使，幼儿的思维活动可以积极展开，尤其是智力游戏可以训练学前儿童思维的速度、灵活性与独创性。

4．用正确的语言进行引导和指导，鼓励学前儿童运用语言进行表述和提问

首先，教师的语言要富有启发性。语言表述要正确，提出的问题要前后有序，引导思路也应步步深入。思维通常是与问题联系在一起的，但不同的提问设计对学前儿童思维发展的作用不同。教师的启发性提问，可以激发学前儿童思维的积极性和思路，发展学前儿童的抽象逻辑思维。因此，启发性提问要有助于开发学前儿童的发散思维，使其有可能做出多种回答；要能引发学前儿童产生问题，围绕问题展开观察、操作和思考，并能帮助学前儿童整理知识，促进抽象思维能力的发展。

其次，教师还要运用语言引导学前儿童善于发现问题。爱因斯坦认为，提出一个问题往往比解决问题更重要，因为解决问题也许只是数学上、实验上的技能问题、知识问题，而提出新问题，从新角度看旧问题则需要创造力、想象力。同时要鼓励学前儿童独立发展意见，正确对待他们的提问。问题是学前儿童对周围环境的认识的一种特殊表现形式，是学前儿童求知欲的重要表现，能够提出问题，正是他们积极动脑筋、进行思维的表现。因此，成人应以认真的态度对待学前儿童提出的问题，鼓励和支持学前儿童提出问题，不应以轻视、敷衍的态度对待他们的问题，更不应以粗暴的态度制止提问。

（二）实施学前儿童智育注意的问题

1. 专门的作业教学活动与实际生活相结合

在我国传统的教育实践观点中，“上课”和“做作业”这种专门组织的教学活动，往往被看作是智育的主要途径，甚至是唯一途径。这种观点是不正确的。智育可以有多种途径，除了上课以外，还可以通过其他各种活动来进行，尤其要注意通过幼儿的游戏、实验、调查、观察等活动来进行。因此教师应当组织学前儿童接触真实的社会环境与生活，让他们走出教室，走进自然界与社会，引导幼儿他们去认识周围的生活与世界。

2. 教师的引导与学前儿童的探索相结合

学前儿童的认知发展，是其在积极主动地与周围环境的相互作用中实现的。强调学前儿童的主动探索并不排斥教师的引导，相反，教师适当的引导可以促进他们的主动探索。例如，学前儿童在玩颜色混合的游戏时，他只是发现不同的颜色倒在一起，会变成别的颜色，会觉得很好玩。但是，他并没有产生进一步探索颜色混合规律的想法，他仅仅只是在玩弄颜色。教师可以建议他：“看看红的和蓝的颜色放在一起会怎样?红的多蓝的少会怎样?”同时，还可以建议他作好记录，寻找出颜色混合的规律。

另外，由于学前儿童来自不同的家庭，各自积累的经验不相同，文化背景也不相同，因此造成学前儿童认知发展上的个别差异，他们的学习形式、学习速度也各不相同，所以教师的引导也有所不同。如在学习速度上，有的学前儿童对教师的要求领会快，尝试二三次就能掌握；而有的学前儿童仅仅依靠教师的语言讲解还不能领会，必须通过亲身的反复实践才能掌握，因此要给予他们足够的时间和机会去探索学习。

3. 知识的获得与能力的培养相结合

知识的获得虽然不等于智力的发展，但是知识的学习与能力的发展是相互联系的。在引导学前儿童认识周围环境、丰富其知识经验的过程中，要注意其动手动脑解决问题能力的培养，而不要急于把现成的结论告诉他们，或者急于纠正他们的错误，马上进行示范。学前儿童自己能做的事情、自己能发现的东西要让他们自己去做、去发现。成人的示范和讲解虽然迅捷方便，但是这种直接告知、示范和讲解，往往剥夺了学前儿童通过尝试错误去学习解决问题、锻炼动手动脑能力的机会。人是要通过“错误”和“失败”成长的，学前儿童更需要通过自己的“做”和自己的直接经验来学习。因此，在学前儿童的智育中不能仅仅以获得知识为目的，更应注意让他们的能力得到锻炼与提高。

4. 智力因素与非智力因素的培养相结合

非智力因素是指有利于人们进行各种活动的、不包括智力因素在内的其他心理因素的总和。一般来说，智力因素是指感觉、知觉、记忆、思维、想象等心理因素，非智力因素是指动机、情感、兴趣、态度、意志、性格等。可以将非智力因素进一步概括为动力因素（包括需要、动机、兴趣、情感）和控制调节因素（主要指意志品质、坚持性、独立性等)。非智力因素虽然不是智力的构成因素，但是它参与人们的智力活动，对学习活动起促进、定向、维持、调节和强化等多种作用。研究表明，利用儿童的非智力因素的作用，可以改善与提高儿童的学习成绩。对超常儿童的研究也发现，超常儿童与一般儿童不同的一个共同特点是这些儿童具有良好的意志品质，坚持性、注意力发展较好。人才的造就，不仅仅是由智力因素单方面决定的，而往往是智力与非智力因素相互作用产生的结果。

扫一扫

扫一扫——小班科学教案：海绵宝宝的本领

我国古代思想家墨子说："志不强者，智不达"，说明了意志品质与智力发展之间的关系。智育过程虽然着重"育智"，但也要注意"育德"，注意幼儿良好的学习兴趣、习惯、自信心、独立性、坚持性的培养。

第四节 学前儿童德育

一、学前儿童德育的含义

德育也称道德教育。道德是在一定社会条件下形成与发展起来的人们共同生活的行为准则的总和，是评价人们行为的标准。学前儿童德育是全面发展教育的重要组成部分，主要指向于人的社会性发展过程，来引导和促进儿童社会性的发展，培养和塑造儿童道德人格。学前儿童德育是指按照社会的要求，引导和促进学前儿童社会性发展，培养学前儿童道德品质的教育活动。

二、学前儿童德育的内容

（一）培养学前儿童爱的情感

爱家乡、爱祖国、爱集体、爱劳动、爱科学的情感是人们思想和品德发展的基础，是人们工作生活的强大动力，因此要从小进行爱的情感教育。

培养爱的情感要由近及远，逐步扩大范围。培养学前儿童爱家乡、爱祖国的情感，要从培养学前儿童热爱身边亲近的人开始，要培养他们爱父母、爱老师和小朋友，帮助他们体验父母、亲人、老师和小朋友对他的爱。从爱身边的亲人开始，逐步扩展到爱周围的人。爱家乡、爱祖国的培养还要从具体的事物入手，如认识家乡或祖国的名胜古迹、自然风景、革命文物及家乡的变化；认识首都、国旗、国徽及一些节日等。

学前儿童从家庭进入幼儿园，这是他们生活环境的重大变化。要帮助他们逐步适应幼儿园的生活环境，习惯并热爱集体生活，要培养他们关心别人、关心集体，遵守集体生活的基本规则；培养他们对集体的归属感、认同感，并且愿意为集体做事，具有初步的荣誉感和责任感。

（二）发展学前儿童的交往能力

社会环境中的首要因素是人，能否建立与周围人的和谐关系，是人们适应环境、愉快生活和工作学习的关键。所以要发展学前儿童的交往能力，使他们在与他人交往的过程中，学会处理与同伴和教师的关系，特别是同伴关系。同伴关系是否良好影响着学前儿童的生活与发展。要帮助学前儿童掌握同伴交往的基本技能，培养他们尊重、关心和理解他人的态度与能力，学会分享、合作、谦让、助人，能与小朋友友好相处。在教育过程中，要引导学前儿童如何提出自己的要求，如何加入别人的活动，学会如何解决与他人的纠纷等。

（三）学习必要的社会行为规范

社会行为规范是社会成员在社会活动中所遵循的标准和原则，这是每个公民都必须遵守的。而行为规范的认识和正确行为的培养需要从小开始。教师和家长要对学前儿童进行必要的社会行为规范的教育，如培养他们讲文明、讲礼貌、守纪律、讲卫生、爱护公物等良好的行为习惯。

（四）培养学前儿童良好的个性品质

诚实、勇敢、自信、主动、活泼开朗的性格，都是良好的个性品质，它们能推动学前儿童积极地与周围环境中的人与事物交往，有利于学前儿童与周围的人们结成良好的人际关系，有利于学前儿童适应环境，愉快、健康的生活。

我国的特殊国情造成独生子女较多，一般来说，独生子女具有自信、活泼开朗、自我意识较强等特点，但也存在自私、任性、独立能力差等不良倾向，因此要有针对性地对学前儿童进行教育帮助其个性健康成长。

三、学前儿童德育的实施

（一）学前儿童德育的实施途径

1. 日常生活是实施学前儿童德育的基本途径

学前儿童是在日常生活中与同伴及成人交往的过程中，了解人与人、事之间的关系及相关的行为准则。因此在日常生活中要根据学前儿童的年龄特点，从常规教育入手，使道德教育与生活实践相结合，善于抓住契机，随时随地地进行教育。成人应当鼓励学前儿童积极参加各种活动，根据他们现有的身心发展水平，提出适合于他们年龄与个体特点的任务和适当的挑战，使他们有机会得到锻炼，体验克服困难后产生的成功感和愉悦感，增强自信心。

2. 专门的德育活动是实施学前儿童德育的有效手段

专门的德育活动是指教师根据学前儿童的年龄特征和本班的实际情况，有目的、有计划组织的德育活动，如谈话、讨论、参观、春游、劳动、节日庆祝等实践活动。如在集体教学活动中，“认识四季”可以让学前儿童感受到家乡的美丽、祖国的美好；通过组织学前儿童参观一些劳动现场可以引导他们懂得珍惜劳动成果；通过组织参观家乡的标志性建筑，可以让学前儿童了解自己的家乡，更加爱自己的家乡等。

3. 游戏活动和劳动是德育的重要途径

游戏是幼儿园的基本活动，也是德育的基本形式。游戏反映了学前儿童的现实生活，同时也反映了人们的道德准备和人际关系等，而且利用游戏活动来培养学前儿童良好的品德具有生动形象的特点，容易为儿童所接受，效果也比较好。如“我帮凳子洗洗脸”“我把积木送回家”等游戏和劳动，有助于培养学前儿童的责任感、爱劳动等良好的个性品质。

（二）实施学前儿童德育应注意的问题

1. 热爱、尊重和严格要求学前儿童相结合

热爱与尊重学前儿童是进行德育的前提，也是促进其身心健康发展的重要条件。只有热爱与尊重他们，他们才能产生对成人的信赖和热爱，接受教育才能成为可能。教师应该做到爱每一个学前儿童，对所有的学前儿童一视同仁，不能歧视那些有部分缺陷的学前儿童，为学前儿童创设一个良好的道德环境。

对学前儿童进行德育应该以正面教育为主，尊重他们的人格，保护他们的自尊心，善于发现优点并进行表扬，不能因为犯错误或某些缺陷而对他们进行挖苦讽刺，更不能进行体罚和变相体罚。否则不仅会伤害他们的自尊心，对他们的个性发展到和健康人格的形成都会产生不良的影响。

当然热爱尊重学前儿童不是溺爱。教师要根据教育任务对他们提出合理的严格要求，对于学前儿童的一些不合理要求，教师要坚决拒绝，态度要坚定，方式要合理。教师要用生动具体的形象和浅显易懂的语言向他们说明道理，让他们知道应该怎样做、为什么这样做以及为什么不能这样做。

2. 遵从德育的规律

品德是由道德认识、道德情感、道德意志和道德行为四个要素构成的。在学前儿童的品德形成过程中，各要素的发展不是同步的。学前儿童的道德认识和道德意志发展较慢，因此学前儿童的德育要从情感入手，重点放在道德行为的培养上。具体来说，要从近到远、由具体到抽象，比如对他们的情感教育可以从培养学前儿童对周围的人和事物入手，从爱父母、爱老师、爱同伴到爱幼儿园、爱家乡、爱祖国。

德育过程注意个别差异。由于年龄、家庭背景、性格的不同，学前儿童的道德认知的发展也存在个别差异，因此德育过程中常用的方法在不同的学前儿童产生的效果是不一样的。因此教师要在了解不同学前儿童的基础上，有针对性地进行教育，尝试寻找适合不同学前儿童的不同教育方案，如有的学前儿童更需要教师的口头表扬，而有的更需要反复提醒等。

3. 协调和统一各种因素的影响

影响学前儿童社会性发展和德育工作效果的因素是多种多样的，既有外部因素，也有内部因素。幼儿园并不是独立于社会的“真空”地带，幼儿园的围墙挡不住社会上各种事物与现象的影响。家庭是学前儿童的第一所学校，他们从小在家庭中就在学习与人交往，学习对人和物，家庭生活方式、父母的育儿观念与育儿方式，都会影响学前儿童的社会性发展。虽然年龄小，但他们也生活在社会中，受到来自社会生活各方面的影响。因此要使德育工作取得较好的效果，就必须注意协调与统一各种因素，统一幼儿园和家庭、社会各方面的力量，贯彻教育的一致性与一贯性原则，注意正面教育和发挥榜样的作用，使幼儿园教育与家庭教育的影响协调一致，互相配合等，为幼儿创设良好的成长环境。例如，可以通过家访、举办专题教育讲座、定期召开家长会、举办家长开放日活动，发动家长参与教育活动。还可以通过家长帮助家长，并利用黑板报、橱窗、家长园地以及信件、网络等方式与家长合作共同进行学前儿童德育。

扫一扫

扫一扫——幼儿园大班社会教案：让别人快乐

第五节 学前儿童美育

一、学前儿童美育的含义

美育主要指用特定的途径和方法以培养和发展人的审美能力为主要目的教育活动。学前儿童美育就是按照学前儿童身心发展的特点，来培养学前儿童感受美、欣赏美、表现美和创造美的情趣和能力的教育活动。

二、学前儿童美育的内容

（一）培养学前儿童对美的兴趣和爱好，培养美感和初步的审美能力

学前儿童由于年龄比较小，不善于发现周围生活中的美，但是他们很喜欢用笔到处涂鸦，喜欢各种颜色的物品，且开始学习唱歌跳舞，成人应该对学前儿童的这些活动予以鼓励，以培养学前儿童对美的兴趣和爱好。同时，由于学前儿童受知识基础和审美技能的影响，他们的美感表现为具有模仿性、表面性，审美能力也比较肤浅和幼稚，因此幼儿园要有计划地培养学前儿童的美感和审美能力。

（二）培养学前儿童对美的感知和欣赏能力

美的内容包括自然美、社会美和艺术美三个方面。培养学前儿童的审美感知和欣赏能力就要积极引导学前儿童去亲身感受和体验现实生活中的自然环境的美，如自然界的日出日落、山川树木、花朵绿草，社会生活中人们的衣着、文明举止、动听的音乐、美丽的图画和雕塑等。通过引导要让学前儿童能在平常的事物和生活中发现美和感受美。

（三）培养学前儿童的艺术活动技能，发展对美的想象力和表现力

在学前儿童的美育内容中，艺术教育处于主要地位，艺术教育的内容很多，包括唱歌、跳舞、美术、戏剧表演、杂技表演等。由于艺术美具有直观鲜明的特点，学前儿童容易接受并能引起情感上的共鸣，因此要从小就培养学前儿童的艺术活动技能，有助于发展学前儿童的审美能力，同时有助于发展对美的想象力和表现力。

三、学前儿童美育的实施

（一）学前儿童美育的实施途径

1. 大自然是实施美育的丰富源泉

大自然是对学前儿童实施美育的取之不尽、用之不竭的源泉，因为大自然的美具有真实、具体、生动形象的特点，容易被学前儿童所感知。大自然中丰富多彩的景物如美丽的画面、悦耳的声音、诱人的清香，都给人以美的感受。因此教师要尽可能带学前儿童到大自然中去感受自然的美，调动他们的多种感官去感知美。教师还要利用恰当的语言进行描述，根据自然景色的特点，讲解各种花鸟虫鱼、山川河流的名称和特点，同时结合当地的名胜古迹、风土人情、神话传说进行启发，加深学前儿童对美的感知和理解。

2. 艺术教育是实施美育的主要途径

艺术是人类审美实践的集中表现，能给人以充分的美的享受，且易于被学前儿童所理解和感受。艺术美具有直观性、鲜明性、富于表现力，对学前儿童具有强烈的感染力，并能调动他们的多种感官参与审美活动。幼儿园常见的艺术教育主要有音乐、绘画、手工制作、文学作品欣赏等活动。这些活动可以发展学前儿童的视觉、听觉、触觉等综合的审美感知，让他们被动听的歌曲、美妙的舞蹈、美丽的绘画工艺品、有趣的童话故事等感染，从而产生相应的情感体验，并激起他们学会表达美、创造美的欲望和行动。在进行音乐教育时，要选择合适的歌曲，同时注意保护孩子稚嫩的声带，孩子唱歌时间不能太长，一般连续唱歌不能超过五分钟。对他们进行文学教育时可以通过儿歌、谜语、快板、故事等来培养孩子

的文学兴趣，从而产生相应的美的体验。

3．学前儿童的日常生活是实施美育的重要途径

学前儿童最初的美感是从日常事物开始的，因为日常生活中的美是学前儿童最接近、最熟悉，也是最容易感知的。因此要利用日常生活中的美进行美育，主要是从以下几个方面入手。

第一，创设和利用美的生活环境去陶冶学前儿童。

学前儿童的审美情趣是在环境的影响下逐步形成的。美好的环境可以给予他们持久的美的享受，使学前儿童在潜移默化中形成健康的审美情趣。因此，幼儿园要创设利用美的生活环境来进行美育，对幼儿园的室内环境和室外环境进行合理布置，尽量做到绿化、美化、艺术化和儿童化。为充分发挥环境的教育作用，教师要善于引导学前儿童去欣赏美的环境，同时也要善于组织学前儿童动手参加环境的美化和保护工作，充分培养他们表现美和创造美的能力。

第二，利用社会生活中的美好事物感染学前儿童。

现实生活中充满了美好的事物和现象，如宽阔整洁的道路、五彩缤纷的公园、灯光灿烂的夜景，拾金不昧、尊老爱幼等良好的道德风尚，英雄模范的动人事迹等。教师要尽可能引导学前儿童到现实生活中去接触和感受生活中的美，要善于发现生活中的美，通过对美好事物和现象的感受，帮助他们分辨现实生活中的美和丑，培养他们对生活美的感受力和鉴别力，去激发学前儿童对生活的热爱和追求。

第三，利用日常生活中的交往活动教育学前儿童。

培养学前儿童的语言美、行为美和仪表美，需要在学前儿童与周围人的接触和交往中进行，教师不仅要结合周围生活和文学作品中的良好榜样进行讲解，更需要自身的示范作用。因为学前儿童的模仿能力很强，因此教师要时刻注意自己的一言一行，让学生学会分辨人们行为中的美丑，培养他们举止大方、友好热情、姿态端庄等美的行为习惯。

（二）实施学前儿童美育应注意的问题

1．幼儿园美育应面向全体学前儿童

幼儿园美育是为了培养每一个学前儿童美情感和心灵，促进每一个学前儿童人格的健全发展，不是为了培养少数艺术家。虽然某些学前儿童在艺术天赋上具有个别差异，他们的艺术潜能需要早期培养，但不能以牺牲其他学前儿童的发展为代价。因此，在美育中必须贯彻面向全体、注意个别差异的原则。

2．重视通过美育来培养学前儿童健全的人格

幼儿园美育应该着眼于引导学前儿童人格向积极方面发展，特别是情感的发展，但是长期以来美育重理智轻情感，特别是艺术教育重技巧轻情感的倾向很严重，因此在艺术活动中，教师要注意利用艺术这个媒介去丰富学前儿童的情感世界，不能只关注艺术活动的结果。

3．重视培养学前儿童的想象力和创造力

培养学前儿童艺术创造的主动性是美育的重要目标，但是幼儿园艺术活动过分强调技能技巧的训练，忽略了学前儿童想象力和创造力的培养，其结果是学前儿童对艺术活动失去了信心甚至讨厌，因此教师指导的时候要注意启发学生，如在学前儿童绘画时，教师不要按照自己的想法让学前儿童儿童改来改去，要尊重他们自己的看法和创造，培养他们的想象力和创造力。因此教师要培养孩子用自己喜欢的方式大胆地表现美、创造美，从中获得美感、自信和快乐。唱歌、弹琴、绘画、手工都是适合孩子学习的艺术形式，家长和教师都要避免过分强调技能技巧和标准化要求的偏向，支持孩子富有个性和创造性的表达方式。

小思考/动动手

某家长在博客中的留言"我曾送儿子学过画画，可是后来不送了，原因就是老师老是教孩子按她画好的画照着去画，而且模仿的越象越好，孩子根本没有发挥自己想象力的机会，简直是对孩子想象力的抹杀"。

思考：该案例中的家长对学前儿童教育认识有哪些变化？对我们幼儿园教师有何要求？

扫一扫

扫一扫——孩子的困惑：老师为什么不给我五角星？

第六节　学前儿童劳育

一、学前儿童劳育的含义

劳动是一个人的生存技能，前苏联教育家苏霍姆林斯基就说过："儿童高尚的心灵是在劳动中培养起来的，关键是要使儿童从小就参加劳动，使劳动成为人的天性和习惯。"劳动教育，就是使学生树立正确的劳动观点和劳动态度，热爱劳动和劳动人民，养成劳动习惯的教育。

学前儿童劳育是指根据学前儿童的身心发展水平引导其参加简单的劳动，培养其热爱劳动的意识以及良好的劳动习惯，使其具有一定的生活自理能力的教育活动。

二、学前儿童劳育的内容

（一）自我服务劳动

自我服务劳动是指学前儿童独立照料自己的生活的简单劳动，这是学前儿童劳动的基本形式。自我服务劳动，是学前儿童劳动的开始。它对学前儿童养成良好的生活习惯和培养独立生活的能力有重大意义，是学前儿童从完全依赖成人照顾进入独立生活所不可缺少的重要阶段。

学前儿童自我服务劳动的具体内容有：①会独立起身、睡眠——包括穿、脱衣服和鞋袜，折叠被子、衣服，整理床铺；②会独立盥洗——自己洗脸、手、脚，刷牙，独自大小便，正确使用卫生纸；③会独自进餐——自己吃饭，收拾餐具；④会独立整理卧室、用具，并保持清洁。

（二）为他人服务的劳动

这是学前儿童劳动的主要形式，主要是指学前儿童为班级、幼儿园、家庭进行的一些劳动，如擦桌子，修补图书、桌椅及玩具，参加烹调制作活动等。为他人服务的劳动能培养学前儿童对他人的关心和为集体服务的责任感，也是进行集体教育的有效途径，主要包括以下几种形式：

1. 集体劳动

集体劳动是指根据劳动任务，教师组织指导全班学前儿童在同一时间内共同进行劳动的形式，这是一种公益劳动。集体劳动的内容主要包括活动室里经常性的清洁卫生工作，进餐前的准备工作，上课、盥洗、睡眠前后的准备和整理工作，洗小毛巾，修补图书，整理玩具等。

2. 值日生劳动

值日生劳动是指让学前儿童轮流值日为集体服务的劳动形式。值日生劳动和学前儿童的一日生活联系在一起，如餐桌值日、教室卫生值日、寝室卫生值日、活动前值日等。幼儿园的值日生劳动一般从中班开始。值日生劳动对培养学前儿童的劳动习惯、劳动技能和责任感有显著的作用。

3. 家务劳动

家务劳动也是学前儿童劳动的重要形式。学前儿童通过做些力所能及的家务劳动，能从小形成家庭观念，不仅有利于他们的健康成长，也有助于家庭的和谐气氛的形成。家长可以根据孩子年龄的大小和能力高低，引导学前儿童学习生活自理的各种技能，参加房间内的清扫和东西的整理，让学前儿童动手清洗小物品，帮助父母进行做饭菜前的准备工作，完成楼道的清扫等。

（三）种植和饲养劳动

有条件的幼儿园可以开辟园地，种些易于管理、易于收获的农作物（如向日葵、蚕豆、豆角、瓜类、青菜、萝卜等）；划分出专门的饲养场所，提供饲养小动物的小笼子，饲养一些小鸡、小鸭、小兔等；在活动室内设立自然角或自然桌，养些小蝌蚪、小鱼、乌龟、虾、蚕，种些葱、蒜、花草等。

种植和饲养活动的学前儿童喜爱的活动，不同年龄段的学前儿童都有浓厚的兴趣主动投入到种植和饲养活动中。在种植和饲养活动中，学前儿童实地观察到植物的生根发芽、开花结果和动物的生长发育的变化，不仅丰富了他们的感性知识，开阔了眼界，满足了他们的好奇心，也激发了学习科学知识的求知欲，体验到劳动的乐趣。不过种植和饲养活动要在教师有组织、有计划的领导下进行，繁重的劳动应由成人完成，让幼儿做些力所能及的事。

（四）手工劳动

手工劳动是指运用材料进行手工制作的劳动。手工劳动不仅能使学前儿童认识到各种材料的性能，学习加工制作的技能，还能发展学前儿童的注意力、想象力和创造力。手工劳动主要包括自制玩具、制作简单的教具、室内外的装饰物和体育用品等，材料主要是教师收集的自然材料和废旧物品等。手工劳动的目的在于促进学前儿童的发展和满足游戏的需要，因此教师要重视制作的过程，而不是追求制作的成果，让学前儿童体会到制作的快乐。

三、学前儿童劳育的实施

（一）学前儿童劳育的实施途径

1. 提供适宜的劳动机会和条件

由于学前儿童的衣食住行完全由大人供养，因此孩子在家没有什么劳动机会，作为对学前儿童的劳动教育，教师和家长要尽量为孩子提供劳动机会和必要的劳动条件。劳动需要适宜的劳动场所和设备，教师要根据劳动内容来创建劳动场地，除了必要的盥洗设施和清扫工具以外，可以在室外利用墙角、围墙边开辟种植小园地、花圃、阳台，室内划分出自然角等。还要提供适合不同年龄段使用的劳动工具和材料，如种植用的小水桶、铲子、小喷水壶、小剪刀、胶水、抹布等，有的可以让孩子从家里带来如盆、毛巾、牙刷、牙膏、梳子等，教师要指导他们怎样使用这些工具，这样既增加了知识，又学会了劳动。

2. 激发孩子的劳动热情和兴趣

兴趣是最好的老师，为提高学前儿童的劳动兴趣，教师可以让所有的孩子分成若干个劳动小组，开展单项竞赛，大家相互切磋，相互学习。为调动学前儿童参与劳动的积极性，教师可以利用“小红花园地”和“五角星园地”，定期评选出“勤劳的好孩子”“小能人”“妈妈的好帮手”等荣誉称号，并颁发奖状和小奖品，让孩子们在评比活动中，逐渐体验到劳动的乐趣，并且懂得了劳动应认真负责。

另外，在学前儿童进行劳动的过程中，教师要多表扬、多鼓励，如当他们完成任务时，教师要表扬：“你是个非常聪明能干的孩子。”教师的赞扬会强化幼儿的劳动热情。当部分学前儿童没能完成劳动任务时，教师要给予他们更多的关心、理解、支持和帮助，教师的亲切话语会给学前儿童极大的鼓舞和信心。

3. 加强与家长的配合

家庭是培养学前儿童劳动能力的重要基地。要培养学前儿童良好的劳动习惯，只靠教师在幼儿园的培养训练是不够的，还要得到家长的重视和配合。幼儿园要对家长做好宣传工作，要利用家长开放日、家访和家长会等机会向家长宣传劳动教育的重要性，通过讲事实、摆道理，使家长们认识到劳动对于学前儿童品质、意志、身体和智力发展的重要影响。要求家庭尽可能创造良好的环境和条件，让孩子从小就自然参与劳动，在家庭中做些力所能及的事。例如，帮助摆餐桌、拿餐巾纸、帮爸爸妈妈拿拖鞋、把垃圾丢到垃圾箱、扫地、抹桌子、洗碗等，这些劳动能使学前儿童看到劳动成果，体验到劳动的愉快和成功的自豪感。

4. 教会学前儿童一些劳动技能，让劳动变成一种习惯

学前儿童由于年龄偏小，精细动作发育不够完善，因此有些劳动技能需要培养。例如，系鞋带最后打结的动作孩子不会做，教师要反复讲解与示范。刷牙、叠被子、种植饲养等都需要教师示范，讲清要领并让孩子反复练习。另外，学前儿童刚开始由于好奇心会认真参加劳动，但劳动过程是枯燥的，很多学前儿童会劳动以后就不再愿意参加。因此教师应该要求他们每天做一些力所能及的事。如擦桌椅、洗自己的毛巾和杯子，整理小书包等，使他们逐渐养成喜欢劳动、热爱劳动的习惯。

（二）实施学前儿童劳育注意的问题

1. 劳动教育要有明确的目的和内容

劳动教育是对学前儿童进行全面发展的教育之一，教师要根据本班的实际情况制定明确的教育目的和计划，安排好劳动的各个步骤，使学前儿童劳动教育成为整个教育计划的一部分。教师在组织劳动时，要讲清楚任务和要求，让学前儿童充分认识到劳动的意义，提高劳动的兴趣和坚持性。如打扫活动室，教师要明确告诉学前儿童活动室干净整洁有利于身体健康，同时教师要明确分工，第一次要讲清楚具体的步骤和程序等。

2. 注意劳动过程的安全与卫生

由于学前儿童年龄小，身心发育未完善，自我保护能力较差，因此教师在组织劳动过程中，要注意安全与卫生。首先，劳动环境要安全卫生。不能让他们在烈日下、大风中、有噪音、污染或尘土飞扬的环境下进行劳动。不能让学前儿童在河岸边、水沟旁和车辆来往的马路上进行劳动，同时劳动环境不能过于拥挤，防止踩踏。

其次，劳动工具要适合学前儿童的实际情况，尽量要轻便，不要太锋利，要结实，以免造成伤害。

最后，劳动量和劳动时间要适合学前儿童的特点。一般来说学前儿童的劳动时间不要超过 30 分钟，防止疲劳。劳动强度不要太大，要适合他们的体力。在劳动过程中，教师要注意观察学前儿童的劳动反应，如发现出汗多、脸色不正常的现象，要及时询问情况，让其及时休息或就医。

3．劳动形式要多样化，有趣味性

教师要利用生动活泼、多种多样的形式组织学前儿童参加劳动。如在幼儿自我服务劳动中，可通过儿歌、故事、歌舞表演、幻灯以及游戏等活动形式，引导他们实际操作，进行反复练习。

扫一扫

扫一扫——小班社会活动设计：我是妈妈的小帮手

本章小结

学前儿童全面发展教育是指以学前儿童身心发展的现实与可能为前提，对学前儿童实施体、智、德、美、劳诸方面全面发展的教育，以促进其身心的和谐发展。学前儿童体、智、德、美、劳五育相辅相成、相互渗透、相互促进，学前儿童体育为实施各育提供物质基础；学前儿童知识的获得和智力的发展为实施各育提供知识和智力基础；学前儿童德育能推动和保障学前儿童体育、智育任务的实现；学前儿童美育是实施各育的催化剂；学前儿童劳动教育是促进幼儿全面发展的教育手段。学前儿童的全面发展教育并不是要求个体在体智德美劳方面平均发展、齐头并进，也不是各个方面可以各自孤立的发展，各个方面的发展应该是和谐的，而不是单一的或者孤立的。

本章思考与实训

一、思考题

1．幼儿园全面发展教育对社会发展和个体发展有何意义？

2．有些幼儿园为了扩大社会影响力，会组织幼儿参加社会上的各种竞技性体育比赛活动，你对此怎样看？

3．发现幼儿有不好的行为习惯时，不少成人总爱谅解地说：“树大自然直嘛!大了，就会好的。”这种说法对不对，为什么？

4．目前，很多幼儿园开办了各种类型的技能技巧训练班，有电子琴班、舞蹈班、武术班等，你对此怎么看？

5．幼儿园为什么将户外体育活动作为完成幼儿园体育目标的重要组织形式？

6．培养学前儿童的独立生活能力有什么现实意义？目前学前儿童在儿童生活能力方面普遍存在什么问题？应怎样培养学前儿童这方面的能力？

二、案例分析

案例呈现一

一个幼儿早上来园，看见班里的图书角书籍凌乱，就动手收拾整齐；一会又去把小凳子排排好。教师知道后，将这个幼儿的事迹画出来，让全班幼儿猜猜这是谁？小朋友们猜到后，纷纷为这个幼儿鼓掌。做好事的幼儿心里很高兴、很自豪，脸上红扑扑的。其他幼儿也抢着集体做好事了。

请问：教师使用的是什么教育方法？这种方法对幼儿的品德教育有什么积极意义？

案例呈现二

天天的妈妈望子成龙，听说什么好就叫 4 岁的桐桐去学什么。结果，儿子在她的逼迫之下，要学钢琴、珠心算、围棋、英语、识字，每天的时间都被各种学习任务安排得满满的，孩子疲于应付。

你对这位妈妈的做法有什么看法？为什么？

三、章节实训

1. 实训要求

通过观察，引导学生理解幼儿园体育工作的内容。

2. 实训过程

（1）选择一个幼儿园进行见习活动一天，并要求做好记录。

（2）以小组为单位谈谈调查活动见闻，最后每组派一代表归纳幼儿园在体育工作的不同方面的做法经验。

（3）学生讨论：幼儿园体育工作的内容包括哪些方面？幼儿园的做法有什么可借鉴之处？有何启发？

3. 实训总结

提交幼儿园体育工作调查报告一份。

第四章　学前教育的基本要素

引入案例

据了解，社会上对幼儿教师的地位流传着这样一种看法："幼儿教师不是老师，而是看孩子的阿姨。"随着人们对学前教育重要性认识的提高，更多的人开始意识到幼儿教师不可替代的地位和重要作用。对此，幼儿教师自身的看法也发生了不小的改变。采访中，90%以上的幼儿教师都对自己的职业现状表示满意。

记者：幼教职业最吸引你的是什么？

李凤芝（英才幼儿园教师）：当初从事这个职业就是因为自己喜欢孩子，而且整天跟孩子在一起觉得特别开心，虽然孩子哭闹的时候也会让你觉得心烦，但是每次只要听到他们齐声喊"老师好"的时候就什么都不记得了。而且我觉得做幼儿教师在心态上比别的职业要年轻得多，面对孩子你会变得更加积极向上。每天面对众多可爱的孩子，把知识传授给他们，使他们成为有用之才，也会让自己觉得特别有成就感。

问题

1. 幼儿教师与小学教师有何相同与不同之处？
2. 通过参观幼儿园，你对幼儿教师职业劳动有何看法？
3. 学前教育的基本要素包括哪些？

要回答这些问题，先让我们进入本章的学习。

本章学习目标

（1）理解学前教育教师的职业特点和专业素质要求，能分析评价幼儿园教师的教育行为和教育能力。

（2）理解学前儿童的特性，了解有效促进学前儿童发展的基本条件，树立正确的儿童观。

（3）理解学前教育机构环境创设的涵义和分类，充分认识教师在幼儿园环境建设中的作用。

（4）掌握学前教育机构环境创设的原则，并能运用此原则分析幼儿园环境创设中的问题，能够对所参观幼儿园的环境提出建设性的意见和建议。

本章知识结构

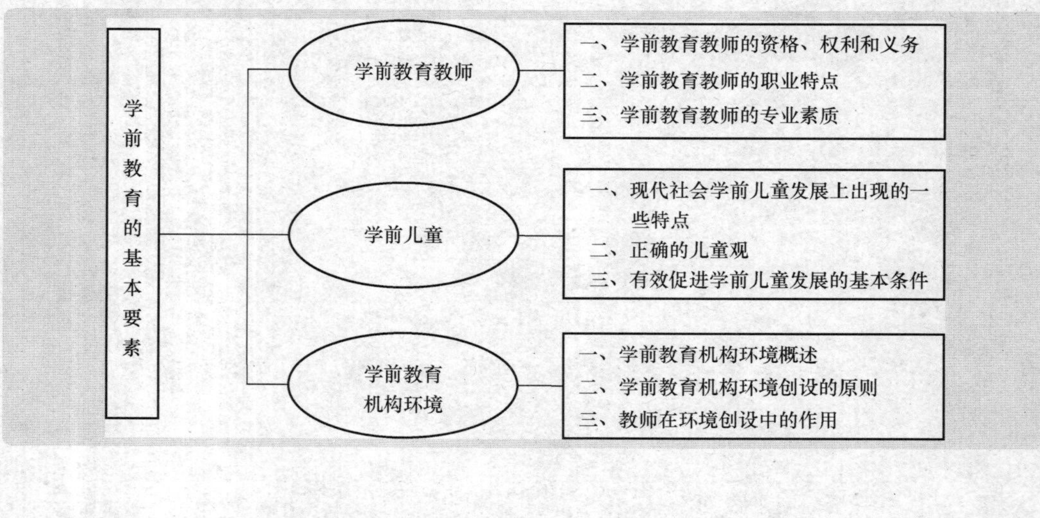

第一节 学前教育教师

学前教育教师是学前教育机构开展教育教学活动的具体执行者，是直接对学前儿童施加教育影响的人，是教育与学前儿童发展之间的桥梁与纽带，是承接教育理念和教育实效的中间人。《国务院关于当前发展学前教育的若干意见》明确指出“加快建设一支师德高尚、热爱儿童、业务精良、结构合理的幼儿教师队伍，是学前教育事业发展的关键”。《国家中长期教育改革和发展规划纲要（2010-2020 年）》在关于发展学前教育的任务规定中明确指出“严格执行幼儿教师资格标准，切实加强幼儿教师培养培训，提高幼儿教师队伍整体素质，依法落实幼儿教师地位和待遇”。从而将提高学前教育教师的整体素质和保障学前教育教师的权益作为政府在发展学前教育事业中的基本职责。

一、学前教育教师的资格、权利和义务

为了保障教师的合法权益，建设具有良好思想品德修养和业务素质的教师队伍，促进社会主义教育事业的发展，1993 年 10 月 31 日第八届全国人民代表大会常务委员会第四次会议通过了《中华人民共和国教师法》，并规定每年的 9 月 10 日为教师节。这不仅有利于形成尊师重教的社会风气，而且还标志着我国教师的权利和义务、资格和任用、培养和培训、考核、待遇、奖励、法律责任等都已经得到了法律的保障。1996 年中华人民共和国国家教育委员会发布了《幼儿园工作规程》，进一步明确了幼儿教师的资格、权利和职责。

（一）学前教育教师的资格

自 1994 年 1 月 1 日开始，我国各地相继实行了幼儿教师资格制度。目前，幼师资格证是幼儿教育行业从业人员教师的许可证，在我国师范类学校毕业生须在学期期末考试中通过学校开设的学前教育学和学前心理学课程考试，并且要在全省统一组织的普通话考试中成绩达到二级乙等以上，方可在毕业时领取幼师资格证。非师范类和其他社会人员需要在社会上参加认证考试等一系列测试才能申请幼师资格证。幼儿园教师的资格认定一般包括下面几个方面：

（1）遵守宪法和法律，热爱教育事业，履行《教师法》规定的义务，遵守教师职业道德；并经申请人员单位或户籍所在地乡（镇）或街道办事处思想品德鉴定合格；应届毕业生由所在学校进行思想品德鉴定。

（2）热爱幼儿教育事业，爱护幼儿，具有良好的思想品德，为人师表，忠于职责。

（3）具备幼儿师范学校毕业及其以上学历，或经国家教师资格考试合格。

（4）有教育教学能力，努力学习专业知识和技能，提高文化和专业水平。

（5）普通话水平应当达到国家语言文字工作委员会颁布的《普通话水平测试等级标准》二级乙等以上标准，并取得相应等次《普通话水平测试等级证书》。

（6）身体健康，具有良好的身体素质和心理素质，无传染性疾病，无精神病史，适应教育教学工作的需要，经教师资格认定机构组织在县级以上医院体检合格。

认定合格者，均可取得幼儿教师的资格。从 1996 年起，我国幼儿园教师实行了聘任制，对有幼儿

教师资格的人员进行公开招聘，采取笔试与面试相结合的方式进行，择优录用。

（二）学前教育教师的权利

学前教育教师的权利主要是指学前教育教师依法行使的权力和享受的利益，是学前教育教师专门具有的权利。通过法律的形式规定学前教育教师的权利，是维护学前教育教师利益、保证学前教育教师顺利工作的必要条件。学前教育教师应享受下列权利：

1．教育、教学权

我国《教师法》第七条第一款规定，教师享有“进行教育教学活动，开展教育教学改革和实验”的权利。因此，在聘的学前教育教师有进行学前儿童教育教学活动，开展学前儿童教育教学改革和实验研究的权利，任何组织和个人都不得非法剥夺。

2．科学研究和学术活动权

《教师法》第七条第二款规定，教师有“从事科学研究、学术交流，参加专业的学术团体，在学术活动中充分发表意见”的权利。《幼儿园工作规程》第三十七条第四项规定，幼儿教师有权“参加业务学习和幼儿教育研究活动。”

因此，学前教育教师可以从事学前教育方面的科学研究、学术交流，参加学前教育专业的学术团体，在学术活动中充分发表意见。

随着社会的进步，家长对学前教育机构有了新的要求，学前教育机构对教师的教育教学质量也有了新的要求。学前教育机构在竞争中发展，教师在竞争中生存，唯有提升教学业务水平，提升教学质量，才能在竞争中不断发展。因此，从事教学研究、学术交流是一条十分有效的途径。通过教科研的活动，解决教学实践中存在的问题，其目的还是为了提高教学质量。

3．管理、指导和评定幼儿权

学前教育教师有管理、指导学前儿童的学习和游戏，评定学前儿童的身心发展水平的权利。

《教师法》第七条第三款规定，教师有权“指导学生的学习和发展，评定学生的品行和学业成绩”。学前教育教师作为教育活动的主导者，有权管理和指导学前儿童的学习和游戏，促进学前儿童身心全面发展，有权评价学前儿童的品行和学业。在评定学前儿童的品行和学业时，学前教育教师必须做到客观、公正、一视同仁，而不能主观、片面，不能带有个人的好恶及个人的情感色彩；必须正确、合理、客观评价每个学前儿童；善意地对待每个学前儿童；根据学前儿童的个体差异，研究有效的活动形式和方法，因材施教，使每个学前儿童的个性和能力得到最大限度的发挥。

4．按时获取报酬的权利

《教师法》第七条第四款规定，教师有“按时获取工资报酬，享受国家规定的福利待遇以及寒暑假期的带薪休假”的权利。第二十五条规定：“教师的平均工资水平应当不低于或者高于国家公务员的平均工资水平，并逐步提高”。《劳动法》第五十条规定：“工资应当以货币形式按月支付给劳动者本人。不得克扣或者无故拖欠劳动者的工资”。《劳动法》第五十一条规定：“劳动者在法定休假日和婚丧假期间以及依法参加社会活动期间，用人单位应当依法支付工资”。

《教师法》和《劳动法》的具体规定，为保障学前教育教师的这一权利提供了对应的法律依据。学前教育目前还不属于义务教育阶段，但同样是学校教学的一部分，是终身教育的起始阶段，对人的发展起着奠基的作用。学前教育教师的获酬权同样应得到保护，否则难以吸引优秀人才从事学前教育工作，整个学前教育教师的队伍难以稳定和发展。

5. 参与民主管理权

学前教育教师有对学前教育机构的教育教学、管理工作和学前教育行政部门工作提出意见和建议，通过教职工代表大会或者其他形式，参与学前教育机构的民主管理。

《幼儿园工作规程》第五十三条规定：“幼儿园应建立教职工大会制度，或以教师为主体的教职工代表会议制度，加强民主管理和监督”。《教师法》第七条第五款规定，教师“对学校教育教学、管理工作和教育行政部门的工作提出意见和建议，通过教职工代表大会或者其他形式参与学校的民主管理”。

幼儿园的教育工作主要依靠教师去完成，充分发挥教师的积极性，调动教师集体的智慧，参与幼儿园的民主管理，共同策划幼儿园的管理和发展，这对幼儿园的发展有很大的促进作用。

教师参与幼儿园的管理方式，主要是通过教职工代表大会，对幼儿园的工作提出自己的意见和建议，对幼儿园的管理者实行监督。园方应保障教师这一权利的行使，教师应以主人翁的态度履行自己的权利，推进幼儿园的民主建设，提高幼儿园管理的效率和水平。

6. 参加进修、培训的权利

学前教育教师有参加进修或者其他方式的培训。《教师法》第七条第六款规定，教师应“参加进修或者其他方式的培训”。教师进修的目的不外两个方面，一是提高学历层次；二是岗位培训，以获取新的教育思想、教学理念及他人的教育成果。这属于继续教育，是终身教育的一部分。

《教师法》第十一条第一款规定：“取得幼儿园教师资格，应当具备幼儿师范学校毕业及其以上学历”。现在有很大部分教师，不仅学历到位，而且都已拿到了高级职称，但还是经常通过进修、短期培训、听专家讲座等形式，不断提高自身的业务水平，这也是继续教育指导思想落实到每位教师身上的具体表现。随着科学技术和社会经济的发展，继续教育应该成为现代教学中的一个重要组成部分。只有这样，广大学前教育教师才能不断更新知识，与时俱进，学前教育机构应为教师的进修提供方便，创造良好的条件，保障教师的合法权益。

7. 享受特定节日权——教师节

1985 年 1 月 21 日，第六届全国人大常委会第九次会议作出决定：从 1985 年起，每年的 9 月 10 日为我国教师节，并在《教师法》第六条写道：“每年九月十日为教师节”。表明国家对教师的尊敬，也表明教师地位的提高。

（三）学前教育教师的义务

学前教育教师的义务就是学前教育教师依法应尽的责任。以幼儿园教师为例，幼儿园教师对本班工作全面负责，其主要职责如下。

（1）观察了解幼儿，依据国家规定的幼儿园课程标准，结合本班幼儿的具体情况，制订和执行教育工作计划，完成教育任务。

（2）严格执行幼儿园安全、卫生保健制度，指导并配合保育员管理本班幼儿生活和做好卫生保健工作。

（3）与家长保持经常联系，了解幼儿家庭的教育环境，商讨符合幼儿特点的教育措施，共同配合完成教育任务。

（4）参加业务学习和幼儿教育研究活动。

（5）定期向园长汇报，接受其检查和指导。

学前教育教师的权利和义务是辩证统一的，既不能只行使权利而不履行义务，也不能只承担义务而不享受权利，否则不利于教师队伍的稳定和素质的提高。要稳定学前教育师资队伍，就必须从解决学前教育教师的实际问题入手，在让他们担负相应的义务的同时，还应让他们享有一定的权利。

案例链接

待遇低、不入编导致幼教老师流失严重

2010 年 03 月 04 日 10：05 来源：浙江在线

“每年招生之前，最怕接到熟人电话，不用问，肯定是来托关系的。但最让人头痛的一方面是家长、孩子挤破了头想进来，另一方面却是一部分老师想出去。”采访中，记者发现，除了家长，不少幼儿园园长也相当头痛，其中很重要的一个原因，就是很多幼儿园正面临缺编的尴尬局面。

“一边是幼儿园的班级容量不断超员，但另一边却很难招到好老师。”一位幼儿园园长告诉记者，这种现状不但使在编老师的工作量不断加大，也导致原有的非在编老师流动性大增，“有编制和没有编制的老师，工资福利待遇差别比较大，这也造成了部分老师责任感的缺失。”

在昨天的会议上，杭州师范大学公布了一项调查结果：该校幼教专业从 2002 年至今毕业了 200 多名学生，已经有 17.2%的换了岗位，不再从事幼教行业，其中很重要的一个原因就是福利待遇偏低。

调查显示，在这些毕业生中，拥有事业编制的教师比例仅占 15.2%，其他均为非在编教师，20%以上的人月收入仅在 1000-1500 元，40%的人月收入为 1500-2000 元。

扫一扫

扫一扫——民办幼儿园老师工资低辞职率高幼师流失率达三四成

二、学前教育教师的职业特点

（一）劳动特点

1. 工作对象的主动性和幼稚性

学前教育教师的教育对象是一群活泼可爱，有一定思维能力，但又很幼稚的 0-6 岁学前儿童。他们又有着较强的主动性，因此使学前教育教师的工作比较复杂和艰巨。学前儿童的幼稚性，又决定了学前教育教师也具有开发学前儿童创造力的工作特点。

2. 工作任务的全面性和细致性

学前教育教师工作任务的全面性包含三层意思：一是全面负责学前儿童的生活，照顾学前儿童生活起居、游戏等所有活动；二是向学前儿童进行全面发展教育，促进他们智力、情感、社会性等方面的发展；三是关心全体学前儿童，因材施教，使每个学前儿童得到最大限度的发展。

学前教育教师工作任务的细致性是指学前教育教师既要细心地照顾学前儿童的生活，又要细心指导学前儿童学会生活。

3. 工作过程的创造性和灵活性

学前教育本身就是一项创造性的工作，学前儿童的特点需要教师要把抽象的道德、礼仪等准则转化为学前儿童能够遵守的行为习惯，这种转化需要教师的创造性的劳动。学前教育教师的灵活性是指其工作的适应性。

4. 工作手段的主体性和示范性

主体性是指学前教育教师自身对教育要求的不断内化，并转化为教育行为，再去教育学前儿童。示范性是指学前儿童的向师性，学前教育教师的言行是学前儿童直接学习、模仿的榜样。

5. 教育影响的长期性和滞后性

长期性是指学前教育教师的工作要经过长期教育的影响，才能奏效；而且教师的影响可能影响其一生。滞后性是指学前儿童对教师的要求，不是理解后执行，而是执行后理解，因此要经过反复才能形成良好的习惯；学前教育教师的影响作用需要经过很长的时间才能见分晓。

（二）角色特点

在教育系统内部，学前教育教师工作的特点，决定了其角色具有多重性，有各种说法形容教师的角色：学前儿童生活的照顾者、知识的传授者、共同成长的同伴；学前儿童活动的准备者、组织者、指导者、观察者、记录者、反思者；学前儿童心理的协调者；学前儿童父母的代理人、合作者；园本课程的设计者；学前教育的社会宣传员、研究者。还有的学者认为，教师是维护学前儿童身体健康的保健师，开启学前儿童智力之窗的建筑师，塑造学前儿童高尚品德的工程师，提高学前儿童审美能力的美容师等，众说纷纭。

1. 学前教育教师是儿童一日生活的支持者、引导者和组织者

2001 年 7 月教育部颁布的《幼儿园教育指导纲要（试行）》指出：“幼儿园的教育内容是全面的、启蒙性的，可以相对划分为健康、语言、社会、科学、艺术等五个领域，各个领域的内容相互渗透，从不同的角度促进幼儿情感、态度、能力、知识、技能等方面的发展。”“幼儿教师应成为幼儿学习活动的支持者、合作者、引导者。”

《基础教育课程改革纲要》也提出：“教师在教学过程中应与幼儿积极互动、共同发展，要处理好传授知识与培养能力的关系，注重培养幼儿的独立性和自主性，引导幼儿质疑、调查、探索，在实践中学习，促进幼儿在教师指导下主动地、富有个性地学习。教师应尊重幼儿的人格，关注个别差异，满足不同幼儿的发展需要，创设能引导幼儿主动参与的教育环境，激发幼儿的学习积极性，培养幼儿掌握和运用知识的态度和能力，使每个幼儿都能得到充分的发展。”

这些表述对学前教育教师在幼儿园工作中的角色定位提出了新的要求。在当前这样的信息时代，教师“传授”知识的传统教育方式转变为教师“引导”幼儿主动学习，主动获得知识经验；教师从“知识输出者”转变为给幼儿提供舞台、指出方向，并在关键时刻给予幼儿指导和支持的良师益友。

首先，在学前教育活动中，教师是一个支持者。教师更多的应以游戏伙伴的身份进入儿童的活动，成为活动的支持者，这样才保证孩子在一日生活中顺利地按照自己的意愿去发展；其次，教师是一个引导者，他既要顺应儿童的探索需求，又要在不断整合、提升儿童经验的过程中，有效地引导儿童的发展，积极发挥教师的主导作用；再次，教师是组织者，当儿童在一日生活中遇到困难需要帮助时，教师组织儿童共同探讨，让更多的儿童共同参与和思考，让孩子在教师组织的各种活动作用中发展。

2. 学前教育教师是儿童社会沟通的中介者

儿童进入学前教育机构，就是进入到了第一个除家庭之外的社会环境。在这个环境中，学前教育教师应做到以下几点：

第一，要理解孩子的内心世界。教师要尊重孩子，孩子虽小但他们也有自尊心，只有尊重他们，才能让孩子接受教师所讲的话。教师任何时候都不应该伤害孩子的自尊心，要讲道理，让孩子感受到老师是喜欢他的。

第二，运用谈话的技巧。教师要有一颗童心和孩子沟通，和孩子讨论他们感兴趣的事，并运用一些儿童化的语言让幼儿感觉你是他们的朋友。另外，若孩子犯错，教师要用平静严肃的表情对孩子讲话，用词应简单易理解，让孩子认识到自己行为的错误性，而不可用责骂的语气对待他们，严禁打骂。

第三，要与孩子建立平等关系，不要居高临下。如果教师想要接近孩子，必须放下自己的架子，同孩子建立一种平等的谈话方式，与孩子站在同样的高度，用孩子的眼光看问题。

第四，注重孩子的兴趣。观察发现儿童感兴趣的话题，将儿童引入交谈主题之中，运用简洁有趣的提问，保持儿童交谈的兴趣。儿童发言时，教师要表现出极大的热情和耐心，注意倾听并给予鼓励。

第五，教师用语通俗易懂。教师用语应符合儿童的年龄特点和认知水平，因此，教师表述简单明了，从容不迫，使儿童容易听懂；教师应讲究语言艺术，由于学前儿童的思维具有直觉行动性和具体形象性，因此教师的口语应该生动形象，引人入胜，并伴有动态语言；教师始终要用积极的语言与儿童谈话，告诉儿童应当做什么，而不是指出他不应当做什么；说话的态度温和，使儿童有一种安全感，并乐意听从；语气坚定，使儿童感到教师充满自信；尽量用愉快的声调并走到儿童身边说话，而不是老远地大声嚷嚷，因为这样做，会使儿童感到恐惧。

第六，重视运用非语言沟通策略。教师对儿童的非言语沟通主要是指教师运用微笑、点头、抚摸、搂抱、蹲下与儿童交谈等方式与儿童沟通。这种方式比言语更容易表达教师对儿童的尊重、关心、爱护和肯定，符合儿童的心理需要，教师的这种动态语言的运用，是建立在教师对儿童的爱的基础上的，教师如果像母亲一样对孩子从内心充满爱，这种内心的爱的情感就会自然而然地流露出来并转化为动态语言。

3. 学前教育教师是社区资源的整合者

学前教育机构是一个开放的体系，它的良好运行需要社区、家长的大力支持，作为一名学前教育教师，必须学会和家长、社区沟通，整合各种有用的资源为儿童发展做好服务。

社会教育、家庭教育内容包罗万象，从文化科学到体育、美育、劳动、生活，从心理到生理，是百科全书式的教育。它远远超过学前教育机构的教育内容，能补充和完善学前教育机构的教育。因此，学前教育教师可以利用社区、家庭资源拓展教育、教学渠道，使学前儿童接触、了解社会，增强学前儿童的实践及社会交往能力。比如，建立一支园外兼职辅导员队伍及社会实践、考察基地，把周围环境中对幼儿健康成长的有利资源编成教材、教具、活动方案，传授给幼儿，并选择具有一定科技含量的农场、工厂作为教育资源的基地，供幼儿参观及实践活动。为使教育达到最佳效果，幼儿教师还可以聘请农场、工厂中的技术员及合适的家长作为园外辅导员及客串老师，指导教师、幼儿、家长开展教育活动。再比如，幼儿教师组织、建立家庭互助小组，农村家庭每家每户都有责任田，有较多的家庭饲养着鸡、鸭、鹅等小动物，幼儿教师可以把住处较近的 5-6 户家庭组成互助活动小组，并择优选取其中的一家为实验小基地，让幼儿进行实践活动。

案例链接

表 1　园外辅导员辅导教师、幼儿、家长内容

园外辅导员	教　师	幼儿、家长
工厂辅导员	介绍产品生产过程，与教师共同探讨、编写产品生产过程的教材	带家长、幼儿参观，指导幼儿参与简单劳动，在园内为幼儿上课
农场、果园辅导员	介绍产品生长过程，与教师共同探讨编写农作物教材	带家长、幼儿参观指导大小考察基地种植
社区辅导员	协助教师联系、落实幼儿参观的社区有关场所	协助教师指导幼儿进行社区实践活动（如购物寄信等），带幼儿参观社区场所

表 2　互助活动小组（“串门子”）

活动时间	对　象	内　容
每周一次（双休日）	幼儿、家长（附近 5-6 户）或以园、班级为单位	观察类：1. 观察田间农作物，了解生长过程 2. 饲养小动物 3. 参观附近工厂、农场等
		操作类：1. 利用自然物做做玩玩 2. 小制作、剪贴等比赛 3. 种植树木、花卉、农作物、挖野菜等
		综合类：表演节目、体育游戏、观看录像、智力竞赛及自由活动

三、学前教育教师的专业素质

教师素质，是教师在教育活动中表现出来的、决定其教育教学效果、对学生身心发展有直接而显著影响的心理品质的综合。学前教育教师既包括 0-3 岁的亲子园教师（或婴儿教师），也包括 3-6 岁的幼儿园教师。在我国已经正式颁布的学前教育系列文件中，如《幼儿园工作规程》、《幼儿园教育指导纲要（试行）》和《3-6 岁儿童学习与发展指南》都是以 3-6 岁幼儿园教育为主。因此，在探讨学前教育教师的专业素质时主要还是以 3-6 岁幼儿园教师的专业素质为主，以此类推到 0-3 岁亲子园教师（或婴儿教师）的专业素质。

扫一扫

扫一扫——幼儿园教师专业标准（试行）

幼儿教师的素质是决定幼儿教育效果和质量的决定性因素。近年来，很多学者从不同角度对幼儿教师素质进行了研究，试图为学前教育师资培养提供理论支持。

自 2001 年《幼儿园教育指导纲要（试行）》的颁布，幼儿教育改革已经走过了十几年的历程。幼儿教师在知识结构、教学方法、教育观念等方面已经发生了一些积极的转变。那么，在学前教育不断发展的今天，幼儿教师究竟要具备怎样的专业素质，才能更好地促进每位幼儿的发展呢？

为促进幼儿园教师专业发展，建设高素质幼儿园教师队伍，根据《中华人民共和国教师法》，2012 年 2 月，教育部正式印发了《幼儿园教师专业标准（试行）》（以下简称《专业标准》），在“师德为先、幼儿为本、能力为重、终身学习”的基本理念下，从“专业理念与师德”“专业知识”和“专业能力”三个维度对合格的幼儿园教师的专业素质提出了基本要求，并从 14 个领域对三个维度的要求进行了界定。

幼儿教师的专业素质应该是以幼儿教育能力素质为核心，以道德和师德素质为先导，以科学文化知识和幼儿教师职业技能素质为基础，形成一个有序、有机的结构，促进幼儿教师的专业成长与专业发展。

（一）专业理念与师德——道德素质与师德素质

《专业标准》注重教师职业理想与职业道德教育，增强教师育人的责任感与使命感。《专业标准》中对幼儿教师的专业理念与师德主要从“职业理解与认识”“对幼儿的态度与行为”“幼儿保育和教育的态度与行为”“个人修养与行为”四个领域提出具体 20 个基本要求，概括起来就是职业道德素质与个人师德素质两方面。

1. 职业道德素质

（1）热爱幼儿，热爱幼教事业，恪守职责的职业道德，这是幼儿教师职业道德的核心内容

苏霍姆林斯基曾经说过：“一个好教师意味着什么？意味着他是这样的人，他热爱孩子，感到跟孩子交往是一种乐趣，相信每个孩子都能成为一个好人，善于跟他们交朋友，关心孩子的快乐和悲伤，了解孩子的心灵，时刻都不曾忘记自己也曾经是个孩子。” 换句话说，热爱孩子是幼儿教师最基本的职业道德，只有真心地爱孩子，才会关心、理解、倾听孩子的心声，才能成为一个受孩子喜爱的好老师。

幼儿教师的职业道德是以对幼儿和幼教事业的热爱为核心，是幼儿教师需要具备的首要素质。只有热爱幼儿，热爱幼教事业，并把它作为自己的职业理想，这样幼儿教师才能获得足够的动力，真正促进幼儿的全面发展。热爱幼教事业，对幼儿充满爱心，对教育充满热情，这也是幼儿教师首先必备的职业行为准则。教师对孩子的爱既是敬业精神的核心，又是教师高尚品德的自我表现；既是育人的目的，又是教师这个职业的具体体现。

热爱教育事业，热爱儿童，愿意为幼儿教育事业贡献自己的身心，为孩子树立良好的楷模，这也是实践型高素质幼儿教师的职业理想。

（2）高尚的道德品质，以身作则，做好幼儿的表率

教师是人类灵魂的工程师，是精神文明的传播者。“身教重于言教”，这是教育工作的重要规律，对于幼儿教育尤为重要。幼儿教师的表率作用对幼儿的成长有特殊的影响，幼儿的模仿性强，对幼儿教师的言行观察最细，感受最深，时时在模仿着、学习着，年龄越小的幼儿越是这样。幼儿教师的思想品德、情绪、作风、接人待物的态度时刻都在熏陶感染着幼儿，所以要培养幼儿教师处处能严格要求自己，做到思想进步、品德高尚、遵纪守法、言行一致，以便将来能以身立教。

（3）团结互勉，善于合作的集体精神

在现代教育中，一个好的幼儿教师固然会对幼儿未来一生的发展产生深刻的影响，但是一个教师能给幼儿的东西毕竟是很有限的，他的性格、兴趣、特长不能变成桎梏幼儿个性发展的枷锁，也不能把幼儿培养成一个模子里出来的人。另外，孩子的家庭教育也很重要，幼儿园的教育必须要获得家长的配合，需要孩子亲人来共同完成。所以幼儿的全面发展并不是一个教师能单独完成的，而是需要幼儿教师集体密切配合，有合作、竞争意识及集体观念，能在工作中做到合作互勉，具有团队精神，积极开展协作与交流。

2. 个人师德素质

个人师德素质主要是指幼儿教师个人的身心素质。健康的身心素质是幼儿教师从事教育教学工作的

基本保证，主要包括健康的身体、适当的自控能力、坚强的性格等。实践型高素质的幼儿教师应具有健康的心理和人格，热情开朗、活泼有朝气、待人诚恳、豁达、与人和谐相处、积极向上的健全的性格。幼儿教师要保持为人师表的形象，以开阔的心胸、乐观向上的人生态度面对生活和工作，还要善于运用心理的自我调节策略，理智地调节自己的情绪，这需要具有良好的意志品质，这也是幼儿教师心理健康的重要标志。

案例链接

访谈中大多数教师认为工作太烦琐，身体疲惫。在心理健康方面，只有 30.6%教师对自己的心理状况满意，有 49.6%的教师认为有心理压力，压力的来源主要是工作压力（占 47.2%）和职业压力（占 21.2%）。整体来看教师的身心健康状况不容乐观，这就要求一方面减轻教师的工作量，为教师营造一个宽松、和谐的氛围；另一方面，在幼儿师资培训中要加强心理健康的教育，帮助教师寻找缓释压力的方法，全面提高幼儿教师的身心素质。

在幼儿教育工作中，幼儿教师的情绪对幼儿的情绪有着直接的影响，对幼儿的心理健康也有着直接的影响，幼儿教师的不良情绪会使幼儿感到无所适从，感到在幼儿园里生活没有安全感，从而开始讨厌幼儿园的生活，讨厌上学的生活，以至影响幼儿的一生的发展，所以幼儿教师要保持积极稳定的情绪，切忌将不良的情绪带给幼儿，甚至是迁怒于幼儿。

另外，幼儿教师的职业特点决定了幼儿教师必须具有坚强的意志品质。在对幼儿教育工作中，整天进行的是烦琐而看似相同的工作，但实质上幼儿任何一个好习惯的养成，任何一种技能的掌握，每一方面的进步，都凝聚着幼儿教师长期付出的大量的心血和智慧。要探索幼教工作的新路子，就要历尽曲折和艰难，如果没有坚强的意志品质，幼儿教师在烦琐而沉重的工作中就会泄气，很难有克服困难的顽强毅力，就很难有经受挫折的心理承受能力和自制能力，所以幼儿教师不仅要注重提高智力因素，也要注重培养较高的非智力因素，这样才能有良好的心态去接受幼教工作的考验。

在《专业标准》的视野下，要求幼儿教师应该是人格心理健康，有良好的道德品质，热爱幼儿教育事业，热爱幼儿，尊重幼儿权益，具有扎实的科学文化知识、幼儿教育专业理论知识和幼儿教师职业技能，具有能有效组织幼儿保教活动的专业能力。这是对合格幼儿教师个人素质的基本要求，其实也表达出了幼儿教师个人师德素质各要素的基本关系。幼儿教师最终应该形成的是从事幼儿教育工作的能力，能以正确的儿童观、教育观指导自己的教育行为，从而在工作中以知识为载体、以职业技能为手段，完成幼儿园的保教工作。

（二）专业知识——科学文化素质

科学文化素质指幼儿教师从事教育工作所应具备的通识性知识，如自然科学知识、人文社会科学知识、艺术知识和信息技术知识。

作为幼儿教师要有较高的文化修养和广博的知识。作为幼儿人生的启蒙者，人类文化的传递者，幼儿教师应该具有较高的文化修养，这是幼儿教师从事教育工作的前提，也是今后学习与发展的根基。幼儿教师只有具备了比较渊博的知识，才能深入浅出地教给幼儿科学知识，才能回答幼儿各种问题、满足幼儿的好奇心，才能有效地发展幼儿的智力，激发他们对知识的兴趣。所以，对未来的幼儿教师进行教育时要培养他们勤于学习的习惯，重视各门文化基础课程的学习，要尽量拓宽他们的视野，培养他们具有良好的学习方法，延伸他们求知的可能。

幼儿教师应成为积极主动的终身学习者。幼儿的身心发展规律与学习特点是幼儿教师考虑、选择和实施教育教学策略与行为的出发点，幼儿教师不仅需要学习有关幼儿生理与心理发展方面的知识，还要学习有关幼儿教育教学原则方面的理论。

《专业标准》中规定幼儿教师的专业知识分为“幼儿发展知识”“幼儿保育和教育知识”“通识性知识”三个领域，共 15 个基本要求。这些专业知识主要包括以下三个方面：

1. 条件性知识

条件性知识是教师所具备的教育学、心理学等知识，是幼儿教师必须具备的入门知识。这些知识能帮助幼儿教师了解幼儿及幼儿教育过程的规律。

幼儿教师要有坚实的幼儿教育理论基础。幼儿教师要认真学习幼儿卫生学、幼儿教育心理学、幼儿教育科学研究方法等幼儿教育理论课程。这是幼儿教师知识结构中的核心部分。幼儿教师具备坚实的教育理论基础，才能树立正确的教育观念，了解幼儿身心发展特点及影响幼儿身心发展的因素，懂得幼儿教育的规律，掌握科学教育的基本方法和塑造心灵的艺术，才能取得好的教育效果。

幼儿教育知识是幼儿教师理解教育科学及幼儿教育的专业知识。通过学习，教师可熟悉幼儿教育的目标、任务、内容和基本原则，了解幼儿园教育的特点和规律，树立正确的教育观。

幼儿生理心理发展知识是帮助幼儿教师形成正确的儿童观的重要内容。通过学习，教师可了解幼儿身心发展的规律、特点，了解保护幼儿生存发展的必要性及相关法规，形成促进幼儿发展的策略与方法。

实践型高素质的幼儿教师应掌握学前儿童发展与教育的基本理论，了解学前儿童发展的规律和方法，具有较为宽泛的人文和科学方面的基础知识，掌握音乐、美术方面的基础知识，具有初步的英语听说能力。

2. 本体性知识

本体性知识是幼儿教师所具有的特定的学科知识，如关于五大领域的知识。

扫一扫

扫一扫——谈幼儿教师的本体性知识

3. 实践性知识

实践性知识是教师面临教育情境而积累的教学经验，这些知识能帮助幼儿教师组织教学、应对教育过程中的突发情况。

案例链接

表 3　幼儿教师文化知识的运用情况

	所掌握知识能否适应教育教学的需求					
	不能		一般		完全能	
	人数	百分比%	人数	百分比%	人数	百分比%
科学文化基础知识	3	1.6	79	40.9	111	57.5
专业技能知识	3	1.6	81	42	109	56.5
专业基本理论知识	120	62.4	25	12.4	48	25.2

案例链接

从表 3 可以看出，认为自己所掌握的科学文化和专业技能完全能适应幼儿园教育教学需求的分别占 57.5%和 56.5%。这说明，我国现行的幼儿教师培养模式在提高幼儿教师的专业水平与整合教师的知识结构方面起到了积极的作用。但是，我们不能忽视幼儿教师所掌握的专业理论知识，如儿童心理学、儿童发展与教育学等不能完全适应教育教学的需要。调查中只有 25.2%的教师认为能将理论运用于实际。这是因为在幼儿教师培养由中专向专科、本科升格的过程中，理论、技能、实践三者的关系没有找到合理的定位，使理论知识偏重、偏深，过多地强调知识的系统性和理论性，较少考虑教师教学技能与操作能力的培养。因而，这种现状提示我们教师教育中要注重理论、技能和实践三者平衡发展，增强教师技能的培养，增强科学素养和人文素养的养成教育，为实现教师成为儿童发展的促进者储备丰富的知识。

（三）专业能力——职业技能素质与教育能力素质

能力素质是幼儿教师在职业活动中表现出来的组织活动的能力、创设支持性环境的能力、了解儿童的能力、领导幼儿的能力等。对于幼儿教师来说，合理组织一日活动所需要的能力并不仅仅是唱歌、跳舞、绘画等艺术能力，而是多方面的。《专业标准》中规定幼儿教师的专业能力分为“环境的创设与利用”“一日生活的组织与保育”“游戏活动的支持与引导”“教育活动的计划与实施”“激励与评价”“沟通与合作”“反思与发展”七个领域，共 27 个基本要求，分析起来就是职业技能素质与教育能力素质。

1. 职业技能素质

职业技能素质指幼儿教师应具备的基本教师职业技能。长期以来，幼儿教师活泼开朗、多才多艺的职业形象与幼儿师范学校重视学生职业技能的训练密不可分，幼儿教师较强的职业技能，既与幼儿身心发展特点相适应，也与幼儿教育职业特点相适应，同时也受到了用人单位的欢迎和社会的好评。

职业技能素质是学前儿童教师进行保教工作的手段，也是学前儿童教师教育能力形成的基础，因此，应坚定不移地重视学前儿童教师的职业技能发展。学前儿童教师职业技能素质包括以下八个：

（1）口语表达技能

学前儿童教师加强口语表达，主要目的是要与正处于语言发展阶段的学前儿童进行交往，与学前儿童进行情感、心灵的沟通，达到促进学前儿童身心健康全面发展的目的。教师应注意语言表达的诚恳、温和、妥帖、自然和语言的规范。

语言表达能力是学前儿童教师最基本的能力，是做好教育教学工作的根本保证。良好的语言表达能力包括讲授能力、提问解答能力、与学前儿童谈话的能力、写观察记录和教育日记的能力。

在教育过程中，言语是传递信息知识、影响幼儿的重要手段，要能清楚地、有说服力地表达自己的思想是幼儿教师的基本素质之一，也是从事教育工作的基本前提。面对学前儿童，教师的语言应该是确切明了的、简单通俗的、生动形象的、富有感染力和说服力的。学前儿童教师要能通过语言的力量加上适当的手势和面部表情，唤起孩子思想情感上的共鸣，引起孩子的求知欲，使他们受到道德的启迪，美的感受。所以，学前儿童教师要注重自己语言表达能力的训练，千万要避免自己在言语表达上出现语法错误，逻辑上混乱，表达上口齿不清，或没有任何感情和变化的语音语调，这样将不会起到很好的教育效果。

另外，学前儿童教师要学习怎样与学前儿童进行沟通。没有沟通就没有理解，更谈不上教育。学前儿童教师的沟通能力是实现心灵交流的教育艺术，是创造师生新关系的动力。蒙台梭利曾说过："建立成人和儿童之间关系问题是教育的基本问题。"这足以证明沟通在教育中是何等重要，学前儿童教师要学会用心来认识对待自己的教育对象。教师与学前儿童的沟通可以通过语言和非语言两种方式来进行，而非语言的沟通方式是学前儿童教师与学前儿童之间主要的交流途径。对学前儿童来说，教师的微笑、点头、抚摸、搂抱、蹲下身听学前儿童讲话等，都比语言更容易表达教师对他们的尊重、关心、爱护和肯定。比如：对一个知道做错了事，充满害怕感的幼儿来说，教师亲切地搂抱他一下，摸摸他的头，远比说一句"我原谅你了"更让幼儿安心，更能让幼儿理解到"老师原谅我了"。

（2）教学技能

教学技能是指教师运用已有的教学理论知识，通过练习而形成的稳固、复杂的教学行为系统。它既包括在教学理论基础上，按照一定方式进行反复练习或由于模仿而形成的初级教学技能，也包括在教学理论基础上因多次练习而形成的、达到自动化水平的高级教学技能，即教学技巧。教学技能是教师必备的教育教学技巧，它对取得良好的教学效果，实现教学的创新，具有积极的作用。

学前儿童教师不仅应掌握学前儿童教育的各学科知识和教法，还应具备将所学知识以适当方式传授给学前儿童的技能。他们要熟练掌握各种学前儿童喜爱的教学方法与手段，使学前儿童在游戏与活动中学到知识，得到培养与锻炼，实现学前儿童教学大纲规定的目标。这也是学前儿童教师专业实践能力的体现，是学前儿童教师在实际工作中运用所学专业知识和专业能力，解决具体实践中出现的问题的一种综合能力。

学前儿童教师的实践能力是学前儿童教师从事教学工作的核心要素，主要包括与家长的沟通、社区资源的利用、现代教育技术手段的运用以及创编能力等。

案例链接

对幼儿教师实践能力的调查结果如图 1 所示。

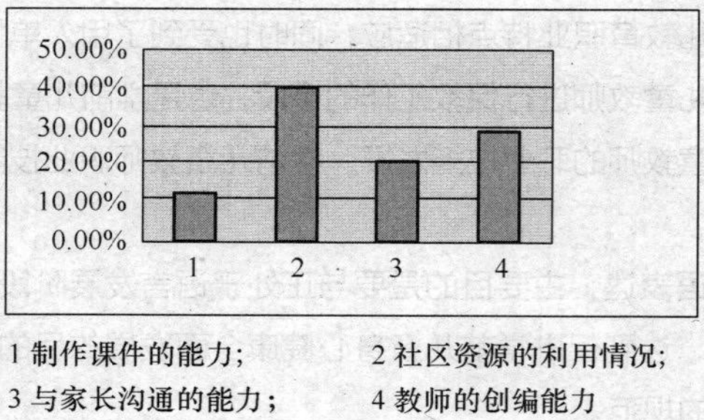

图 1　幼儿教师的实践能力

可以看出，这四种能力的排序是：社区资源的利用→创编能力→沟通能力→制作课件的能力。最高的，其比例也只有 39.4%。对社区资源的开发与利用可以拓展幼儿生活和学习的空间，实现教育的生态化，加强家庭、社会和幼儿园的密切合作，使幼儿教育真正融入到大教育的环境中，引起社会更多人对幼儿教育的关注。沟通能力是做人的基本能力，是形成幼儿教师基本素质必需的技能。运用现代化教育技术是现代教师重要素质，是为幼儿提供优质教育的保证。这些能力培养的欠缺，势必影响幼儿教育质量的提升，也是我们在职前教育和职后培养中应该加强的重要内容。

（3）艺体技能

首先，“写”和“画”的技能。“写”是写字和写作，“画”主要是绘画和简笔画。学前儿童教师应该会写一手好字，会画学前儿童喜欢的图画，还要善于在各种绘画素材中寻找优美的作品，提供给学前儿童欣赏，塑造孩子的审美情趣；基本掌握素描、简笔画、动漫画的技巧，并能较好地运用形象、色彩与构图等要素进行教学。

其次，唱歌、跳舞和弹琴技能。3-6 岁幼儿的身心发展正处于艺术能力形成的关键期，加上幼儿园活动大都伴随着音乐旋律，所以应该把唱歌、跳舞和弹琴等音乐技能作为幼儿教师的主要技能。音乐方面要掌握一定的乐理知识，学会演奏一些乐器，并能做到边弹边唱，边伴奏边指挥等。舞蹈方面要具有较好的柔韧性和协调性，能根据教学目的自编、自创、自演一些动作优美、表情丰富、适合儿童特点并具有教育意义的儿童舞蹈、情景剧。

最后，体育方面的技能。学前儿童教师要具有自带操、看图教操及自编操的能力，能较好地掌握队列、队形、编队方面的知识与技能，做到口令清晰准确、富有情感；能够根据学前儿童年龄及特点，为他们设计编创适当的游戏，并能有效、巧妙地指导学前儿童进行游戏活动及处理游戏活动过程中的问题。

（4）游戏技能

游戏技能即组织学前儿童在“玩”中学习的技能。爱玩是学前儿童的天性，是儿童最显著的特征之一。新《纲要》要求教师引导幼儿在玩中学习。教师与孩子一起玩，开发孩子的智力，培养孩子的能力。

（5）手工制作和运用现代化教学设备的技能

学前儿童教师要有学前教育机构玩教具制作与计算机操作的技能。

新《纲要》要求教师根据本园的条件开展教育活动，提高教具制作和计算机操作能力，尤其是掌握符合现代教育思想，深受幼儿热爱的自制玩教具和计算机课件的制作技能。

手工制作技能包括亲子园、幼儿园的环境布置，教学所需场景布置及制作简单的教具、玩具和情景教学的道具，掌握简单的泥塑、纸工、实验操作、头饰制作等技能。

现代教学要求学前儿童教师能够熟练使用电教设备，能够运用计算机进行文字和文件处理，掌握多媒体课件的设计与制作方法，学会简单的动画设计与制作，学会多媒体素材的采集、编辑方法。

（6）科学探索、观察技能

学前儿童教师应激发学前儿童的认知兴趣、探究欲望，开展学前儿童科学启蒙教育。教师还应善于指导学前儿童通过自身的活动，对周围物质世界进行感知、操作，发现问题，寻求答案，应培养学前儿童对科学的兴趣。

（7）护理、保健技能

新《纲要》要求：“幼儿园必须把保护幼儿的生命和促进幼儿的健康放在工作的首位”。幼儿身体、心理各方面比较稚嫩，容易受损，儿童需要运动并热爱运动。为此，必须提高幼儿教师的健康意识、护理和保健能力，包括对幼儿常见及意外事故的急救与处理能力。

2. 教育能力素质

林崇德教授认为，在教师的素质结构中，有一种可以称之为才华的那就是教师的教育能力。教育能力所包含的范围非常广泛，不同的学者对此有不同的论述。

学前儿童教师的教育能力主要包括观察了解学前儿童的能力、对学前儿童教育知识和对学前儿童生理心理发展知识的理解力、保教能力、与学前儿童交流沟通的能力、教育机智、科研能力、教育反思能力及教育监控能力等。

保教能力是在学前儿童教育知识、学前儿童身心发展知识的基础上培养形成的学前儿童教师特有的专业能力，它包括利用与创设幼儿园教育环境、幼儿一日生活的组织与保教、学前儿童游戏活动的支持与引导、学前教育机构教育活动的计划与实施、学前儿童的发展与评价等，其中观察学前儿童并能根据学前儿童的需要进行教育的能力是关键。

沟通能力是学前儿童教师与学前儿童、与家长沟通与合作，从而建立良好师生关系和家园合作教育关系的一种能力。这是学前儿童教师必备的一种专业能力，也是教育能力的重要组成。

反思能力是学前儿童教师对保教工作的总结与提升，是不断改进保教工作，提高专业素质，促进自我专业成长的能力，也是“终身学习”理念的具体体现。

培养研究型教师已成为学前儿童教师教育改革的重要期望。教师要学会用自己的专业知识审视教育实践，发现、分析、解决问题，要积极参加与学前儿童教育实践息息相关的课题研究，深化自己的理论建构，培养自己的发散思维。

实践型高素质的学前儿童教师的教育能力还应具有沟通能力、组织能力、艺术表现能力、流畅的语言表达能力、较强的设计与实施教育教学的能力、初步的科研能力等。

学前儿童教师的教育能力是核心素质，是教师专业化发展的必要条件，具体表现如下：

（1）有能够透析儿童内心世界的洞察力，细心观察、准确记录、恰当评价儿童的能力并掌握适当的激励方法。

（2）清楚、流畅、生动、简明、富于感染力的语言表达能力。

（3）创造性地设计各项活动的教育、教学能力。

（4）进行教科研、不断创新的能力。

（5）驾驭与管理班级集体生活的组织能力。

（6）随机教育的应变能力。

（7）处理偶发事件的能力。

（8）不断完善与提高自身的学习能力，指导和促进儿童各方面潜力开发与发展的能力。

（9）协调园内外关系，做好家园沟通的实际能力。

案例链接

对幼儿教师的教育能力调查结果如图 2 所示。

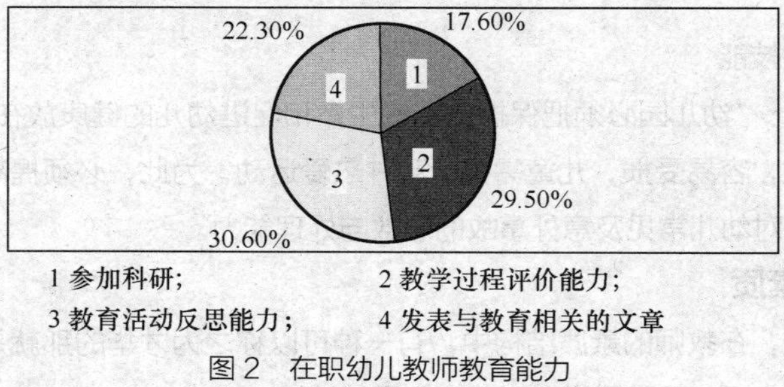

1 参加科研；　　2 教学过程评价能力；

3 教育活动反思能力；　　4 发表与教育相关的文章

图 2　在职幼儿教师教育能力

调查显示，只有 17.6%的教师参加了科研课题的研究，22.3%的教师发表过与教育教学相关的文章。个别访谈中，31.8%教师认为没有机会参加课题的研究，35.6%教师认为科学研究是那些大学或研究机构中专业人员的事，对自己来说显得遥不可及。

知识拓展

幼儿教师能力的基本结构

1. 观察、了解幼儿的能力（即观察判断评价幼儿的能力）

观察判断评价幼儿的能力，在教育教学过程中起着预测的作用，能增强教育教学活动的目的性、有效性，是做好教育教学工作的前提。它又包括以下几方面：

（1）善于分配注意，及时了解幼儿情况的能力；

（2）正确评价幼儿各方面的发展水平以及可能达到的水平，确定教育目标的能力；

（3）对教育工作的预测能力。

2. 组织管理能力（即组织幼儿一日生活中各项活动的能力）

组织管理能力在教育教学过程中起着组织设计、实施调控的作用，是做好教育教学工作的关键。它又包括以下几方面：

（1）制订教育教学计划的能力；

（2）照顾好幼儿生活的能力；

（3）设计合适课程的能力；

（4）创编能力（包括创编儿歌、幼儿故事、幼儿歌曲、幼儿舞蹈、体操和游戏的能力以及即兴伴奏、音乐指挥能力）；

（5）组织幼儿一日生活中各项活动并寓教育于各项活动中的能力；

（6）创设合理的教育环境的能力；

（7）针对幼儿的特点，对幼儿进行个别教育的能力；

（8）协调各方面教育力量的能力，特别是家长工作能力；

（9）对教育工作的评价能力；

（10）使用现代教育技术的能力；

（11）合理选购和制作玩具的能力；

（12）随机应变能力。

幼儿园教师要有组织幼儿日常生活中各项活动的能力，要善于制定教育工作的计划、备课，组织幼儿日常生活的各项活动与各个环节以及游戏、上课、体育活动；还要善于集中全班孩子的注意力，调动每个幼儿的积极性，使他们能够积极参加活动；要能根据幼儿园保育和教育目标，根据幼儿发展的实际水平，有目的、有计划、创造性地开展教育活动，促进每个幼儿在原有水平上全面和谐发展。

3. 幼教科研能力

幼教科研能力是幼儿教师探索教育教学规律、优化教育教学内容的条件。它又包括以下几方面：①选题能力；②查阅文献能力；③运用基本的科研方法能力；④撰写研究报告的能力；⑤善于接收新信息、总结经验、选择优化教学方法的能力；⑥教育教学的创新能力；⑦自学能力。

作为幼儿教师要能把自己平时教育过程中观察到的情况、思考过的问题、体验过的感受以及教育方法上的成功与失败写成教育笔记，然后在总结回顾自己的教育得失的基

知识拓展

础上提出自己的教育观点，培养自己敏锐的科研意识，针对教育实践有目的地开展积极的科研活动。如果还不能立即投入到这种科研活动中去，可以在专业思想上建立这种科研的意识，提高对科研意义的认识，以便将来能得心应手地开展这方面的工作，从而全方位的提高自身的素质。

4. 语言表达能力

语言是教师传播知识与学生交流的主要手段，从事教育工作尤其是幼儿教育工作必须具有较强的语言表达能力。基本要求是：语音正确，发音标准；用语准确，语句完整，准确传达思想内容；富于启发性和感染力，在交流中能引起学生的情感共鸣。

以上这四方面的能力又是相辅相成、互相联系、互相促进的。观察、判断、评价幼儿的能力是组织管理能力和幼教科研能力的基础；幼教科研能力是观察、判断、评价幼儿能力和组织管理能力的深化，反过来又促进这两种能力的发展；语言表达能力是观察、判断、评价幼儿能力、组织管理能力和幼教科研能力的基本条件，反过来这三种能力又促进语言表达能力的发展。

可见，幼儿教师的素质是一个整体的、系统的结构，在《专业标准》视野下的合格幼儿教师，其职业素质不应该是各素质要素的简单相加。合格的幼儿教师应该具有良好的个人道德及职业道德，热爱幼儿教育事业；合格的幼儿教师应该具备较强的幼儿教育能力，能够在幼儿一日生活的组织中，充分重视和利用幼儿的生活、活动、环境，采用多种手段进行教育活动，这是素质的核心成分；同时，合格的幼儿教师应以扎实的科学文化素质和职业技能素质为基础，这是从事幼儿教育事业必备的素质。

知识拓展

表 4　幼儿教师核心能力素质结构

一级结构	二级结构	解　释
了解幼儿	了解幼儿的身心发展规律	能够依据本班幼儿发展水平与特点进行环境创设、组织活动，对幼儿的保教具有年龄适宜性
	了解幼儿的特点与需要	能够观察和询问每个幼儿的身体、情绪、学习等状况，照顾幼儿的个体差异，对幼儿的保教具有个体适宜性
创设教育环境	创设物质环境	能够提供安全、整洁、舒适的日常生活、游戏和学习环境； 能够合理进行空间安排，方便开展集体的、小组的和个别的活动； 能够明确划分活动区域，位置合理，便于幼儿开展游戏活动； 能够结合幼儿兴趣与教学活动，提供数量充足、种类多样、难易程度不同、便于幼儿取放的游戏材料和操作材料； 能够结合幼儿兴趣与教学活动，合理利用幼儿作品，进行墙面布置
	创设心理环境	能够尊重和满足幼儿的基本生理与心理需要，建立起幼儿对外部世界的安全感和信任感； 能够鼓励幼儿与同伴及成人的积极互动； 能够关注幼儿的心理健康，接纳每个幼儿的情绪情感，引导幼儿分享其积极的情绪、情感或疏导其消极的情绪情感

知识拓展

续表

一级结构	二级结构	解释
组织一日活动	组织生活活动	能够有计划的、合理的安排一日活动；能够结合日常生活活动有意识的培养幼儿良好的生活行为与习惯；能够根据幼儿年龄与个体特点，鼓励、引导幼儿遵守规则、自我服务、愉快生活
	组织教学活动	能够有计划的组织专门的教学活动，通过多种有效的教育方法与手段达成教育目标；能够有意识的在日常生活和游戏活动中渗透各领域内容；能够关注幼儿的学习兴趣，提供充分的参与机会动手操作材料，鼓励和引导幼儿自由探索学习
	组织自由游戏活动	能够给幼儿提供充足的户内外自由游戏时间、空间与材料；能够鼓励幼儿自由选择游戏，进行适时、适宜的指导
合作	与同事合作	能够定期进行与幼儿学习相关的信息交流与讨论，共同制订工作计划；能够分工明确，合作默契
	与家长合作	能够鼓励家长参与幼儿学习活动，通过多种方式与家长进行有关幼儿个别化教育方案以及班级课程方案的交流与讨论
自我专业发展	观察与记录	能够有目的的、持续的、客观的对幼儿进行综合与个别观察；能够进行过程性的、描述性的、事实性的记录
	评价与反思	能够结合观察与记录进行分析与总结；能够依据一定标准，对幼儿发展及活动过程进行个别与综合的评价，并做出原因分析
	反馈与调整	能够结合评价与反思进行课程方案的设计或调整，符合幼儿发展水平与个性特点

第二节　学前儿童

案例链接

1. 中国科技大学第一届少年班学生——天才儿童的成长经历及其告诫

1978 年，整个中国的报纸、杂志、电视都在报道宁铂。据当时的报道，宁铂 2 岁半时已经能够背诵 30 多首毛泽东诗词，3 岁时能数 100 个数，4 岁学会 400 多个汉字，5 岁上学，6 岁开始学习《中医学概论》和使用中草药，8 岁能下围棋并熟读《水浒传》。几乎一夜之间，这个戴眼镜的神奇少年为整个国家所熟知。

1982 年，宁铂本科毕业留校任教，“19 岁成为全国最年轻的讲师”又是一则抓眼球的新闻。同年，他第一次报考研究生，但报名之后就放弃了考试；第二次，他前进了一步，完成了体检，随后又放弃了；第三次，他又进一步，领取了准考证，但在走进考场前的一刻退缩了。后来他对别人解释说，他是想证明自己不考研究生也能成功，那样才

案例链接

是真正的神童。但汪惠迪老师和许多人一致认为：他只是过分地惧怕失败。

1998 年，宁铂与程陆华结婚，然后生子、给儿子喂奶、洗尿片、去菜场买菜……婚姻生活似不和谐，于是他醉心于研究佛学。2002 年，他前往五台山出家，很快被学校领回去；一年后，他“成功”遁入空门。

中国科大第一届少年班学生宁铂曾经对老师表示，造成他发展不利的因素有两条，一是媒体的宣传，二是他选错了专业。他说，如果他当时学围棋或中医，都会比现在有成就。

2. 铃木的小提琴教育方法片段

在铃木所教育的学生中，有一个双目失明的男孩子，父母希望通过音乐给这孩子带来一点光明。当时，铃木想尽量满足他的要求，但不知道怎么指导才好，所以没有立即同意。到了晚上，铃木突然觉得有了头绪：“对呀！不防先使自己处于盲人一样的状态。”想到这里，他不由得从久坐的椅子上站起来，关上灯。顿时，屋里一片漆黑，伸手不见五指。在这黑暗中，孩子应以什么作为行动目标呢？怎样才能给他提供行动的线索呢？铃木边想边摸索着从箱子里取出小提琴和弓，轻轻地试拉起来。在拉琴的过程中，他并不感到有什么不自由。在黑暗中，弓和弦及间隔位置都清楚“可见”。于是，铃木确信，不用眼睛，只要把小提琴和身体融为一体，黑暗中的弓柄就会“看得见”，这就是孩子学会拉小提琴的重要条件。

训练拉小提琴的计划开始了。孩子用手拿起弓柄，用弓顶住手指，使弓上下左右移动……仅“掌握”弓的训练就进行了好几十次。他在这十分艰苦的磨练中，增强了对弓的感觉，终于“看见”了弓和弓柄。在此基础上，孩子开始学拉小提琴。一年之后，经过令人十分感动的努力，这孩子与普通孩子一样，能拉各种各样的曲子了。

因此，铃木得出这样的结论：正确观察或判断事物的能力，不是眼力，而是作为开发整个身体能力的内心感觉。眼力只不过是培养人的内心感觉的一部分而已。只要有生命，谁都有开发正确判断事物的能力，即使身体及其他感觉器官有缺陷，但在孩子生命中还蕴藏着不断弥补其缺陷的各种能力的可能性。其可能性引发不出来，应该归咎于教育工作者的无能。

问题：宁铂这个天才神童为何夭折了？铃木的教学为什么能成功？以上案例对我们的教育有什么启发？

一、现代社会学前儿童发展上出现的一些特点

随着社会的飞速发展，儿童的物质生活环境和精神生活环境都发生了很大的变化。这些变化给儿童的发展带来了正面和负面的影响，使今天的儿童与过去有所不同。尽管有些变化不过初露苗头，也应当引起教育者的高度重视，研究相应的教育策略，否则过去的钥匙未必能打开今天幼儿心灵的大门。

（一）儿童生理发展的加速现象

儿童生理发展的加速现象是指儿童随着社会的发展和时代的更新，其身体的生长、发育的速度加快，逐渐早期化的现象。生理发展的加速表现在两个方面，一是生长加速，如儿童的身高、体重比过去有明显的增长。我国在 1983 年对 16 个地区的 3-7 岁幼儿的调查结果证明，幼儿也存在着成长加速现象。男女幼儿的身高体重指数均大于 9 年前（1975 年）。二是儿童的成熟加速现象，如性机能的发展。从趋势上来看，一般是城市明显于县城，县城又明显于农村，说明这种加速现象与社会的物质、文化、生活水平，人的生活方式等有密切的关系。但是现代社会过分丰富方便的物质条件已经带来了儿童成长的负面效应，如营养过剩或不平衡，运动不足造成肥胖儿或“豆芽儿”的增加，一般儿童的体力下降、耐力减低、容易疲劳等。这种现象在我国已经越来越明显，不能不引起高度的重视。

（二）儿童心理方面的变化

近年来，我国社会经济的飞速发展使儿童的生态环境发生了极大的变化，由此引起的儿童心理的种种变化是幼儿园教育需要认真面对的。

儿童的生态环境首先是家庭环境，这是儿童生存发展的最重要的基地。家庭变化中对儿童发展影响较大的主要有：家庭结构的变化，家庭居住条件和环境的变化，家庭生活水平的变化等。

据国家统计局调查资料表明，我国家庭结构的发展是趋向简单化、小型化。以一个孩子为核心的家庭结构在城市已经高达 95%，在农村也达到 60%（IEA 六省市调查，1992 年），正在成为我国家庭结构的主要模式。这对幼儿发展的积极面在于优越的条件能为孩子的发展提供许多机会和条件。但是利用不当也有消极的影响，现在所谓的“421 综合症”、独生子女的个性缺点和不良习惯等都是例证。

近年来，家庭居住环境与条件有了较大的改善，居民大院逐步被高层的、封闭的住宅楼所替代。于是大多数幼儿离园或放学回家后不与其他同伴、甚至邻居交往，而多与电视作伴，使人际交往能力普遍较差，自我中心几乎成了通病。作为经济发展标志的城市的发展和城市化的推进，儿童的生活环境越来越远离大自然，住宅楼里不能养动物、难以种花草，许多儿童不仅缺乏关于自然的知识，而且对自然美的感受性，对自然、对生命的敬畏都大大减退了。发达国家儿童曾经遭遇过的“自然生态剥夺”似乎也正在向我国的儿童靠近。

改革开放使家庭生活水平提高很快，家庭电视的普及率极高，儿童与电视的关系密切，儿童的发展明显地受到传播媒介影响。这种影响的积极一面表现在：儿童的知识量、信息量剧增，视野空前扩展，对快速变动的影像反应很快，对形状、符号、数字等的接触比过去的儿童多得多；而消极方面是，幼儿看电视时间越来越长，直接积累经验、动手动脑解决实际问题的机会越来越少，户外游戏活动的时间越来越少，翻阅图书的兴趣越来越小，而且儿童的语言发展、交往能力发展等也受到不良影响。

除了家庭环境的变化之外，儿童生活于其中的社会环境也与过去大不相同。这方面现在尚缺少充分的研究，但从散见的材料中也看到很多值得引起注意的问题。由于今天的儿童过早地接触到一些小小年龄本不该接触的东西，如成人电视节目、电子游戏、广告、家长谈话中关于金钱、性、官位、物质享受等的影响，使幼儿社会性发展中出现了不少过去没有的问题。另外，社会上对高学历、高薪酬的过分追求，也对幼儿园教育造成了一定的影响。社会竞争的日趋激烈，使幼儿成长的压力加大，身心的健全发展受到的负面影响越来越不可忽视。

二、正确的儿童观

（一）儿童观的概念

儿童观是成人如何看待和对待儿童的观点的总和，它涉及儿童的特点与能力、地位与权利、儿童期的意义、儿童生长发展的形式和成因、教育与儿童发展之间的关系等诸多问题。

在人类社会漫长的发展过程中，在不同的时代有不同的儿童观，人们对儿童的认识不尽相同。有的认为儿童是“小大人”“白板”“有罪的”“私有财产”，也有的认为儿童是“花草树木”“未来的资源”“有能力的主体”，各种儿童观既有时代的烙印，有些又并存于同一个时代。既有非理性、不科学的一面，也有较为合理、科学的因素，实事求是地进行分析，批判性地加以继承与借鉴，将有利于正确地认识儿童。

随着社会的发展，儿童观日益更新。儿童的特点随着生理学、心理学、现代科技的发展，已被越来越深入、细致地揭示出来；童年期在人的一生发展中的价值也被更多的教育实践所证明，因而得到了人们的广泛重视；儿童的地位和权利也逐渐受到人们的尊重和保护，儿童一来到人间，就享有国籍权、姓名权、生存权、受保障权、健康权、发展权、游戏权、娱乐权、受教育权等。

（二）正确的儿童观

1. 儿童有各种合法权利

每个儿童拥有的出生权、姓名权、国籍权、生存权、发展权、学习权、游戏权、娱乐权、休息权、教育权等，应该得到承认、尊重和保护。

2. 儿童的成长受制于多种因素

影响儿童发展的因素是多种多样的，归纳起来主要有生物因素和社会因素两大类，它们相互作用，共同制约着儿童的发展。其中，生物因素（主要指的是遗传素质）是儿童成长的生理基础，社会因素（主要指的环境，它包括自然环境和社会环境，教育是一种独特的社会环境）是儿童成长的关键条件。

3. 儿童发展的潜力要及时挖掘

儿童的发展有极大的潜力，只有通过适当的环境和教育，才能挖掘出来。早期教育有利于儿童的成长和发展，对早出人才、多出人才、出好人才也有积极的效益。

4. 儿童是连续不断发展的

儿童在不同的年龄阶段具有不同的身心发展特征，儿童随着年龄的增长，身心发展水平日益提高。儿童的发展呈现出阶段性，前一个阶段是后一个阶段的基础，后一个阶段是前一个阶段的继续，彼此相连，不能分割。比如，在婴儿期，儿童通过动作来思维，到了幼儿期，儿童开始凭借形象来思维。

5. 儿童的发展具有差异性

儿童的发展有性别差异、个别差异和文化差异。

（1）同一年龄的儿童，在发展上呈现出性别的差异。首先，国外的许多研究说明，男女儿童在很小的时候就开始表现出差异。我国许多学者通过研究发现，男女儿童在智力发展上的差异是和年龄联系在一起的。在学前阶段，男女儿童智力差异不很明显；在乳儿期、婴儿期，这种差异很小；在幼儿期显示出差异，女孩的智力略优于男孩，但不显著。其次，教育实践证明，男女儿童在发展上也有差异。幼儿性别之间发展的差异在幼儿园的六科教育上有所表现，据许多教师反映，男孩子在数学、体育、科学、美术等方面显得比女孩子稍强一些，而女孩子则在语言、音乐等方面显得比男孩子好一些。再次，学前儿童自身也意识到了男女性别之间的差异。

（2）同一年龄的儿童，在发展上还有个别差异。儿童的个体差异体现在许多方面，首先表现在对物体的感知上。其次，还表现在儿童的判断推理上。有的幼儿已能进行简单的判断推理，但有的幼儿则不能。再次，还表现在儿童的兴趣爱好上。不同的儿童对教育科目的喜好是不同的，参与活动的频率也不同。此外，儿童还在情感、意志、个性等方面的发展上存在着差异。

（3）同一年龄，不同国家的儿童受到的文化熏陶不同，在发展上也有差异。不论是在国外，还是在国内，一些具有不同文化背景的幼儿园里，外国儿童的主动性、自我意识、自信心都胜于我国儿童，但我国儿童的纪律性、自尊心、评价能力却优于外国儿童。

6. 儿童通过活动得到发展

活动对学前儿童的发展有着重要的价值，不论是在婴儿期，还是在幼儿期均如此。儿童的活动可以分为两大类，一类是操作活动，儿童通过与物体的相互作用而获得发展。儿童在做中学，做中成长。通过动手操作，儿童逐渐理解事物之间的关系，掌握基本概念。

案例链接

一个 2 岁的婴儿，面对放在眼前的 2 个牛奶盒，不能说出哪个较大，哪个较小，或一样大，但他通过尝试、探索，把 1 个盒子放在另 1 个盒子的上面、下面或里面，就能得出正确的结论，进而理解空间关系，发展逻辑推理能力。

当 4 岁的幼儿具有了木头会在水面上漂浮，石头、铁棒会下沉的知识以后，向他呈现一个小铁盆，要他回答“这个铁盆是漂浮还是下沉”的问题时，他仍会感到很困难，但如果给他提供一池水，为他进行探究活动创造条件，幼儿就能容易作答：“当铁盆没有进入水时，会漂浮；当铁盆进入很多水以后，就会慢慢下沉。”并明白这是因为漂浮的方式不同所导致的道理，从中扩展到理解用很重的钢铁制作的船能在海上漂浮的原理。

儿童活动的另一类是交往活动，儿童通过与教师、同伴的相互作用而得到发展。儿童在与教师交往的过程中，能够学会如何正确地表达自己的思想、情感，掌握与别人交往的技能，形成良好的行为习惯，萌发创造性，增强责任感，提高积极的自我意识。儿童在与同伴交往的过程中，不论是集体活动，还是小组活动，或是个人活动，都能促进儿童认知能力的发展，社会情感的升华，心理活动水平的提高。

案例链接

例如，早晨入园时，幼儿在教师的鼓励下，站在大衣镜前观看自己，辨认自己身体的各个部位和款式多样的服装，谈论自己的感觉和情绪，有助于幼儿形成良好的自我意识。当全班幼儿一起进行走、跑、跳、爬、球类等体育活动时，不仅能产生生理上的满足感，而且还能给幼儿以精神上的快感。同时，幼儿的生理活动和心理活动又是相互联系、相互促进的，幼儿在这些活动中，可以无拘无束地玩耍，尽情地说笑，陶醉于欢快的活动之中，促进身心健康活泼地成长。

7. 儿童作为一个整体来发展

儿童生理、心理、精神、道德、社会性的发展是儿童发展的各个不同的侧面，它们构成一个整体，互相联系，彼此制约。

知识拓展

管处在学前期的儿童，生理的发展尤为重要，它是儿童整体发展的基础。列宁曾经指出，只有“健全的身体”，才能有“健全的精神”。两次获得过诺贝尔奖的居里夫人也认为，“科学的基础是健康的身体”。儿童大脑的成长使儿童的心理发展成为可能。脑科学研究表明，儿童的大脑由众多细胞组成，它比全世界的电话网络还要复杂多样，大脑的重量虽然只占其体重的 1/47，但它消耗的氧量却是人体的 1/4。而经常开展体育活动，锻炼身体，就能提高新陈代谢 20%-30%，保证大脑有充足的氧，细胞变得活跃起来，大脑功能得以改善，使儿童耳聪目明，学习和活动质量均可以有所提高。

儿童道德、社会性的发展也与大脑的发育息息相关。美国心理学家斯坦利 · 格林斯通过研究提出，“情绪决定大脑结构”。一些医学研究也表明，音乐是特殊的“维生素”：不同速度、节拍和旋律的音乐，通过听觉神经传递到大脑，可使大脑皮层产生新的兴奋区，使原来的兴奋区得以休息，儿童就会感到轻松愉快。此外，听音乐还会使机体分泌有益健康的激素，调节全身的脏器功能，儿童若能随着音乐的节拍欢歌起舞，对其肺活量来说也是一个很好的锻炼。

“木桶理论”告诉我们，儿童发展的这几个侧面犹如组成一个木桶的各块木板，只有每块木板既长又厚实，才能盛很多水，如果某块木板短小又单薄，那水就盛得很少，甚至不能盛水。同时，儿童某一侧面的发展也是一个整体，它应该包含各个不同的层面。比如，儿童身体的发展应包括大肌肉（如四肢、躯干）的发展和小肌肉（如指头、手眼协调能力）的发展。所以，要满足儿童各种发展的需要，不应孤立片面地强调某一方面而忽视另一方面，以保证儿童整体性的发展。

综上所述，学前教育工作者只有树立了科学的儿童观，才能在教育实践中，把儿童放在恰当的位置上，引导儿童生动活泼地成长。

（三）科学的儿童观的内涵

科学的儿童观以儿童身心发展的基本规律为出发点，以社会发展的需要和社会对未来一代的期待为引导。科学的儿童观是科学地开展儿童工作的前提，它至少包含以下几个主要的观点。

（1）儿童是稚嫩的个体，身心各方面尚不完善，需要科学地、合理地照顾和保护。

（2）儿童是独立的个体，应有主动活动、自由活动和充分活动的机会和权利。

（3）儿童是完整的个体，除了健全的身体外，还有丰富的精神世界，必须高度重视其在身体、认知、品德、情感、个性等方面的全面发展。

（4）儿童是正在发展中的个体，除了有充分的发展潜能，还存在发展的个体差异，应该遵循其身心发展规律，承认个体差异，充分发掘其潜能。

（5）儿童是天生具有性别属性的个体，应杜绝性别歧视。

（6）儿童是成长在一定的自然、社会、文化环境中的个体，应注重给他们提供指向环境的体验、交往、操作、思考的机会。

三、有效促进学前儿童发展的基本条件

先进的教育理念，良好的教育环境，高素质的师资队伍和科学的教育管理是有效促进儿童身心全面和谐发展的基本条件，对学前儿童的成长起着基础的、直接的作用，是儿童健康成长的关键所在。

（一）先进的教育理念

1. 什么是先进的教育理念?

先进的教育理念是学前教育工作者在理论学习过程中和教育教学实践过程中形成的，对相关学前教育现象、学前教育问题的看法和认识，如学前教育观、学前质量观、学前儿童观等。

教育理念对于不同的教师来说，可以是系统的、完整的，也可以是零散的、局部的，只要是反映对教育的认识和看法，都可称为教育理念。

2. 正确的教育理念有什么作用?

第一，正确的教育理念是实施儿童素质教育的前提条件；第二，正确的教育理念是指导儿童教师教育、教学行为，提高教育、教学质量的必要条件；第三，正确的教育理念是深入进行学前教育改革的必要条件；第四，正确的教育理念是提高教师自身素质的必备条件。

3. 当今世界先进的教育理念有哪些?

（1）终身教育理念。“终身教育”这一术语自 1965 年在联合国教科文组织主持召开的成人教育促进国际会议期间，由联合国教科文组织成人教育局局长法国的保罗 · 朗格朗正式提出以来，短短数年，已经在世界各国广泛传播，近几十年来关于终身教育概念的讨论可谓众说纷纭，迄今为止也没有统一的权威性定论。终身教育是人们一生在各阶段当中所受教育的总和，是人所受不同类型教育的统一综合。包括教育体系的各个阶段和各种方式，既有学校教育，又有社会教育；既有正规教育，也有非正规教育。终身教育思想主张在每一个人需要的时刻以最好的方式提供必要的知识和技能。

（2）促进儿童身心全面和谐发展的以人为本理念。以人为本的教育理念是时代发展的产物，它主张把儿童放在第一位，以儿童作为教育教学的出发点，顺应儿童的禀赋，提升儿童的潜能，完整而全面地促进儿童的发展。

（3）开放的教育理念。开放式教育是针对封闭教育来讲的，是一种鼓励学前儿童参与学习活动，以学前儿童为中心的学习方式。开放性体现在：开放的空间、开放的环境、开放的课程、开放的态度、开放的资源运用等。

开放教育能使学前儿童在融洽的人际关系中，以自由意志、合情、合理与合法地对事情进行有效处理。唯有坚持这种理念与态度，才能造就一个凡事有主张、做事有决心与毅力的人，这种人可不必借助外在的刺激力量，就能自动自发地去完成自己分内的工作，而且从多方面自我成长。

全方位的幼儿开放教育其基本理念有四：以幼儿为中心；鼓励幼儿主动学习；自由而不放任；灵活运用适当的教学模式。

（4）合作的教育理念。合作学习是 20 世纪 70 年代初兴起于美国，并在 20 世纪 70 年代中期至 80

年代中期取得实质性进展的一种富有创意和实效的教学理论与策略。在合作学习中，学前儿童教师要充当“管理者”“促进者”“咨询者”“顾问”和“参与者”等多种角色，旨在促进整个教学过程的发展，使学前儿童与新知之间的矛盾得到解决。学前教师不再把自己视作为工作者，而是学前儿童的合作者。学前儿童由于主体性得到了体现，自然会产生求知和探究的欲望，会把学习当作乐事，最终进入学会、会学和乐学的境地。师生负担也可以由此大减，教学的良性循环也会因此而建立起来。

（5）生态教育理念。生态教育是人类为了实现可持续发展和创建生态文明社会的需要，而将生态学思想、理念、原理、原则与方法融入现代全民性教育的生态学过程。

生态式教育理念下的幼儿园文化应该是遵循人的自然成长规律，创造一种自然、自由、平衡、和谐的教育环境，使幼儿园充满生命的活力，富有人文气息。

（二）良好的教育环境条件

良好的教育环境包含幼儿园、托儿所等学前教育机构的外环境的净化和内环境的绿化、净化、美化。

良好的教育环境包括整洁美观、安静舒适、高雅和谐、富有教育性的物质环境；也包括为教育活动创设的健康、丰富的生活和活动环境以及人际交往中的安全、温馨的心理环境；还包括尊重、平等、合作的家庭和社会环境等。

学前教育机构、家庭和社区都是对学前儿童的发展起重要作用的环境因素。学前教育机构教育则是环境中的自觉因素，它只有主动、积极地组织多方面的力量，促进家庭、社区的配合，才能取得良好的教育效果。

1. 创设良好的物质环境

教育机构的空间、设施、活动材料和常规要求等要有利于引发、支持儿童的游戏和各种探索活动，有利于引发、支持儿童与周围环境之间积极的相互作用。

教育环境和教学材料的创设和选用要突出教育性，要适合学前儿童的年龄特点的要求，适合学前儿童发展所需要的丰富性、多样化要求，以及符合儿童开展游戏、教育活动的需要等。

2. 营造良好的园内人际环境与精神氛围，充分开发和利用人的资源

（1）建立良好的教师与儿童的关系。

一是正确理解教师与儿童之间的关系；二是建立教师与儿童之间良好的情感关系。

（2）帮助儿童建立良好的同伴关系。

（三）高素质的师资队伍

1. 高素质师资队伍应具有的素养和特征

（1）具有高尚的道德品质和崇高的精神境界，热爱儿童，热爱儿童教育事业。

（2）具有现代教育思想和观念，树立全新的教学观、儿童观、人才观和教育质量观。

（3）具有广博精深的文化专业知识和理论。

（4）具有较强的教育科研能力。

（5）熟练地掌握和运用现代教育技术。

（6）团队特征。它包括教师们应建立的“共同远景”，即教师要具有普遍认同的目标、价值观和信念。以开放的心态容纳别人的想法来进行创造性思维；超越自我，在团队行动中达到一种“运作上的默契”。

2. 造就高素质的师资队伍的方法

造就高素质的师资队伍怎么做呢？那就是走专业化的道路，走终身学习之路。总地说来，为造就高

素质的师资队伍，必须重视学习和可持续发展，树立终身学习和走专业化发展之路。

（四）科学的教育管理

1. 科学的教育管理的内涵

科学的教育管理是指以学前教育机构领导为主的管理人员，领导和组织教师及其他工作人员去完成一定任务和实现共同的目标所进行的一种活动。通过科学、合理地管理人、财、物、时间与空间的活动来达到充分调动各方积极性和主动性，促进儿童的高质高效、和谐发展以及教师成长、教育机构强劲发展的目的。

学前教育机构管理的内容主要有：①目标管理；②计划管理；③教养业务管理；④教科研管理；⑤行政事务工作管理；⑥规章制度管理；⑦工作质量管理；⑧保教队伍管理；⑨领导者自身建设；⑩学前教育机构工作评价。

2. 科学管理学前教育机构的关键

（1）要处理好依法治教与以人为本的关系

依法治教强调的是“法”的作用，“法”是实施管理的依据与准绳。以人为本强调的是人的因素，要求管理者在管理活动的各个环节、各个层面上都要把人放在核心地位，把调动人的积极性作为出发点和归宿点，特别要考虑到知识分子自身的特点和教师工作的特殊性。在大事上讲原则，在小事上讲人情。

（2）任人唯贤与人财调控

人、财、物是管理中的三个因素，其中“人”又是核心因素。因此，如何管好人、用好人是教育机构管理的首要任务，做到三点：一是任人唯贤，人尽其能；二是物尽其用，财尽其力；三是拓宽渠道，争取外援。

（3）在规范的基础上引入激励创新机制

首先，引入竞争，建立教师聘任制；其次，追求绩效，建立岗位考核制；最后，立足长远，建立结构工资制。

（4）投入感情建立和谐的人际关系

重视人际关系是提高管理水平的有效手段，学前教育机构必须加强人际关系的建设，感情投入是建立领导与教师和谐的人际关系的有效手段。一个单位人际关系的好坏，很大程度取决于人际关系环境，其中包括以领导者为核心的人的环境和以教育机构内设施为核心的物的环境。

第三节　学前教育机构环境

学前教育机构包括托儿所、亲子园、早教中心、幼儿园等，本节重点讨论幼儿园教育环境。

一、学前教育机构环境概述

（一）学前教育机构环境的涵义

学前教育机构环境，从内涵上来说，是指对学前儿童身心发展产生影响的物质与精神要素的总和。狭义而言，是指发生在幼儿园内的环境。广义而言，它包括亲子园、幼儿园、家庭、社会等一切条件的总和。幼儿身心发展的各方面无一不受环境的作用和影响，这是大环境。

幼儿园的环境是特别为幼儿的身心发展而创设的，其建筑、地理位置、绿化、设施、玩具材料、图书、师生关系的营造等都有特别的教育意义。家庭则是儿童天然的生活场所，血缘关系决定孩子对这个环境的依赖和情感。而儿童的第一步则是在家庭中迈出的，其行为习惯、经验能力、语言等无不一开始就受家庭的影响，可以说家长是幼儿园环境中的重要因素；社会环境这里指的是幼儿生活的小区，这个环境里有很多有教育价值的资源。

（二）学前教育机构环境的分类

学前教育机构环境是对学前儿童身心发展产生影响的外部因素。

（1）按其性质分，学前教育机构环境包括物质环境和精神环境。

物质环境是指对学前儿童教育产生影响的一切天然的、人工的环境中物的要素的总和，包括自然风光、城市建筑、社区绿化、家庭物质条件、居室空间安排、室内装潢设计等。狭义的物质环境是指幼儿园内对幼儿发展有影响作用的各种物质要素的总和，包括园舍建筑、园内装饰、场所布置、设备条件、物理空间的设计与利用及各种材料的选择与搭配等。

精神环境是指对学前儿童教育产生影响的社会中精神因素的总和。广义的精神环境泛指对幼儿园教育产生影响的整个社会的精神因素的总和，主要包括社会的政治、经济、文化、艺术、道德、风俗习惯、生活方式、人际关系等。狭义的精神环境指幼儿园内对幼儿发展产生影响的一切精神因素的总和，主要包括教师的教育观念与行为、幼儿园人际关系、幼儿园文化氛围等。在具备了基本的物质条件后，对幼儿园教育起决定作用的是精神环境。幼儿教育工作者要善于创设与利用各种有利的精神环境，控制各种不利因素，保证幼儿顺利、健康的发展。

（2）从外延上扩展，学前教育机构环境又包括 0-3 岁的亲子园、3-6 岁的幼儿园、家庭、社会等大环境。

亲子园是近年来出现的一种新型的早期教育模式，这种新型教育模式既提供教育场所又能够享受亲子同乐及群体交流，更能得到孩子的个体指导方案和完整的教育理念和训练方法。同时在亲子活动这个特定的环境里，家长可以共同感受早期教育氛围，通过家长之间的互相交流，进一步提高早期教育的意识，树立早教的信心，使孩子更好地健康成长。因此深受社区和家长的欢迎，最近在全国各地迅速应运而生。

亲子园、幼儿园是特别的社会环境；家庭是学前儿童成长的自然的生态环境；社区是亲子园、幼儿园围墙外的大社会环境。家庭、社区与学前教育机构（指亲子园、幼儿园）三个环境，相对于幼儿园内部环境而言，是一个大环境，幼儿园不能只看到自己那一块天地，因为儿童不是生活在净土，幼儿园教育要做的就是积极联系家庭和社会的力量，促进三者的配合，才能取得良好的教育效果。否则，1+1=0，相互抵消。因此，作为教师，在环境创设上要胸有大局观念，要善于利用大环境的资源，为学前儿童教育服务。

二、学前教育机构环境创设的原则

学前教育机构环境创设的原则是教师在创设园内外环境时应遵循的基本要求。这些原则贯穿于环境创设的各项工作之中，对环境创设的每一步都具有指导作用。在环境创设的过程中，只有认真贯彻这些原则，才能更好地发挥环境的教育价值。

（一）安全性原则

安全性原则应是学前教育机构环境创设的首要原则。学前教育机构环境的安全性是从以下两个意义上说的。

1. 心理上的安全

心理上的安全又来自以下四个方面。

（1）幼儿园中色调鲜艳、明快的环境。在这样的环境里幼儿可感受到愉快和轻松。

（2）幼儿园教师及其他工作人员的关系。如果这种关系是平等的，幼儿拥有活动的自主权，又懂得在集体活动中基本的行为规范，教师和其他工作人员更多地用启发、引导和鼓励的方式指导幼儿的活动，并给予幼儿亲切感、依赖感，则幼儿能感受到安全。

（3）幼儿同伴之间的关系。如果幼儿掌握了同伴之间相处的基本规则，懂得和基本掌握了同伴之间谦让、合作、友爱、助人、交往的社会行为和技能，则能形成一种和睦的非防范性的同伴关系，幼儿能感受到同伴间的安全。

（4）父母对幼儿的态度、行为也从一定程度上影响到幼儿的心理安全。虽然父母并非一直参与幼儿的在园生活，但父母对幼儿的态度，尤其是与教师和其他工作人员相异的态度或行为时常会影响幼儿现实的情绪。有的幼儿因在家庭中表现某一行为时经常得到父母否定性的反应，而在幼儿园中出现同样行为时也担心教师或同伴会给予否定性反应，从而感到不安全。当然这不是说给幼儿的反应必须全是肯定的，只是强调应注重引导，力求消除由此产生的不良情绪和不安全感。

2. 身体上的安全

明快、宽敞、丰富的物质环境对幼儿的心理安全是有益的，但同时，应注重其对幼儿身体上的安全。对幼儿身体安全构成威胁的环境因素是多方面的，从房舍到场地，从器材到玩具，从桌椅到室内电路，许多因素如不加以注意，均有可能造成对幼儿身体的伤害。例如，房舍的朝向不理想或窗户过小，则影响室内采光，进而影响幼儿的视力甚至影响幼儿的情绪，这些应是可以避免的。正是从这个意义上说，幼儿园的环境创设是与房舍设计同步的。有些现象值得注意，随着经济条件的发展，铝合金窗被广泛采用，教师消除了以往幼儿撞上窗子的顾虑，但在一些地方用的是看似高档的有色玻璃，或棕色、或黄色、或蓝色，这类有色玻璃严重影响了室内采光，危及幼儿的身体、眼睛。

幼儿园的墙角、台阶不应太锋利，在大面积的活动场地中间不应有过多的硬态隔离物（如水泥花坛等），幼儿经常经过的路边不宜种植长刺植物等。幼儿的一日生活是与活动联系在一起的，所以活动材料、器材的安全性也十分重要。由于幼儿对材料安全性缺乏认知和识别力，因此教师在为幼儿准备活动材料和器材时，必须作安全检查，检查是否有毒，是否锋利等。教师应对幼儿进行必要的安全教育。

与学前儿童身体安全有关的因素还包括学前教育机构周围的环境因素。例如，马路上的安全、河边的安全、空气的安全等。其中，空气的安全不应忽视。假如附近有释放有毒气体的工厂（如喷漆厂、造漆厂等），幼儿园应根据《幼儿园管理条例》及《未成年人保护法》等法律文件来保护幼儿身体健康发展的合法权益。

（二）可操作性原则

学前教育机构环境创设应具有可操作性原则。学前教育机构环境的功能应是促进学前儿童的发展，这一功能的实现有赖于学前儿童在这一环境中的活动，有赖于环境中蕴含的各种积极、有效的刺激，也有赖于环境的可操作性。这里，可操作性是指可引发并实际具有学前儿童与之相互作用的特性。因此，幼儿园的各种环境，尤其是各种幼儿客观可及的环境都应是可让幼儿与其相互作用的环境。

1. 户外环境

幼儿园户外各类场地（水泥地、草地、沙地、砖地等）应是向所有的幼儿开放的，幼儿可以随意地在这些场地进行游戏；幼儿园的各种户外设施应是可实际利用的，幼儿可根据有序、轮流等一般规范自由地游玩，这些设施不应只是摆设；幼儿园的树林、种植园地、饲养角是幼儿自己的，幼儿可以深入其中，接近它们，去观察、保护、喂养。

2. 各种活动器材、游戏玩具和材料

幼儿可以自由地选择和获得幼儿园里的各种活动器材、游戏玩具、材料，所以在设计环境中，应注意材料、器材的数量及放置的位置，注意幼儿的需要，使各种器材、玩具、材料真正起到促进幼儿发展的作用。

3. 幼儿园各类墙面环境

幼儿园各类墙面环境也应注重可操作性，这一点往往被忽略。墙面环境的可操作可以从以下两个方面理解：

（1）墙面环境应适合幼儿的发展水平，从幼儿的知识经验及理解水平出发设计相关环境，使环境可引发幼儿以往的知识经验与当前环境的联系，引发幼儿其他领域的相关知识经验与当前环境所涉及有关领域的知识经验之间的联系，即引发幼儿内在的相互作用。

（2）墙面环境应是开放的，不是固定不变的，幼儿可以随着学习活动的变化、知识经验的增长对墙面环境进行充实、组合。

案例链接

以大班的某一墙面环境为例。上方为一条蓝蓝的小河，鱼在水里畅游，从小河上伸出一个箭头，指向一个正在喝水的小朋友，另一个箭头指向正在喝水的小牛，第三个箭头指向洒满雨露的小树，这个环境既生动，又有知识性，展示了水的作用。几天后，小朋友们发现有的机器也需要水，水可以起冷却作用，于是老师和小朋友又找来了一幅工人叔叔给机器加水的照片。此后，墙面上又增加了好多箭头，指向节约用水的标志、不往水里乱扔东西的标志等。

当然，不可能使所有的墙面环境都具有开放性，但幼儿园可以尽力去这样做。

（三）童趣性原则

学前教育机构环境创设应具有童趣性。童趣性是指要具有儿童的趣味，这里有两层意思。第一层意思是指幼儿园的教育环境应具有趣味性。应从幼儿的身心发展特点出发，采用多种形式、多种材料布置环境，使环境生动、有趣，能激发幼儿投入其中的兴趣和积极性。因此，幼儿园环境的色彩应鲜艳、明快，环境中的形象应生动、活泼、可爱。趣味性也意味着丰富性，如果内容、材料单一，形象、色彩单一也就谈不上趣味性。第二层意思是幼儿园的环境应是幼儿的环境，环境要反映幼儿的趣味性，而非成人的趣味性，从这个意义上说，趣味性也意味着环境的年龄适宜性。因此，不同年龄班幼儿的室内环境应该具有一定的差别性。要使幼儿园教育环境体现趣味性，让幼儿参与环境的创设非常重要。从这个意义上说，趣味性离不开幼儿的参与性。幼儿园环境首先是幼儿的环境，只有幼儿自己参与创设的环境，幼儿才会真正去关心、去注意，所以让幼儿充分发挥想象，参与环境的创设是必要的。

（四）环境与教育目标的一致性原则

环境与教育目标的一致性原则是指环境的创设要体现环境的教育性，即环境设计的目标要符合幼儿全面发展的需要，与幼儿园教育目标相一致。

幼儿园环境必须强调目标意识，要有利于幼儿体、智、德、美诸方面的全面发展，而决不能允许与教育目标相悖的因素存在。因此，创设环境时，目标是依据，应把教育目标落实到月计划、周计划、日计划及其每一个具体的活动中。在创设环境之始，首先应考虑的是创设的环境是否有利于教育目标的全面实现。此外，对于一切干扰环境教育性的外来因素，如商业化倾向、不良文化产品等要予以抵制，以保证环境的教育性。

（五）发展适宜性原则

发展适宜性原则是指幼儿园环境创设要符合幼儿的年龄特征及身心健康发展的需要，促进每个幼儿全面、和谐发展。

从一般年龄特征来看，小班、中班、大班幼儿在身心发展特点上的差异是非常明显的，其身心发展所需要的环境也不尽相同。因此，教师要根据幼儿不同的年龄特征为其提供适宜的发展环境。

例如，同是玩娃娃家游戏，给小班幼儿提供的玩具就应该是数量较多的主题玩具，如娃娃、小锅、小铲等，而且玩具要一式多份。这是因为小班幼儿的角色游戏多是一些模仿动作，而且幼儿之间的相互模仿性也很强，平行游戏较多。而大班幼儿玩娃娃家所需要的多是一些富有创造性的或能一物多用的材料。因为大班幼儿接触面广，知识经验丰富，在游戏中对社会生活的反映范围扩大了，内容也丰富了。如果玩具、材料的功能太单一，会限制幼儿的想象和创造。教师要对幼儿的年龄特征有充分地认识和了解，才能为幼儿提供有利于其发展的环境。

此外，发展适宜性原则还要求幼儿园的精神环境是宽松、自由、和谐的，物质环境是安全、多样的。只有这样，幼儿才能在环境中充分表现自己，根据自己的爱好与水平轻松愉快地选择自身的发展。

（六）幼儿参与性原则

幼儿参与性原则是指环境的创设过程是幼儿与教师共同合作、共同参与的过程。环境的创设过程应该是一个积极的教育过程。

环境创设过程本身的教育意义主要体现在：培养幼儿的主体精神，发展幼儿的主体意识；培养幼儿的责任感，幼儿参与环境的创设，能切实地体验到自己做的事对集体的影响；培养幼儿的合作精神。环境的创设要依靠大家的力量，如布置活动室的墙面，大家分工，有的剪、有的画、有的贴，要让墙面布置得漂亮，需要幼儿齐心合力，不光顾自己做，还必须商量、听别的小朋友的意见，相互帮助。这样，幼儿能够实际地去感受集体的力量，发展合作的意识，并实际地提高相互合作的技能和能力。

总之，在参与创设环境的过程中，幼儿发展、学习、创造、合作，这是对幼儿最好的教育，其效果决不亚于教师创设的现成环境。

（七）开放性原则

开放性原则是指创设幼儿园环境时应把大、小环境有机结合，形成开放的幼儿教育系统。

随着社会科技与文化的日益发展，社会环境对教育的影响也越来越大。不管教师们、家长们是否愿意，社会环境都以它特有的潜移默化的方式强有力地作用于幼儿。因此，尽管幼儿园小环境的教育功能很强，但如果仅仅局限于幼儿园封闭的小环境中，是不能搞好教育的。面对社会环境的复杂影响，与其消极被动地任其影响幼儿，不如主动地与外界结合。尽管外部因素不能左右，但是可以选择、组织、利用其中富有教育价值的积极因素，努力控制与削弱消极因素，取其精华，去其糟粕，通过大小环境的配合，主要是与家庭、社区的合作，互相取长补短，同心协力。在一个开放的系统中去培养适合新时代要求的幼儿。

（八）经济性原则

经济性原则是指创设幼儿园环境应考虑不同地区、不同条件园所的实际情况，做到因地制宜、因陋就简。

早在 1930 年代，我国著名的教育家陶行知、陈鹤琴都曾对当时幼儿教育存在的“富贵病”和“花钱病”提出过尖锐的批评。他们指出，幼儿园环境好环的关键在于它能否促进幼儿的发展而不在于花钱多少、外国货有多少。这些观点对今天理解环境创设的经济性原则有很大的现实意义。

当然，由于各地经济发展的不平衡，幼儿园的经济条件肯定是有差异的，但这并不等于说，贯彻经济性原则只是贫困地区的事。我国所有的幼儿园都应当发扬艰苦奋斗的革命精神，勤俭办教育，都应当结合本地区、本园所、本班级的特点和实际需要，就地取材、因陋就简、废物利用、一物多用，充分发挥自然材料的功效及地区、家庭的优势，教师、幼儿、家长一起动手，共创美好环境。因为这不仅仅是个经济问题，更是一个如何建设有中国特色的幼儿教育的大问题；不仅仅是一个幼儿园管理上的问题，也是幼儿园教育的一个基本指导思想问题。创设幼儿园环境的过程，应当成为幼儿实际地感受国情教育、民族优良传统教育、环境保护教育的过程。

贯彻经济性原则具体要做到少花钱多办事，在这方面我国幼教工作者已经积累了许多很好的经验。有的经济条件很好的城市幼儿园仍坚持利用废旧材料制作玩教具，利用自然材料布置教室。

除了少花钱多办事之外，还应当注意把钱花在刀刃上，花在有利于幼儿的发展上，而不能不顾本地区、本园的实际情况，盲目攀比，追求形式。

小知识

原则	要点	理念	注意问题	终极目标
与教育目标一致的原则	教育性、全面性、一致性	教育的目的性	美观、点缀但不具有教育性	儿童发展
适宜性原则	年龄特点、兴趣、需要	尊重儿童、尊重儿童的发展	眼里没有儿童	
参考性原则	可操作、可创作、可设计；是教育过程的组成部分。	儿童发展观：在互动中发展，让环境说话；儿童是环境的主人	儿童被动接受、不变化、不发展、不能操作、不互动、不是幼儿的作品	
开放性原则	与家庭、社区的结合；利用外环境资源，体现在课程中	大环境、大教育观	家园合作、与社区合作的内容不深入，不渗透，形式上的单一等	
经济性原则	废物利用、一物多用、就地取材	对幼儿发展功能的大小、经济实用	昂贵、豪华、不实用型	

三、教师在环境创设中的作用

教师是环境创设中的重要因素，儿童身心发展是通过教师创设环境并引导儿童积极与环境相互作用而实现的。同时，学前教师又是环境的设计者，是学前儿童与环境相互作用的引导者。

教师是幼儿园环境中重要的人的要素，那么，这一重要性怎样体现和发挥出来呢？这就需要清楚教师在幼儿园环境创设中的作用。

（一）准备环境

准备一个与教育相适宜的环境是教师的职责。教师在准备环境时的作用主要表现在以下几点。

1. 让环境蕴含目标

这就是说，教师必须带着明确的目标来准备环境。将周围的人际因素和物质条件精心地加以组织，使环境中的一切负载教育信息，让环境去告诉幼儿该做什么。

2. 让幼儿感兴趣，更使其增加兴趣

环境要体现教育目标，也必须符合幼儿的需要和兴趣。但幼儿现存的兴趣无论广度和深度都有限，他们对自己的需要也往往不能意识到。因此，只要是幼儿发展所必需的东西，应将其纳入环境中，并引导和发展幼儿的兴趣。

3. 尽可能让幼儿感到环境是由自己而不是教师决定的

环境毕竟是用来供幼儿活动的，因此贯彻前述的幼儿参与原则是教师准备环境时最重要的内容之一，也是教师发挥作用的最重要的一个方面。很多幼儿园的实践还证明，幼儿积极参与准备的环境，最受幼儿喜欢，最能引起幼儿关注和投入，而那些完全由教师包办的环境，却并不能太好地吸引幼儿。

教师应当尽可能地提供机会，让幼儿能发表意见，动脑动手；教师预想的各种计划、打算、设计等，只要是幼儿能够理解和参与的，应当尽可能地将之巧妙地变成幼儿的“决定”，教师也平等地参与讨论。在轻松的气氛里，以集体、小组、个别等多种形式让幼儿各抒己见。在此过程中，教师也能发现自己的想法哪些应当修正。在具体的准备过程中，让每个幼儿都能找到发挥作用的地方，特别是那些能力差、个性孤僻的幼儿，更要注意给他们一些力所能及的任务，帮助他们与别的幼儿合作。

（二）控制环境

准备一个好的环境并不等于就万事大吉了。这个环境能否按预期的计划运转，幼儿能否充分地利用环境的条件，能否在活动中真正得到发展，还要看教师能否营造环境的气氛，有效地控制环境。

教师控制环境的作用是指教师能利用环境来激发和保持幼儿的活动积极性，能帮助幼儿利用环境的条件来发展自己。

教师控制环境的作用大致有几个环节：诱导幼儿进入活动；帮助幼儿展开活动；指导幼儿解决纷争、困难或情绪问题；帮助幼儿结束活动。在每个环节中，教师都可以使用“直接”和“间接”的教育方式，通过灵活地变换角色，促进幼儿与环境中的人际因素和物质材料有效地相互作用。

（三）调整环境

环境不是凝固的、僵化的、一成不变的，它必须随着幼儿的兴趣、需要、能力的变化，以及教育目标、客观条件的变化而不断变化。经常调整环境，使它保持适合幼儿发展的最佳状态，是教师的重要作用。例如，准备环境时有失误，造成环境中有不合理的地方，一经发现就应马上调整。

总之，教师要对环境与幼儿的相互作用保持高度的敏感，最好每一天，甚至每次活动后都重新审视一下环境，及时地通过调整来保持环境的发展性、教育性。这样，环境才不会静止在一个水平上，才能与幼儿的发展保持动态的平衡。一个一劳永逸的环境是不应存在的。

准备环境、控制环境、调整环境，这就是教师在幼儿园环境创设中的重要作用。教师是环境的命脉。环境中的物质材料、人际因素以及它们与幼儿的关系和相互作用都是由教师来调控的，幼儿在环境中的活动也是由教师直接或间接引导的，没有教师的主导作用，幼儿在环境中的发展是不可能实现的。

本章小结

学前教育教师、学前儿童、学前教育机构环境是学前教育的三个基本要素。本章主要从我国颁布的相关学前教育法律法规、政策文件出发，阐述了学前教育教师的资格、权利和义务。学前教育教师的职业特点包括劳动特点和角色特点。在“师德为先、幼儿为本、能力为重、终身学习”的基本理念下，《专业标准》从“专业理念与师德”“专业知识”和“专业能力”三个维度对合格的幼儿园教师的专业素质提出了基本要求，幼儿教师的职业道德是以对幼儿和幼教事业的热爱为核心，这是幼儿教师需要具备的首要素质。

现代社会学前儿童发展上出现了一些新特点，要求幼儿教师必须要有科学的儿童观和先进的教育理念，同时，不可忽视学前教育机构环境的创设。教师是环境的命脉，教师在幼儿园环境创设中的重要作用是准备环境、控制环境和调整环境。没有教师的主导作用，幼儿在环境中的发展是不可能实现的。

本章思考与实训

一、思考题

1. 什么是儿童观？正确的儿童观有哪些？
2. 如何评价幼儿园环境质量的好坏?可以列出哪些具体标准?
3. 判断下列各题的正误：

（1）幼儿园的环境就是指幼儿园内的空间。

（2）秋天到了，为了让幼儿认识秋天，老师精心准备了一幅秋天的图画挂在墙上，指导幼儿观察画中的景物，这是一种有效的教育方法。

（3）现在社会上关系复杂，良莠并存，应少让幼儿接触社会。幼儿园要保留住一方“净土”，尽量给幼儿提供一个纯洁的发展环境。

（4）幼儿园经济条件差，创设环境时必须考虑经济性原则。

（5）教师是环境的轴心，环境中的各种因素是通过教师来调节的。

4. 参观幼儿园，看看教师在创设环境中的作用有哪些？

二、案例分析

案例呈现

案例1 观察和了解幼儿

（1）一个叫陈浩的孩子，父亲是个军人，母亲是个家庭主妇，孩子长得挺可爱，可就是爱打人，缺乏爱心。记得小班刚入园第一天，他把小朋友的脸抓破了；第二天，他又把自然角的金鱼给捏死了；第三天，他把口香糖胶放在其他小朋友的头发上……面对这种攻击性强、没有多少爱心的孩子，真是头疼。可是后来发生了一件事，使陈浩小朋友发生了很大的变化。

那天我正和孩子们玩着老鹰捉小鸡的游戏，突然发现陈浩不见了，当我四处焦急地张望的时候，他却飞一样跑过来，上气不接下气地说："不得了了，老师，有只小鸟死了。"我以为他又在搞什么恶作剧。他又焦急地看着我说："真的!曹老师!"我也急了，三步并两步跑到现场，孩子们已围成一个大圆圈，果真有一只鸟躺在地上，翅膀明显受过伤。

孩子们瞪大眼睛望着我："老师你说怎么办呀?""唉呀!它真可怜!""你瞧!它的翅膀还在流血呢!"这时我观察到陈浩的表情由刚才的着急变得伤心，变得难过，群体的氛围也感染了他。此刻我的脑海里突然有了灵感，这不正是教育孩子的好机会吗?于是我和孩子们说起了小鸟的故事，小鸟的不幸深深地感染了孩子。我注意到陈浩的眼里闪动着泪花，我搂着陈浩的肩膀低声问："现在我们怎么办呢?"他伤心地说："老师，我们把它埋了吧，就像电视里一样，给它举行一个葬礼。"

我的心里一阵激动，一阵欣喜，这是调皮鬼说出的话吗?接下来孩子们和我一起找来了纸箱、玩沙的工具，一起挖了个大坑，真像电视里那样为小鸟举行了葬礼。陈浩和所有的孩子一样，表情是那么严肃，心情是那样难过。葬礼结束了，孩子们围坐在我身边，我对孩子们说："你们这么爱惜小鸟，老师真高兴，我们大家不仅要爱护所有的小动物，还应该爱护每一个小朋友，大家在一起友好相处，你们说对吗?"只见陈浩坐在那一声不吭，突然站起来走到前面哭着大声说："老师我错了?以后再也不捏小金鱼了，小金鱼多可怜啊!我也不打小朋友了!"

从这之后，我们发现陈浩真的变了，变得懂事了，不再和小朋友打架了。

（2）观察日记

姓　　名：林铮　　　性别：男　　　年龄：四岁半

观察日期：2003 年 10 月 23 日　　时间：35 分钟

观察地点：本班活动室　　　　　　教师：林美香

观察情境：绘画活动

观察内容：实地记录

林铮非常快乐地参加了美术特色班的活动，和陈嘉、蒋杉坐在同一组，看得出他和这两位同伴很友好，他们各自拿了画笔后，蒋杉把笔整齐地摆在桌子的中间，还告诉林铮先用深色的水彩笔画轮廓，林铮的画纸本来有一半是垂下桌子的，他们两还帮助林铮把画纸放好，林铮非常开心地接纳了他们的帮助，看得出他很高兴，并认真地开始了绘画活动。在绘画过程中他们还有轻声地交流，很融洽。

评析：林铮小宝宝是本学期新来的朋友，一直是妈妈带大的，个子很高，胖胖的，但动作不够协调，特别在跑和上下楼梯时表现得非常明显，很需要老师和同伴的帮助。在细致地观察这孩子后，我们发现林铮很聪明，能较好地领会老师的要求，遵守各项活动常规，积极参加各项活动，老师和同伴都非常喜欢他，他一有不明白的地方，小朋友都会主动去帮助他。

建议：幼儿园一致为林铮小朋友提供自理能力、动作发展的机会，少呵护多帮助，多鼓励。

案例 2　与家长沟通

一个能说会道的小男孩东东，能一字不拉地复述幼儿园一天的生活。在别班时，他常在家长与老师之间总有扯不完的皮，告不完的状，弄得家长与老师的关系十分不和……转到我班后，我总是在东东"汇报"之前先与家长交谈一番，告诉家长孩子的"重大表现"，不到半个月，家长与我们之间的关系十分和谐，家长一再感激地说："还是这个班好，老师这么关心我的孩子，我无话可说，只有感激。"仔细分析，并不是其他的老师不好，而是孩子站在自己的立场上"汇报"一天的生活，家长也听信了儿子的话，日子稍久，家长便以为老师与自己的孩子"过不去"。如孩子不爱吃青菜，老师软硬兼施地劝东东吃下去，回家后他带着情绪说"老师硬要他吃不好吃的东西……"这件事在我手上也一样发生，只是我"抢先一步告诉家长："孩子不爱吃青菜，我们为了他的身体发育，想办法让他吃了，他还有点不高兴呢。"时间稍久，家长理解了老师，也不再听"一面之词"了。

案例 3　组织教育活动

静静的课堂上，一只调皮的小蜜蜂引起了一阵骚动。待它飞走后我摇摇铃鼓示意小朋友安静，但孩子们似乎没有停止讲话的意思，声音很吵。我下意识地将一只手盖在耳朵上，简单的动作很快引起了孩子们的注意："别吵了，把老师的耳朵都吵疼了。"我一听，立刻伸出一只手放在嘴边，冲他们眨眨眼。神啦，教室里一下子静悄悄的。我又拍拍腿，小朋友个个坐得端端正正，我伸出大拇指表扬他们，在欢乐的气氛中教学顺利完成。

重点研讨

以上这些案例说明幼儿园教师在教育工作中应具备什么能力素质？

三、章节实训

1. 实训要求

到当地的幼儿园参观，分析幼儿园的环境创设，能够对所参观幼儿园的环境提出有建设性的意见和建议。

2. 实训过程

（1）教师事先联系好当地比较有代表性的环境创设风格不同的几所幼儿园。

（2）安排好时间和路线，教师带领学生参观幼儿园的环境，提醒学生拍照或摄像留存，以备讨论之用。

（3）学生在班级里进行研讨，分析幼儿园的环境创设，并提出有建设性的意见和建议。

3. 实训评价

幼儿园环境评价量表

幼儿园: 日期: 评价人:

评分项目		内容	好	较好	一般	较差	得分	备注
户外环境	幼儿园大致情况	1. 幼儿园独立设置在安全区域内，房舍安全坚固，建筑设计符合幼儿年龄特点；幼儿园外墙有固定底色，墙面无剥落情况，整体环境色彩鲜艳、和谐、富有美感；幼儿园附近无噪声、无污染，离公路较远						
		2. 幼儿园有园徽、办园宗旨（目标）、宣传栏，能体现办园特色和文化内涵，具有教育性和艺术性						
	绿化	根据园舍情况进行绿化、美化；种植花草树木 10 种以上，立体种植，错落有致；草本与木本结合，三季有花，四季常青						
	室外活动场地与设备	1. 有充足的幼儿活动场地、地面平整（备注：操场地面材质是橡胶还是水泥，操场的形状是环形和直线形，或是两者结合，是否方便幼儿各项活动的开展，有足够的场地开展各项活动），人均面积不少于 $4m^2$，有 30m 跑道						
		2. 有适宜的幼儿沙坑、玩水区、自然区（包括种植园和动物饲养角），空间利用合理，各种用具齐全，定期活动且有记录						
		3. 室外大型活动器械 3 件以上；提倡利用各种废旧物品和乡土材料（自然、无毒、无害材料）根据幼儿年龄特点，为幼儿制作钻、爬、攀登、平衡、翻滚等大、中、小型活动器械；种类丰富、数量充足，能满足幼儿使用；所有的活动器械保持安全、卫生、整洁，每天有专人检查，并有记录						
		4. 有休闲区，包括长廊、树荫、花棚等，放置由自然装饰而成的桌子、凳子等						
室内环境	门窗走廊布置	1. 楼内每层根据幼儿年龄特点设一个主题，新颖、美观，利用师幼作品来布置，多用蓝绿色；是否有吊饰（备注：吊饰的种类、高度等）；走廊的布置是否集教育性、装饰性为一体，作品生动有趣，丰富多彩；是否因地制宜体现幼儿园文化特色与本土特点						
		2. 每班门口设家园联系栏（育儿经验、卫生保健、请你配合、月重点、周安排等内容）；内容丰富，向家长宣传的材料不少于三种，每月更换一次；教育目标、内容具有可读性，体现新教育观；家园联系、亲子内容体现互动性						
		3. 上下楼梯处有提示标志，有师幼作品展示，楼梯转角等地方有必要的安全保护措施，防止幼儿意外受伤						

续表

评分项目		内容	好	较好	一般	较差	得分	备注
室内环境	室内墙面	能结合季节、课程要求，内容丰富，可变性强；大环境色彩鲜艳、和谐、富有美感；布置新颖、美观、有特色；师生共同参与环境的创设，体现幼儿是墙面环境创设的主人，造型别致，富有创意，重视幼儿个性和创造力的培养						
	活动区布置	1. 活动室、午睡室安全、卫生，空气流通，光线充足，地面、门窗整洁无灰尘；有紫外线消毒灯，消毒柜；各类玩具、用品按时消毒，方法明确，且有记录；区内没有锐利、有毒、易破碎、易造成幼儿身体伤害的物品；防暑降温设施齐全。（安全卫生）						
		2. 利用活动室空间设置不少于 3 种活动区域，活动区丰富，符合班级特征和教育要求；根据幼儿年龄特点，投放丰富的供幼儿操作不少于 10 种自然材料、半成品材料，材料丰富且适宜；提倡废物利用，幼儿可根据自身的能力和意愿，自主地选择游戏内容。（材料丰富）						
		3. 有适合幼儿年龄特点的桌、椅、床等设备；开放式玩具橱、图书架、书包架，3 种以上适合幼儿的玩具；适合幼儿阅读的不同种类的图书人均 5 册以上，种类多，并实时更新						
		4. 有手风琴或钢琴、电视机等教学设备，每班有自制玩教具不少于 10 种，有教师、幼儿的手工作品						
		5. 活动区创设动静分割，充分考虑便利性与幼儿需求，且能体现可变性、开放性，方便幼儿取放材料；有活动区的标志；充分利用环境条件设置活动区；各区域的氛围好，发挥隐性的环境育人的价值。（合理性）						
		6. 玩具投放区：玩具材料丰富多样、孩子取放方便、安全卫生、操作性强、使用率高；种类不少于 5 种（计算、美工、智力、语言、交往、自然、音乐等）；废物巧妙利用，可观性、可用性强，有一定数量的自制玩具；玩具材料适合本年龄幼儿；所提供材料能供幼儿主动、自由地探索、满足不同水平幼儿发展，材料的投放体现层次性						
	其他室内布置	1. 盥洗室地面防滑，水龙头高度适合幼儿，一人一巾一杯（且有标志），并便于幼儿取放；有“节约用水”等提示；厕所清洁，随时冲刷，无气味，深度、高度适合幼儿，有幼儿自由取放手纸的设施						
		2. 厨房、更衣室、洗濑室、储藏室等卫生整洁，各种炊事用具齐全，生熟分开，标志明确，有防鼠板和防蝇设施；炊事人员工作衣帽整洁美观，每学期有检查记录，有健康证；就餐配有餐桌，教师为幼儿配餐时应佩带围裙、卫生帽						

续表

评分项目		内容	好	较好	一般	较差	得分	备注
室内环境	其他室内布置	3. 保健室常用药品、设备齐全；保健员工作衣帽整洁美观，指导班级日常保健性工作、预防工作、幼儿膳食营养工作有效果记录						
		4. 多功能活动室装饰美观、功能多样化，使用率高，且有记录						
		5. 园长室、会议室、教师办公室等各类配套用房整洁卫生、各种制度要上墙，各种档案齐全						
		6. 幼儿作品栏：设有幼儿作品收集袋，高度适合幼儿视线，布置新颖、美观，幼儿作品及时更换（至少一月一次）						

评分等级：

较差 1 分：没有做到测评的标准；

一般 2 分：做到了测评的标准，但不是特别好，还存在个别问题；

较好 3 分：在这一方面做得不错，但是还需要改进；

好　4 分：符合测评的标准，并且创设的环境富有实用性和价值。

第五章　学前教育课程、游戏和教学

引入案例

传统沙包创新

设计意图：打沙包是传统的游戏，可以培养儿童的跑、跳、平衡运动能力。经过改造，沙包的玩法也可以多种多样。

活动目标：①知道沙包的几种玩法；②培养幼儿走、跑、跳、平衡能力动作的协调性；③体验合作游戏的快乐。

活动准备：沙包若干、平整的地面。

活动过程如下。

玩法一：顶沙包

幼儿分成两组，把沙包放在头顶上，走着运到终点，最先到达终点的组即可获胜。

玩法二：夹沙包

幼儿分成两组，沙包夹在膝盖（两脚）之间，两腿（两脚）并紧，双脚一起跳，最先到达终点的组即可获胜。

玩法三：踢沙包

幼儿一人一个沙包，像毽子一样把沙包踢起来，连续踢得多的获胜。

玩法四：互相抛接

两人一只沙包，你抛我接。

活动建议：①小班幼儿动作协调性差，需要加强练习。②老师多示范。③注意幼儿可能失去平衡，多加防范。

学前教育课程是学前教育领域中的一个核心问题，认识学前教育课程的主要内涵，了解学前教育课程的重要理论流派和实践模式，有助于教师设计出更好的学前教育课程，能够通过评价来不断提高学前教育课程的内涵。

本章学习目标

（1）了解学前教育课程的目标、内容、类型、实施和评价；

（2）掌握学前儿童游戏的类型和组织指导；

（3）了解亲子园教学活动的原则、方法及活动设计、组织、指导和评价；

（4）学习幼儿园教学的原则、方法及设计、组织、指导和评价。

本章知识结构

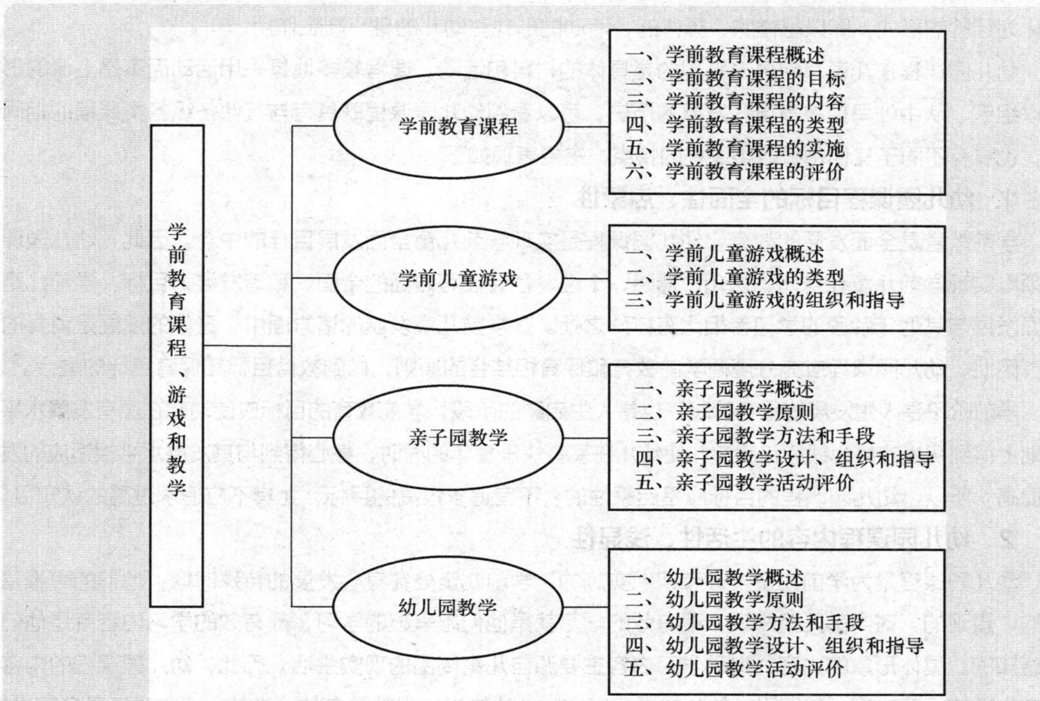

第一节　学前教育课程

一、学前教育课程的概述

课程存在着许多种定义，每一种课程定义都隐含着某种哲学假设和价值取向，隐含着某种意识形态以及对教育的某种信念。

对课程的词源作一追溯，可以发现中文中“课程”一词始见于唐代。宋代学者朱熹在《朱子全书·论学》中多次运用课程一词，其课程的含义与当今人们对课程的理解已经相接近。

在英语中，课程（curriculum）一词来源于拉丁语“currere”，用名词形式解释该词的词义，“跑道”即“学程”（course of study），课程的含义是为儿童设计学习的轨道。用动词形式解释该词的词义，“奔跑”即“学习的过程”，课程的含义是儿童对自己学习经验的认识。

学前课程是专为学前教育阶段的教育开发和设计的。学前课程的学习者是 0-6、7 岁的儿童。其中，0 岁课程也称胎教课程；由于 1-3 岁的儿童主要在托儿所生活和学习，与之相应的课程经常被称为托儿所课程或婴儿课程；3-6、7 岁的儿童主要在幼儿园中生活，与之相应的课程被称为幼儿园课程。此外，在经济较落后或人口较稀少的地区为学前阶段儿童开设的学前班课程或混合班课程也是学前课程的重要组成部分。

幼儿园、学前班及混合班教育是我国教育体系的有机组成部分，与之相应的课程也是我国学校教育课程体系的有机组成部分，它们与其他教育阶段的课程有密切的关系，尤其是与小学教育课程紧密相关。

我们认为，幼儿园课程是从幼儿身心发展的特点和特定的社会文化背景出发，有目的地选择、组织和提供的综合性的、有益的经验。这些经验的初始形式可以是主题、单元、学科、领域等，但它们最终都将转化为经验的形式，即以感性的、具体的、活动的形式对幼儿的身心产生作用。

幼儿园课程在儿童早期更多采用的是具体的材料和活动，课程较多地是采用活动而不是上课的形式加以组织。从中外早期教育课程发展的历史，可以看到幼儿园课程既具有与其他各级各类课程的相同特点，也具有不同于其他各级各类课程的特点，主要表现如下：

1. 幼儿园课程目标的全面性、启蒙性

学前教育是全面发展的教育，幼儿园课程是实现学前儿童全面发展目标的中介。因此，幼儿园课程必须以实现学前儿童在身体、认知、情感、个性、社会性等方面的全面、和谐发展为目标。学前儿童的全面发展与其他年龄段的学习者相比有特殊之处。在学前儿童发展的诸方面中，身体的发展是首要的目标，因此，幼儿园课程应充分遵循学前教育和保育相结合的原则，做到教育目标和保育目标的融合。

学前阶段是人生发展的重要阶段，也是人生启蒙的阶段，学前教育的目标应使幼儿在原有发展水平的基础上得到初步的身心锻炼和启迪，使幼儿在享有快乐童年的同时，身心得到与其发展水平相适应的发展和提高。所以，幼儿园课程的目标应是启蒙性的，不宜追求过高的目标，尤其不应追求过高的认知目标。

2. 幼儿园课程内容的生活性、浅显性

幼儿园课程是为学前儿童设计和组织实施的，学前儿童处在身心发展的特殊时期，他们的思维是感性的、直观的。对学前儿童来说，最有效的学习就是他们感兴趣的学习，最有效的学习内容就是他们可以感知的、具体形象的内容，这种学习内容主要源自儿童周围的现实生活。因此，幼儿园课程的内容与现实生活的距离越近，越能引发幼儿的学习兴趣，幼儿的学习也就越有效。当然，现实生活是多层次的、复杂的，生活中有有益的经验，也有无益的或有害的经验。因此，必须对生活进行过滤，才能使之成为课程内容，且这些内容不应是以知识的逻辑组织起来的严格的学科，而应是以生活的逻辑组织起来的多样化的、感性化的、趣味化的活动。幼儿园课程的生活性还意味着幼儿园课程的内容并不是严格的学科知识的再现，课程内容是随着生活情境的变化而发生变化的，幼儿的兴趣是确定课程内容的重要依据。

3. 幼儿园课程结构的整体性、综合性

既然幼儿园课程是以生活的逻辑加以组织的，是以幼儿的兴趣为引导的，那么幼儿园课程就不应以至少不应只以成人确定的系统的学科加以组织。生活是整体的，不可能只反映人类知识体系中的某一部分，生活中往往蕴藏了多方面的发展机遇和可能。所以，幼儿园课程不应追求将现实生活割裂的或与现实生活不一致的知识系统。从幼儿的方面看，多个发展领域之间是相互联系、相互促进的，它们构成了一个有机的发展整体，所谓发展领域只是一种人为的划分，在现实的课程实施中，儿童是以“完整人”的形象出现的。因此，幼儿园课程的内容应是综合的，应尽可能使不同的课程内容产生联系，以促进学习迁移。我们主张，让幼儿以完整的人的面貌面对完整的生活、有机的经验，不要把学科、领域这种人类划分知识的方式用以划分幼儿的经验，并以单一的经验作为学前儿童活动的起点。

4. 幼儿园课程实施的活动性、经验性

幼儿园课程实施的特点是由学前儿童生理、心理发展特点，学习的特点和幼儿园课程生活化的特点所决定的。学前儿童心理发展的特点尤其是学前儿童学习的特点决定了学前儿童学习的内容应是直观的、形象的，因此，学前儿童的学习一定要借助具体的情境、具体的事物，在参与、探索和交往的过程中学习。教师的语言传递不是学前儿童学习的主要方式，书本化的系统知识也不是学前儿童学习的主要内容，端坐静听是有悖于学前儿童发展规律和学习特点的。因此，幼儿园课程的实施关键在于创设丰富的活动情境，创设有利于幼儿自发主动活动的氛围，为幼儿提供各种互动的机会，为幼儿提供与其发展相应的帮助。幼儿的心理特点和学习特点还决定了幼儿园课程的实施经常需要利用游戏的手段，游戏是幼儿园课程实施的重要途径。由于幼儿园课程是与学前儿童的生活联系在一起的，所以，幼儿园课程的实施必然是情境性的、参与性的，与现实的一日生活紧密地联系在一起的。幼儿在现实情境中，通过操作、探究，通过教师的引导和帮助获得知识、体验。教师与幼儿之间的真诚对话、有效沟通是幼儿园课程实施所不可缺少的。

二、学前教育课程的目标

幼儿园课程目标是幼教工作者对幼儿在一定学习期间的学习效果的预期，它是幼儿园教育目的的具体化。目标在课程中处于核心地位，它既是幼儿园课程设计的出发点，又是幼儿园课程设计的归宿；它既是选择幼儿园课程内容、组织方式和教学策略的依据，又是课程评价的标准。因此，课程编制的第一步，也是最为重要的一步就是制定幼儿园课程目标。

幼儿园课程目标的取向表现为以下三个目标。

1. 行为目标

行为目标是以儿童具体的、可被观察的行为表述的课程目标，它指向的是实施课程以后在儿童身上所发生的行为变化。行为目标具有客观性、精确性、具体性、可操作性等特点。

案例

幼儿园某一小节计算课的目标表述如下：认识圆形、三角形、正方形等基本图形，知道圆对折以后会变成半圆。

某幼儿园语言活动课的目标表述为：学说故事中的对话——“××，您早”“×××的房子真好”。

以上实例是一种典型的行为目标的表述，它具体指明了活动后幼儿的行为在数学领域、语言领域的变化。

2. 生成性目标

生成性目标是在教育过程中生成的课程目标，它强调幼儿、教师与教育情境的交互作用。课程目标是幼儿在过程中、在与教育情境的交互作用中所产生的自己的目标，而不是课程开发者和教师强加的目标。儿童有权利通过自己的自主活动，学习他们认为值得学习的东西，在自己已有的水平上主动建构知识。

案例

“认识雪”的生成性目标：大班的课程目标是“认识雾”，但一场多年来罕见的大雪使得教师生成了“认识雪”的目标。那是因为绍兴的冬天虽然寒冷，但是很少下雪，经常出现大雾天气，但是在幼儿园开展“认识雾”活动的前几天，一场鹅毛大雪降临了，而且没有融化，在地面上堆积了厚厚的一层雪。幼儿们非常激动，对厚厚的雪充满了好奇，并有了想玩雪的冲动，我便调整了预设的目标“认识雾”生成了新的目标：自主表达对雪的感受，初步了解下雪与我们生活的关系；在欣赏和玩耍中体会雪花飘舞的情趣。

3. 表现性目标

表现性目标是一种非特定的、较广泛的目标，它强调的是个性化，目标指向的是培养儿童的创造性。表现性目标不规定儿童在完成学习活动后应该获得的行为，而是指向每一个儿童在教育情境的种种“际遇”中所产生的个性化表现，它适合于表述复杂的智力活动，已有的技能和理解是这种活动得以进行的条件。表现性目标鼓励儿童运用已有的技能，拓展并探索自己的观点、意向和情感。

案例

参观动物园的目标可以表述为：参观动物园，讨论其中的感受和乐趣。

主题活动——春天的目标可以表述为：愿意用自己喜欢的方式表述春天。

故事“警察叔叔”的目标可以表述为：表现警察巡逻的情景。这种表现性目标的表述方法，没有做出预期结果的表述，而是做好了幼儿表现自己个性差异的期待，这种表述，必然将教书导向对活动过程的关注。

三、学前教育课程的内容

课程内容是实现课程目标的手段，直接指向幼儿园“应该教什么”的问题。幼儿园课程内容应具有启蒙性、兴趣性、情景性、活动性、整体性和发展性等特征。在选择课程内容时应注意：第一，内容应有利于目标的实现；第二，内容应适合幼儿的需要、兴趣、能力，以便幼儿进行有效的学习；第三，内容要反映社会文化和科学技术的发展；第四，内容安排的广度与深度要保持平衡。

四、学前教育课程的类型

学前教育课程的类型主要有以下几种分法。

1. 一元化课程与多元文化课程

一元化课程：一种“主流中心的课程”，是一种以占主导地位的民族的文化、历史、立场和经验为中心而设置的课程。

多元化课程：科学技术的发展、社会关系的变化以及人口的流动等因素使多元文化的影响“注入”课程和活动设计之中，在批评一元化课程的基础上多元文化课程发展起来。在多元文化社会中，课程要能体现各种文化之间的差异，在尊重各种文化的同时，要将主流文化与少数族群的文化能够整合成一体。

2. 分科课程与活动课程

分科课程，又称科目课程，指的是根据培养目标和科学发展水平，从各门学科中选择适合一定年龄阶段儿童的发展水平的知识，组成教学科目。分科课程将科学知识加以系统组织，使教材依一定的逻辑顺序加以编排，注重儿童在学习过程中知识和技能的掌握。

活动课程以儿童的兴趣、需要和能力为出发点，通过儿童自己组织的活动而实施课程。活动课程打破了学科本身的逻辑，注重儿童的学习过程本身。

二者关系是分科课程和活动课程两者各自的长处正是对方的弱点。

3. 显性课程与隐性课程

显性课程是有计划的、有组织的学习活动，学生有意参与活动的成分很大，主要通过课堂教学而获得知识和技能，学生在显性课程中获得的主要是预期性的学术知识。

隐性课程则是无计划的、无组织的学习活动，学生在学习活动中主要获得的是隐含于课程中的经验；隐性课程主要通过学校环境（包括物质环境、社会环境和文化影响等）得到知识、态度和价值观；在隐性课程中，学生获取的主要是非预期性的东西。

显性课程与隐性课程之间存在着内在联系。一方面，在显性课程实施的过程中常常伴随着隐性课程；另一方面，隐性课程也在课程实施的过程中不断地转化为显性课程。

五、学前教育课程的实施

课程的实施就是将课程设计方案付诸实践的过程，是实现预期课程目标的基本途径,是课程编制过程中的核心环节和实质性阶段。幼儿园课程的实施是通过教师专门组织的教育活动、游戏、日常生活与常规性活动、学习环境、家园合作等途径来实现的。幼儿园课程的实施必须遵循以下基本原则：

（1）目标定向原则。课程组织的所有过程都必须紧紧围绕课程目标来进行，选择有利于目标实现的课程组织方式。

（2）生活化原则。教育与生活相结合，寓教育于一日生活之中，使幼儿园的生活教育化。

（3）主体性原则。幼儿是活动的主体，但幼儿的主动学习需要教师科学而艺术的引导，因此应该把课程组织成为教师主动引导的、幼儿积极参与的教育教学过程。总之，课程实施者要充分利用各种教育资源，创设良好的课程环境，使幼儿园课程活动兴趣化、游戏化、综合化、有序化、结构化，以产生适宜的学习经验和优化的教育效果，实现课程目标。

六、学前教育课程的评价

学前教育课程评价就是针对幼儿园课程的特点和组成要素，通过收集和分析比较系统全面的有关资料，科学地判断课程的价值和收益的过程。幼儿园课程评价是对幼儿园课程进行考察和分析，以确定其价值和适宜性的过程。课程评价既是课程运作的 “终点”，又是课程继续发展的起点，而且伴随课程运作的全过程。因此，幼儿园在进行课程评价时应注意以下几点：

（1）评价应有利于改进和发展课程；

（2）评价中要以自评为主，充分发挥教师的主体性；

（3）评价要有利于幼儿的发展；

（4）评价应科学有效。

第二节　学前儿童游戏

游戏是幼儿的基本活动，是幼儿普遍喜爱的、自愿的、主动参与的活动，是幼儿通过亲身体验而获得生命活动意义的活动。儿童是在游戏的生活和发展中获得成长的。

一、学前儿童游戏概述

著名教育家杜威说幼儿阶段“生活即游戏，游戏即生活”。对于学前儿童来说，除了吃饭、睡眠等生活活动之外，一日生活中的主要时间就是在游戏，甚至生活活动也是以游戏的方式来进行的。他们搭积木、玩沙子，扮成妈妈的样子哄娃娃睡觉等，这些都是游戏。游戏是儿童喜爱的、主动的、自愿的主体性活动。学前儿童的游戏主要有以下特点。

1．游戏是自发的、自愿的

儿童每天都在自发地进行游戏，不需要大人在旁边督促，儿童都会主动地进行游戏。如：他们看到滑梯就会快乐地从滑梯上滑下来，玩沙子、搭城堡、捉迷藏等，从中体验到无穷的快乐和满足。

2．游戏是自由自在的

儿童游戏时没有规定的模式，他们会根据自己的能力和喜好选择不同的游戏。在游戏中他们可以自由地表达自己的内心，尽情显露内在的潜力。

3．游戏是愉快的

游戏不同于劳动，也没有劳动的物质目的，而以参加游戏活动的过程和取得游戏结果的愉快为目的。对儿童来说，游戏是一种享受。在游戏中，他们可以自由表达自己的思想，探索周围事物。

为什么说游戏是愉快的呢？主要有以下三个原因。

（1）游戏中幼儿能控制所处环境，表现自己的能力，实现愿望，从成功和创造中获得愉快。

（2）由于积极活动带来极大的快乐，小脑与情绪相联。

（3）没有强制目标，减轻了因为达到目标而产生的紧张，耗费精力小，也使幼儿感到轻松愉快。

4．游戏是充满幻想和创造的

游戏可以充分发挥其想象力，创造不同的玩法。如在玩沙、玩泥时，他们就会想出不同的玩法，并且玩得津津有味。游戏的假想性是以模仿现实生活的某一个侧面为基础，但又不是照样模仿，而是加入了人的想象活动，如用一根棍子当马骑，用一根冰棍当针、注射器等。

二、学前儿童游戏的类型

学前儿童游戏多种多样，以不同的尺度为标准，可以划分为不同的种类。

（一）从教育的作用上分

《幼儿园教育纲要（试行草案）》把幼儿园的游戏分为创造性游戏和有规则游戏。

1．创造性游戏

创造性游戏强调儿童的主动性和创造性，大都由儿童自由地玩耍。

（1）角色游戏：儿童以模仿和想象，通过扮演角色，创造性地反映周围生活的一种游戏。例如：健身教练，经理、礼仪小姐等。

（2）结构游戏：儿童利用各种不同的结构材料（例如积木、竹制材料、金属材料、泥巴、沙、水、雪等）通过手的创造活动来反映现实生活的游戏。

（3）表演游戏：儿童按照故事、童话的内容，分配角色，安排情节，通过动作、表情、语言、姿势等来进行创造性表演的游戏。例如，根据“老鼠娶亲”故事，“媒婆”带“新郎”“轿夫”去接“新娘”，新娘坐花轿来到新郎家，媒婆要求拜天地、父母，夫妻对拜。

2．有规则游戏

有规则游戏是成人在儿童自发游戏基础上，为一定教育目的而编制的游戏，大都由教师组织儿童进行，有时也可由儿童组织进行。

（1）体育游戏：以发展儿童基本动作、增强儿童体质、促进儿童身体健康为主的游戏。

（2）智力游戏：通过生动有趣的形式，使儿童在愉快的情绪中增进知识、发展智力的游戏。例如，猜谜——“小小姑娘真美丽，身穿一件花裙衣，不会唱歌会跳舞，天天飞在花丛里。”——打一昆虫（蝴蝶）

（3）音乐游戏：儿童在音乐和歌曲伴唱下所进行的游戏。

（二）从教师的指导上分

（1）幼儿自发游戏：由儿童自己思考、组织发起的，游戏目的在于游戏本身，充分反映了儿童的自主性，又叫自主游戏。

（2）规则游戏：教师根据教育、教学目的，按照一定的目标设计游戏，旨在促进教育教学任务的完成，又叫教学游戏。例如：为培养眼手、手脚的协调能力——“打保龄球”游戏。

（三）从儿童社会性的发展上分

M・帕顿把儿童的社会性游戏分为以下 6 种。

（1）非游戏行为：0-2 岁时在房间闲荡，跟随成人，玩弄身体，在椅子上爬上爬下。

（2）旁观游戏：2 岁后开始观看其他儿童的游戏，并不参与。

（3）独立游戏：2 岁半后能自己玩玩具、游戏，不参与别人的游戏。

（4）平行游戏：2 岁半至 3 岁半以上儿童在小组里与同伴交换材料，一起游戏。

（5）联合游戏：3 岁半至 4 岁半以上儿童在小组里与同伴交换材料，一起游戏，但事先没有确定游戏的目的（各自根据自己的愿望来做游戏）。

（6）合作游戏：4 岁半以上的儿童，在小组中大家共同游戏，有预期的目的，有达到目的的方法，活动有组织，小组有分工。例如：搭一城堡、比谁跑得快等。

（四）从儿童的认知发展上分

瑞士教育家皮亚杰认为儿童游戏是以认知的发展为基础的，他从儿童认知发展的角度出发，把游戏分为以下三类：

（1）机能游戏（实践游戏、练习游戏，感知运动游戏）：反复练习感知觉动作，是游戏的最早形式。0-2 岁的儿童在游戏中以肌肉活动为主，主要特征是重复、操作和自我模仿。儿童喜欢得到感官刺激，儿童重复自己行为的目的是获得乐趣，表现自己的能力。例如：2-3 个月挥动四肢，1-2 岁摆弄玩具、积木。

（2）象征游戏（角色游戏）：以模仿和想象，扮演角色，反映周围生活。2-7 岁的儿童处于皮亚杰所说的“让我们假装”游戏的阶段。儿童能以许多方式自由地展示自己的创造力、体力、社交能力。例如：把自己假装成爸爸、妈妈，把一块积木当成一辆汽车。

（3）规则游戏：以规则为游戏中心，摆脱了具体情节，用规则来组织游戏。7-11 岁儿童能按规则去行动，用规则来限制、调整自己的行为。真正的有规则游戏如排球、田径赛等，到小学后才能进行。但简单的有规则游戏，在四五岁时就可进行。

如上所述，游戏的分类方法很多，而且也没有严格的标准。心理学以儿童心理发展为着眼点，研究儿童自然的游戏——其中以角色游戏为典型的游戏。教育学以游戏作为教育手段的着眼点，既注意儿童自然的游戏，又注意为儿童编制的有规则的游戏。

三、学前儿童游戏的组织和指导

在幼儿游戏的过程中，教师不仅是观察者、记录者，而且还应是幼儿游戏的尊重者、支持者、参与者、引导者和干预者。

（一）尊重幼儿的游戏

1. 尊重幼儿游戏的倾向

幼儿有自己的兴趣和需要，教师应尊重幼儿选择游戏的意愿，让幼儿自由地、愉快地参加游戏，促进他们个性的发展。

例如：自选游戏时，对结构游戏区的材料不感兴趣，提出“要用木头做架飞机”。此时，教师应尊重他的意见，允许他找木头、铁钉等“造飞机”“开飞机”。

2. 尊重幼儿对游戏的选择

幼儿是游戏的主体，他们有权自己决定游戏的主题、角色分配、内容、情节，不需要教师的包办代替、统治支配，否则会熄灭幼儿游戏主动性、积极性的火花，阻碍幼儿创造性的发展。 例如：在分配游戏的角色时，允许用多种方式：自己选出一位负责人安排；小组、学号挑选角色；轮流选角色；选好朋友、新朋友一起玩。

3. 尊重幼儿游戏的创造

教师应尊重幼儿的尝试和探索，允许他们自己去发现、去创造，而不把自己的意志强加给幼儿，以免妨碍幼儿的游戏。

例如：幼儿游戏中把“半圆形积木”（一般做房门，长方形积木当床）当作“宝宝的摇篮”，教师不该指责，应鼓励其创造性。

（二）支持幼儿的游戏

教师应以幼儿的眼光来看待游戏，尽量满足幼儿游戏的各种需要，从物质上和精神上对幼儿游戏予以支持。

（1）满足幼儿对游戏材料的需求，使游戏能继续下去。例如：“医院”游戏。“爸爸”抱着摔断腿的“宝宝”来就诊，“大夫”“截肢”找不到可用的工具、材料，教师找来小木板、胶水、纱布、线绳等物，以支撑幼儿游戏的延伸。

（2）满足幼儿充分游戏的心理需要。例如：午餐时间要到了，可幼儿玩意正浓，就可灵活推迟一下进餐时间，使幼儿游戏达到一个理想境界，充分地表现，尽情地体验，心满意足地离开游戏区。

（3）关心幼儿游戏的意愿。教师应善于察言观色，从幼儿的语言、表情、动作上来揣摩幼儿的游戏心态。例如：幼儿表现出对“商店”游戏的兴趣，教师可以讲购物故事、参观、提供材料，为幼儿顺利开展游戏铺平道路。

（4）关心幼儿游戏的进程应随游戏的发展，不断给予支持，站在儿童的立场上去思考游戏的进程，幼儿需要什么样的帮助，及时给幼儿提出合理化建议。

例如，胆小幼儿在“理发店”玩“电吹风”：

“你的电吹风真有用，已经为几个顾客吹过头发了？”

“还没来过顾客”。

“那你可以站在店门口请人家来吹发，需要我帮你叫一些顾客来吗？”

（三）参与幼儿的游戏

1. 教师是游戏的参与者

若要充分发挥游戏在幼儿发展中的作用，教师就必须具有一颗童心，和幼儿一样喜欢玩具，爱好游戏。

在幼儿玩游戏时，教师的参与会使幼儿感到游戏是一种很重要的活动，而且还能延长幼儿游戏的时间。此外，还能帮助幼儿学习、掌握许多操作游戏材料的新方法。

2. 教师应是幼儿游戏的伙伴

伙伴关系表现在：

（1）教师应邀参加幼儿的游戏；

（2）教师应主动参加幼儿的游戏。例如：地铁站排队购票，教师也扮成“乘客”站在队尾等待购票。

师生共同游戏不仅可以使幼儿意识到游戏的价值，培养幼儿游戏的兴趣，而且还能增加师生间的交往，加强双方的关系，促进幼儿社会化的进程，提高幼儿游戏的水平。

3. 教师对游戏的参与要适当

适时、适宜、适当的参与，并及时退出，才不会干扰、破坏幼儿游戏的延续和发展。过多的参与会歪曲游戏，使游戏中止。不参与或参与过少又会使游戏难以发挥其应有的教育作用。例如，刚入园时，幼儿游戏能力较差，要多参与，树立榜样，帮助他们形成游戏的基本技能。

（四）引导幼儿的游戏

1. 诱发幼儿游戏的需要

（1）在游戏场地置放一些新设备，引起幼儿的兴趣

例如：结构游戏区张贴“天安门”“长城”图片，引发搭建的兴趣。

角色游戏区，摆放新服饰鞋帽，引发玩“时装模特”游戏的兴趣。

（2）带领幼儿外出参观，看电影，阅读图书画册

例如：农场参观，“饲养员”带“小绵羊”“枣红马”去吃草，“母牛”挤奶，把“老母鸡”下的蛋装箱集运等。

2. 要适时提出开放性问题

善于把握时机，提出启发性问题，促进游戏的发展。

例如：“火锅城”游戏中，用面泥做“羊肉片”，“除了这些，还能用面泥做什么？”

3. 要及时提出合理化建议

当幼儿游戏未能向前发展时，应适当给予提示、建议，以帮助幼儿更好地开展游戏。例如，一个女孩独自抱着“宝宝”，附近的几个幼儿都在玩“服装店”的游戏。这时教师对小女孩说“宝宝妈妈，天气越来越冷，你的小宝宝衣服穿得太少了，会生病的，你最好带她去服装店买件衣服。”——启发幼儿扮好妈妈，关心照顾自己的“宝宝”，并主动与小伙伴交往，游戏内容情节更丰富多彩。

4. 要巧妙扮演好游戏中的角色

在游戏中针对具体情况进行引导。

（1）根据幼儿特点给予引导。

（2）根据游戏情节予以引导。游戏出现问题时明察秋毫、调停解决。

（五）干预幼儿的游戏

教师要注意矫正幼儿不正确的想法和做法，使幼儿的思维想象逐渐科学化、合理化，符合现实生活逻辑，以保证幼儿的健康成长。

例如："豆浆店"游戏。"顾客"吃完豆浆油条后要"服务员"给张餐巾纸擦嘴。服务员说："没有，别擦了，要擦就这样擦一下。"教师听到后应向"服务员"指出：要热心为"顾客"服务，要讲究卫生。

一些无益有害的自发游戏，教师要及早进行干预，使之消灭在萌芽状态之中。例如，几个幼儿在树荫下商量如何玩"烧火"游戏。教师听到后，马上扮演成"消防队员"开来了"消防车"，对幼儿说："刚才有人拨打 119 电话，说这里有人想玩火，担心会发生火灾，火灾的害处很大，你们知道吗？请你们别玩火。"这样，教师通过"消防队员"的角色身份，及时对幼儿进行消防教育，使幼儿对火有一个全面的认识，而不再产生玩火的念头。

例如，"铡陈世美"游戏。"王朝""马汉""张龙""赵虎"押着"陈世美"向"秦香莲"赔礼道歉，要他"跪下"，而陈世美不愿跪，四员大将硬是把他的身子按倒在地上，警告说"你如果敢起来，我们就用棍子打死你。"边说边找来一根棍子，陈世美的哭声引起教师的注意，赶紧跑过来厉声说："我是包公，谁敢在光天化日之下，为非作歹，欺压百姓？"教师的言行，及时扑灭了四员大将的"火气"，避免了一场皮肉之战。

第三节　亲子园教学

亲子活动作为学前教育重要的教育活动，近年来日益受到人们的广泛重视。越来越多的家长有了科学、先进、富有时代感的教育观念，科学的早期教育观念与知识得到更大范围普及，家庭和教育机构共育方面有了更丰富的内涵，其中，亲子活动能体现家园共育的精神。

一、亲子园教学活动概述

亲子园教学活动是指教师组织家长和孩子共同参与的活动，在幼儿园创设的条件下，以亲缘关系为基础，以教师为主导，教师与家长共同组织幼儿活动的一种幼儿园教育活动方式。它是一种有助于增进教师与家长、家长与儿童情感交流、加强教师与家长对儿童的共同了解以进一步提高教育效益的活动形式。所以，亲子活动是教育机构教育教学计划或任务有直接联系的活动，可以是集体形式（多个家长或家庭参与）的活动，也可以单个家长（家庭）参与的活动。

科学合理的亲子活动，让教师、家长、孩子互相启发共同学习。对幼儿来说，亲子活动是儿童活动的一种重要形式，在儿童成长发展过程中占有重要的地位，它有着独特的功能：

（1）亲子活动是为了寻求快乐而自愿参加的一种活动。它既可以促进儿童身体生长，又可以促进幼儿智力的发展，还可以使儿童产生良好的情绪。而幼儿园亲子活动恰恰是儿童游戏的一种重要形式，也是家庭内成员与儿童交往的一种重要途径。

（2）亲子活动让儿童体验了初步的交往关系，为幼儿和儿童之间、儿童和家长之间搭建了交往平台，有助于社会性关系的发展。

（3）亲子活动联结了亲子之间的情感联系，为建立良性亲子关系打下基础，有助于儿童个性的完善和发展。

幼儿园亲子教学活动是家园共育的重要途径和组织形式，教师与家长两方面教育资源都得到充分的开发利用：教师用其学前教育专业知识影响家长，家长也以所获得的有针对性的育儿经验影响教师，双方积极互动、合作，最大限度地达成一致，形成最大的教育合力，从而为儿童创造最佳的教育环境，促进儿童更主动、可持续的发展。

二、亲子园教学原则

亲子园教学的基本原则：一切都是游戏，一切都是玩具。不要让孩子觉得早教是一种苦恼，学习是一种负担。早教就是有计划的游戏。具体要坚持如下原则：

（1）适宜性——亲子活动的组织者要根据婴儿的年龄特点和发展水平，确定符合婴儿发展需要的活动目标。

适宜的目标应是既高于婴儿现实发展，经过努力又能够达到的水平；既考虑婴儿某一方面的需要，又要着眼于婴儿整体发展的需要；既要考虑婴儿群体的水平，又要兼顾他们之间的差异。

（2）适度性——选择亲子活动的内容要科学适度。

由于婴儿年龄小，活动时要注意动静交替，集体活动与分散活动相结合，时间不宜过长，在集体活动中可以穿插一些自由放松的活动。一个活动可以多次重复进行，但活动量要适当，根据家长和孩子的具体情况，适当注意调整活动内容和活动节奏。既要防止过度疲劳，又要避免运动量不足；既要防止内容单一、形式单调，又要防止花样繁多、任务过重的问题。

（3）指导性——亲子活动是专业人员有目的、有计划、有组织地面对家长及看护者开展科学育儿的具体指导活动。

因为家长和看护者的教育行为直接影响着孩子的成长和发展，所以亲子活动的指导对象应是这些成人，通过指导他们与孩子共同游戏和交流，传播教育孩子的新观念，使他们进一步体验教育的原则和方法在实践中的应用价值，提高他们科学育儿的水平和能力。因此，教师在活动前应该对参加活动的对象有比较全面的了解，针对他们的实际需要和孩子成长的需要来设计活动目标，选择适宜的内容和方法。在指导中，既要满足多数家长的需求，又要考虑对个别家长的具体指导；既要考虑对家长的现场指导，又要考虑对家长在家庭里的育儿指导，使每个家长都有所收获。

亲子活动不可能解决儿童所有的发展问题，也不可能替代家庭教育的全部。因此，组织者不仅要在有限的时间里，对家长进行必要的示范和讲解，同时也要考虑活动的指导性要向家庭延伸，每一次活动后要对家长提出回到家中应继续完成的任务。组织者在设计亲子活动时，要选择最有代表性的内容，让所有的家长都能做得到，对家长的要求要具体，有可操作性，鼓励他们举一反三，创造更多更好的经验和方法。

（4）互动性——在亲子活动中，应该注意调动家长和孩子参与的积极性。一方面要注意家长和孩子之间的互动，另一方面要注重教师与家长之间的互动，还要重视孩子与孩子之间的互动。

家长不仅仅是被动的学习者，他们也有许多丰富的经验和方法。教师可以引导他们在活动中与人分享自己的教子方法，交流成功的教育经验，鼓励他们提出问题。在设计亲子活动过程中，只有充分运用这些宝贵的教育资源，亲子活动才能有效地达到预期目的。

（5）开放性——亲子活动的方式应该是开放的，不受时间和地点的限制，可以根据季节不同适当安排在室内或室外活动。根据孩子年龄的不同来确定活动时间的长短，指导者可以是专业人员，也可以是社区有经验的志愿者，还可以是有经验的父母。

三、亲子园教学方法和手段

亲子活动训练强调整体发展。美国的一些教育家在总结他们 1960 年代曾走过的“偏重于智育”的弯路时，感悟到发展智育“决不能以牺牲儿童的社会性和情感发展为代价”。专家认为，“情商与智商均衡发展是最理想的育儿，从某种意义上来讲，情商甚至比智商更重要”。实践证明，情商的发展对孩子长大成人后能否在人际交往和工作中取得成功至关重要。世界卫生组织也明确指出健康儿童的标准——不仅是没有疾病或不虚弱，还包括体格、心理和社会性的全面发展。

亲子活动课程正是以身体发育、情感发展、智能发展的最新理念为核心，让孩子的身体、情感、智力以及多种智能均衡协调发展。

众所周知，0-3 岁是人生中最重要的发展阶段，只有提供适宜的条件和环境，孩子的多种智能潜力才能得以充分发挥，所以亲子活动训练必须考虑婴儿的身体状况、认知水平、语言能力、创造能力、社会性和情感的发展状况等方面。根据婴幼儿发展需要，以游戏的方式，从身体动作（包括大肌肉肢体运动和小肌肉精细动作）、生活自理能力、社会性发展（尤其是社会性情感的培养）、语言发展、认知发展（特别是数学和科学教育）、艺术能力培养（音乐和美术）等六个方面来设计创编亲子游戏，训练孩子的各种能力，挖掘孩子的各种潜能，使孩子全面、系统、整体发展。同时，通过与小伙伴、成人的互动活动，增强其自信心，塑造良好的个性品质。亲子游戏中强调家长多给孩子肢体抚触，以满足其心理需求。

具体方法如下。

（1）调动和训练感觉器官，让婴儿在纷烦的视、听、嗅、味、触等感受中刺激脑细胞和中枢神经细胞的生长发育。

（2）引导婴儿进行大肌肉和精细动作的训练，以发挥器官的功能，促进身体的全面发育。

（3）对婴儿进行形象化的语言教育，有效地开发孩子语言的感知力和接受力。

（4）通过适当的艺术感染和熏陶，启动其心灵和智慧，培养良好的个性和丰富的情感。

（5）发展婴儿的认知能力，通过对孩子的注意力、观察力、记忆力、想象力、好奇心等的培养，促进感觉经验和思维能力。

四、亲子园教学设计、组织与指导

幼儿园日常开展的各类教育活动，教师指导的对象是儿童。在亲子活动中，教师的指导对象除了儿童以外，还包括家长及其他看护者，而指导的重点是成人。所以，在活动时间、活动形式等方面与幼儿园活动有明显的不同。教师在组织与指导亲子活动时要注意几个基本环节的把握：

（一）活动开始

活动开始的环节相当重要，教师要用简洁的语言向家长说明活动的主要目的、要求和主要内容，对他们提出必要的要求。接下来的活动是引导家长与孩子对亲子活动产生兴趣，由于亲子活动现场往往有较多的家长，家长在旁边陪同儿童，儿童显得比较兴奋，教师必须迅速将幼儿的注意力集中到教师身上。教师可以利用事先准备好的材料、玩教具或身边的环境吸引孩子和他们的家长，如游戏化的点名活动，也可以玩个简单的游戏，或进行简短的谈话，播放好听的音乐，目的是使大家进入活动状态，让幼儿对活动产生兴趣，将注意力集中在即将开展的亲子活动上。

（二）活动进行

在亲子活动的进行当中，因家长的不熟悉、儿童的兴奋容易导致活动的开展出现问题，在活动开展前教师有必要向家长交代活动的要求，活动可以是面向集体的，也可以是分成小组或单独进行的。在活动开展当中，教师仍可能需要再次提醒。教师在指导亲子活动时重点是引导家长观察孩子的活动过程，避免包办代替，防止产生急躁情绪。对于初次参加亲子活动的家长，不但自己要有信心，还要积极鼓励孩子完成任务。当然，由于孩子的发展存在差异，教师要引导或提醒家长应尊重孩子的差异，使家长通过参加亲子活动以及教师的指导了解孩子学习的过程和方法。

（三）活动结束

亲子活动结束后，教师要对活动进行评价与小结，活动的评价与小结力求简洁，抓住重点，对儿童和家长的表现予以赞赏。教师不仅要评价亲子活动的情况，同时也要对家长提出回家后的要求，并对一些在家里继续进行的亲子活动进行必要的检查，鼓励家长自己在家里创编更新更好地活动形式和方法，使亲子活动的指导延伸到家庭，使亲子活动的目标更好地实现，使广大的家长的教育能力不断提高。

为了使亲子活动开展更为有效，也为了使家长通过参与亲子活动提升其教育水平，使亲子活动的功能得以最大程度地发挥，教师在组织与指导亲子活动时要注意以下几点。

（1）鼓励家长提出问题，开展有针对性的指导。

（2）引导家长关注孩子的成长变化，适当安排家长之间的交流，让他们对自己充满信心，对孩子的发展有更充分的认识和理解。

（3）活动内容不宜过多，注意动静结合。

（4）在分散活动中开展个别指导，与家长进行一对一、面对面的交流。

（5）重视养成教育的指导。托班、小班的亲子活动要充分考虑到适当的休息和放松，可以安排一些喝水、小便等生活活动的环节。教师趁此机会可以有意识地指导家长如何引导孩子学会基本的生活能力。每一次活动都要求家长和孩子一起收拾玩具材料，告诉家长这也是很重要的养成教育过程。

五、亲子园教学活动评价

亲子园教学活动的评价应符合如下标准：

（1）课程内容要符合孩子的年龄特点。

（2）时间安排适宜，符合动静交替、劳逸结合的原则。

（3）教师的语言恰当、要点讲解清晰。

（4）教师教态亲切、自然、大方。

（5）教具、玩具符合教育教学的要求。

（6）教师之间的分工明确合理、配合有趣。

（7）孩子能够自始至终情趣愉快地跟着教师和家长进行活动。

（8）家长能理解、配合教学活动，并掌握活动要点。

第四节　幼儿园教学

一、幼儿园教学活动概述

新《纲要》指出：“幼儿园的教育活动是有目的、有计划引导幼儿生动、活泼、主动活动的多种形式的教育过程。”广义的学前儿童教学活动指学前教育机构全部教学活动的总和，包括托儿所、亲子园教学。狭义的学前儿童教学活动，即幼儿园教学，指教师根据国家的学前教育目标和任务，结合社会的需求和学前儿童身心发展规律而专门设计的、多种形式的、有目的、有计划地引导学前儿童生动活泼、主动活动的学习活动，它是学前儿童全面发展教育的重要手段。

学前儿童教学活动具有主体性、活动性、启蒙性、主观性、整合性和灵活多样性等特点。学前儿童教学活动要体现以儿童为本的思想，以游戏或游戏化的手段来开展各种活动，注重教学的启蒙性，多采用直观形象化的教学方法，注重各活动类型、各领域内容、方法以及过程的整合，灵活多样地开展教学活动。

二、幼儿园教学原则

幼儿园教学原则是根据教学过程的客观规律形成的，是幼儿园长期教学实践经验的总结，是教学工作必须遵循的基本要求。

1. 科学性与思想性原则

幼儿园教学工作的中心是为了实现教育目标，培养身心和谐发展的人。因此，其教育内容和方法要具有科学性和思想性，给幼儿提供正确的知识经验，使得幼儿正确的感知客观事物和现象，帮助幼儿形成正确的概念和对事物的正确态度。

此外，在教学中要遵循幼儿的身心发展规律和幼儿认识事物的规律组织教学，选用正确的教学方法。

2. 积极性原则

教学过程是教师的教和幼儿的学相统一的过程。幼儿是学习的主体，在教学过程中要激发幼儿学习的积极性，诱发幼儿的内部学习动机是十分重要的。

在教学过程中教师要采用多种方法激发幼儿学习的兴趣和求知欲，引起幼儿参与活动的内部需要。另外，在教学过程中，教师与幼儿的相互作用也是促进幼儿积极主动学习的一个条件。教师应该采用双向或多向交流的教学形式和方法，使得教师与幼儿、幼儿与幼儿之间得到及时的交流和反馈，促进幼儿积极性的发挥。此外，在教学过程中，教师还要注意与幼儿进行体态语言的交流。如教师从目光、表情、语调、动作等表现出对学习对象的兴趣、好奇，对幼儿的期望、鼓励、爱护和赞许等都能提高幼儿学习的积极性。

3. 发展性原则

发展性教学就是指通过教学使幼儿的体力、智力、道德、意志、情感、个性等获得全面的发展。发展性教学原则要求教师为幼儿选择的学习内容应有一定的难度，而且是逐步加深的，需要幼儿作出一定努力才能学会的，并且要求幼儿不断努力，从而促进幼儿的不断发展。除了完善教学内容之外，发展性教学原则还要求教师改进教学方法，如采用比较的方法，创造问题情境的方法等进行教学，促使幼儿积极主动的开展智力的、情感的独立活动，以达到幼儿个性的全面发展。

4．活动性原则

儿童的学习是一个主动的建构过程。一方面，儿童是主动的通过自身的活动作用于客体，人类有一种自发的探索与认识环境的需要和潜能；另一方面，儿童在心理上是主动的，他依照自己的活动方式来建构知识与认识环境。因此，活动对幼儿是十分重要的。

为了贯彻活动性原则，教师要为幼儿提供丰富的材料和充分的活动时间，以及进行人际交往的机会。教师既要相信儿童，放手让幼儿进行各种活动，又要进行必要的指导，同时还应激发幼儿在活动中的积极性、主动性和创造性，使活动真正成为幼儿发展的手段。

5．直观性原则

教师要根据幼儿不同年龄的发展水平，运用各种形式的直观手段，从具体的、有情节的事物向无情节的事物过渡，从实物类型的直观向图片、模型等过渡。因为图形直观比实物直观更具有概括性质，它能缓和幼儿现有概括水平与提出的教学任务之间的矛盾，是形象思维向抽象思维过渡的有效形式。

此外，幼儿的感知活动还必须与语言紧密结合，以使直观教学产生最大的效果。教师要以语言引起幼儿的注意，组织幼儿的感知，指导幼儿的认知，促进幼儿理解教学内容，并要求幼儿用语言描述物体或现象，表达自己的思想。直观教学不是教学目的，而是一种教学手段，必须正确运用，避免形式主义。

6．巩固性原则

幼儿积累经验、储存信息，掌握简单技能是学习新的知识技能的基础，是发展智力、进行活动的必要前提，也是进入小学后学习系统知识所需具备的条件。因此，在教学过程中，首先要激发幼儿的兴趣，促使他们主动积极地作用于客体，使其及时理解与巩固。其次，要创设条件，给予幼儿运用已学的知识技能的机会。还要引导幼儿在学习新知识技能时联系旧有经验，使幼儿不断巩固和复习原有知识技能。

7．个别对待的原则

由于遗传、环境、生活和教育条件的不同，每个幼儿在生活经验、知识技能、兴趣爱好、智力发展等各个方面都存在差异。为了使每个幼儿都能在自己原有的基础上得到最大限度的发展，在教学中就必须从每个幼儿的实际出发，有的放矢地进行教育。

为了做好个别教学，教师要充分观察了解每个幼儿的发展水平，以及针对每个幼儿的情况提出教育对策。除了集体的教学活动之外，教师要组织每个幼儿个别的、小组的学习活动，使每个幼儿的兴趣与需要得到满足，能力得以发挥，促进每个幼儿在不同水平上获得发展。

以上教学原则都是彼此联系，相辅相成的，教师必须在理解各个教学原则的实质和它们之间联系的基础上，结合各科教学的特点和幼儿的实际情况，全面正确地加以运用。

三、幼儿园教学方法和手段

教学方法是指教学活动中，教师进行教育活动时所采用的方法，它既要考虑教师怎样教，又要考虑幼儿怎样学。由于教学要求、内容、性质不同，由于幼儿的感知觉、思维、记忆、注意力的发展水平不同，因此，幼儿园的教学方法必须是多种多样的。

幼儿园常用的教学方法有以下几种。

（一）直观的方法

（1）观察：包括幼儿在教师指导下有目的地进行的观察和幼儿自发的观察两种类型。它是幼儿园教学活动中的一种最基本方法，也是幼儿进行自我发现自我探索活动的必要方法。运用观察的方法，不仅为了使幼儿获得感性材料，还要在观察过程中教会幼儿观察的方法，发展幼儿的智力，培养幼儿对周围事物的情感。

教师在组织幼儿的观察活动时，首先要有明确、具体的要求，在观察过程中教师要以多种方式来组织幼儿的注意，引导幼儿观察事物的主要特征及其变化，启发幼儿发现问题和分析问题。教师要鼓励幼儿在观察中相互交谈并提出问题。观察结束后，教师要组织幼儿进行谈话，使幼儿的经验和印象得到整理和巩固，并进行相互学习。

（2）演示、示范和范例：演示是教师通过向幼儿展示各种事物或直观教具，引导幼儿按一定顺序注意物体的各个方面和各种特征，使他们获得某一事物或现象的较完整的感性材料。示范或范例是教师为幼儿提供多种多样的模仿对象（动作、语言、声音、图画、剪纸、或典型事例），引导幼儿进行模仿学习。

（3）多媒体教学：以电影、电视、幻灯、录像、录音、计算机以及网络等作为教学手段，把声音、形象和色彩结合起来，具有生动活泼、具体形象，富于吸引力和感染力等特点。这一类型教育手段的广泛运用，将会给幼儿园的教育活动带来深刻的影响，使幼儿获得经验的途径变得丰富而广阔。但是多媒体手段的运用必须周密考虑使用的步骤和恰当的场合，以取得最佳的教育效果。

（二）口语的方法

口语是教师与幼儿相互作用的主要媒介，教师经常用口语指导幼儿的各类活动，为幼儿提供信息、解释事物，向幼儿提问、启发、进行评价等。

讲解是指教师通过语言向幼儿讲述或解释某事物。多种教学活动都要与讲解紧密结合，通过讲解可以使幼儿更好地理解教师的教学意图，从而使幼儿进行有效的知识技能的学习。教师在使用讲解法时，要考虑活动的特点、幼儿原有水平和针对要说明的问题，而不是让幼儿按照教师的语言刻板的一步一步的行动。

谈话是由提出问题和回答问题所组成的，教师和幼儿都可以成为“问”和“答”的双方。为了使谈话取得良好的效果，必须考虑以下几点：谈话必须在幼儿已具备的感性经验的基础上进行；提出的问题具体明确并具有启发性；要面向全体幼儿，不能满足少数幼儿的问与答；引导幼儿注意倾听问题和回答，并能针对问题进行问与答。

（三）游戏的方法

运用游戏的方法来组织教学能够引发幼儿学习的兴趣，调动幼儿活动的主动性、积极性，以取得良好的教育效果。教学中经常运用的有智力游戏、音乐游戏和体育游戏。

游戏化的教学活动的目的在于完成一定的教学任务，通过游戏的形式，使幼儿积极地参与活动的意愿。这种形式可以组织全体幼儿进行，也可以是小组的或个别幼儿的活动，在运用时切忌盲目追求形式。

（四）发现法

发现法（又叫发现学习）是美国心理学家布鲁纳所倡导的。发现法的主要目标不在于发现新事物，而在于发挥学习者的主动性，把学习过程作为个体对所获得的信息进行选择、转换和应用的过程。它包括两种方式，其一是通过幼儿自己的感知操作，与课题进行相互作用，发现事物的特点和事物之间的关系；其二是由周围环境刺激物引起幼儿的好奇，使幼儿进行探究、发现问题，寻找解决问题的方法和途径。

发现学习可以引起幼儿的内部学习动机，有益于幼儿的自主性、主动性、积极性的发挥；有利于幼儿创造力和独立探索能力的发展。因此，教师要为幼儿的发现学习创造学习环境和条件，提供幼儿充分活动的时间和机会，细致地观察幼儿的活动过程，适时地提供必要的指导和帮助，促使幼儿相互间的交流与评价，鼓励幼儿再学习的欲望。

四、幼儿园教学设计、组织与指导

（一）幼儿园教学活动的组织形式

幼儿园的教学除了考虑教学方法外，还应慎重考虑教学形式。幼儿园教学活动的组织形式有集体教学、分组教学和个别教学等。

集体教学可以较集中较迅速地实现某一规定性的教学任务，有利于培养幼儿的集体性和自制力。但因幼儿人数较多，不能充分考虑每个幼儿的认识水平和学习能力，教师不易集中全体幼儿的注意力，难以照顾到每一个幼儿的发展水平。

分组教学能面对一组幼儿较全面细致地进行指导，幼儿容易和教师进行互动，有利于教师和幼儿以及幼儿之间的相互交流。但需要有相应的园舍、师资和设备等条件。

个别教学能较好地考虑每一个幼儿的能力和接受程度，照顾个别幼儿的特点和兴趣，但需要花大量的时间和精力，需要更多充足的人力等主客观条件。

在幼儿园的教学活动中，以上三种教学组织形式应结合进行，互相补充，将有利于更好地完成教育任务。由于目前我国学前教育的条件存在着较大的差异，因此在许多地区仍然以集体教学为基本的教学形式，即使这样教师也需要根据各地各园的实际情况，尽可能地运用分组和个别教学的组织形式。

（二）教学活动方案的设计

第一，设计教学单元目标，这是根据教学单元活动的中心所发展出的一种涵盖层面较广、弹性较大，并且涉及知情意各方面的一般性目标。它介于教育目标与幼儿的行为目标之间，亦即比教育目标具体，但比行为目标笼统。

在订立教学单元目标时，最常见的是根据选择该活动的理由，再依据认知（知识）、情感（态度）及技能（能力）三大领域的教育目标层次来拟定与呈现。这些目标可涵盖幼儿的各项发展，身体动作、情绪（心理健康、社会）、创造力、认知、语言。例如：在“好玩的水”的活动里，“知道水的特性”便是针对认知领域而产生的活动目标。

第二，设计每一活动的具体目标，即行为目标。行为目标是教学单元目标的具体化，为了能有效地把目标运用于教学互动中，必须清楚地表述学习者应表现出来的结果，如：幼儿在学过刷牙的技巧后，在餐后能按所教的步骤正确刷牙。因此，这类目标应该是明确、具体和可见的。明确清楚的行为目标不仅有助于教师选择教学经验的内容，也将影响教学评价的方式。

在知道了教学单元目标及行为目标如何产生之后，接着就是要把目标较为明确地写出来。在实践中，我们常常会看到教师在写目标时分不清目标到底是针对教师还是针对幼儿，有时甚至会把目标写成活动内容或手段，如：把“知道动物的名称”写为“介绍动物的名称”。

基本上来说，教学单元目标的写法和一般性目标是一样的，只不过它的层次在教育总目标之下，所以应该具体明确，切实可行。但内容上仍是包含幼儿在认知、情感、能力、技能、习惯、态度等方面的发展，设计时以“认识”“知道”“了解”“养成”“增进”“促进”“启发”“引导”“扩展”“充实”等动词开始，一个目标只代表一项该教学单元所需完成的结果，且不可将手段写成目标。

例如，“自己动手”的教学单元，可以发展出下列的教学单元目标：

（1）知道工具的使用原则（认知领域）；

（2）提高使用工具的能力（动作技能领域）；

（3）养成收拾用具的习惯（技能领域）；

（4）知道废物利用的方法（认知领域）；

（5）引导幼儿参与活动的兴趣（情感领域）；

（6）培养在活动中的持续、专注的精神（情意领域）；

（7）促进幼儿的创造力（动作技能领域）；

（8）培养幼儿的审美观点（情意领域）；

（9）知道自己作品的优缺点（认知领域）；

（10）乐意欣赏同伴的作品（情感领域）。

在设计好了一个教学单元的目标后，我们就需要开始具体活动的设计。如“自己动手”教学单元中，根据“学习正确的使用各种工具”“养成收拾用具的习惯”等目标，我们设计一个活动——“常见的工具”，并写出它所要达成的行为目标如下：

（1）能说出工具的功用（认知领域）；

（2）能说出使用工具时应注意的事项（认知领域）；

（3）会使用剪刀、胶水、订书机、打洞机、水彩用具等工具（动作技巧领域）；

（4）工具使用完后会清理、归还（动作技能领域）；

（5）会爱护所使用的工具（情感领域）。

五、幼儿园教学活动评价

教学评价是运用科学方法和技术，收集有关学生学习行为及其成就的正确资料，再根据教学目标，就学生学习的表现状况进行分析、研究和评判的一系列工作。教学评价是根据教学目标而来的，在判断目标达成的状况时，同时检查有关的教学计划、教材内容以及教学方法和技术。所以，教学评价不是教学过程的终点，也不代表教学活动的结束。它主要的目的在于分析教学得失及诊断学习困难，以作为实施补救教学和个别辅导的依据。

教学评价包括教师教学的评价和幼儿学习的评价两部分，也即教学评价负有双重任务，除了评价幼儿的学习成就以外，最重要的还在于评价教师本身所设计的“教学”活动、过程计划以及所有的教学资料对学生是否适宜。因为学生的学习成就固然受其自身能力、努力程度、学习态度等因素的影响，但是教师所设计的教学目标、活动计划等都会对幼儿的学习成果产生重大影响，亦即教师在教学活动中必须充分发挥其效率。

一般来说，从评价的时间和性能而言，教学评价可分形成性评价和总结性评价；从评价资料的解释方式而言，教学评价又可分为常模参照评价和标准参照评价。

由于教学活动的范围非常广泛，其目标通常包括认知、技能和情感三方面，也就是说除了知识、技能的学习之外，还包括儿童的品性、人际关系、学习态度与兴趣等方面，所以必须采用不同的考查方法，以配合教学内容进行多种方式的评价。通常幼儿园的教学评价的方法有以下几种：

（一）标准化测验

这种测验的特征：通常根据测量理论及技术编制而成，每一题目均经测验专家审查，也即题目的选择是经过项目分析的；具有常模，此种常模是自全国或全地区中抽取具有代表性的样本而确定的；具有测验实施指导及计分方法等统一的规定事项。

常用的标准化测验包括：性向测验（测量儿童的学习能力）；成就测验（测量学习的效果）；兴趣测验（了解儿童的兴趣）。

（二）教师自编测验

教师自编测验是由教师一句测验的原理和技术，针对其所进行的教学单元及教学目标，自行设计和编制一套测验，以评价学生的学习成就。

教师自编测验时，首先要有详细的计划，能够根据教材内容和教学目标，画成一个项目设计表再加以编制，测验内容应包括教材的主要部分，亦可衡量不同行为层次的学习成就；其次是预备试题，可以使用判断、选择等形式，必须按照教学的内容与性质，以及幼儿的能力，选择最适当的试题形式来评价学习的结果。一般说来，对于幼儿进行测验，时间不宜长，否则会因注意分散或疲劳而使测验失真。

（三）行为观察法

对于幼儿行为的考察，主要依靠长期的观察。教师应利用不同的方式，记录幼儿平时在各种活动中的表现。记录重点，以便能对幼儿的表现作比较客观的评价。此外，教师还可使用事先编制的适当评定量表，根据观察结果，将幼儿的行为表现在适当的项目上标明，进而作出评价分析。

（四）活动产品评价

对幼儿的活动成果与作品进行评价是目前幼儿教育机构中较受欢迎的一种评价方法，把幼儿过去和现在的活动产品进行比较，就可了解幼儿的发展状况。进行这类评价时，应注意以下几个问题：①要按时收集资料，不应有间断；②评价要切实，针对优点、缺点或必须改正的地方，予以适当的指导，并尽量给予积极的鼓励，避免用消极的批评；③应将幼儿的作品以系统的方式建立档案，随时掌握幼儿的进步情形。

总之，教学评价的方式很多，各种评价工具都有特殊的应用对象和目的，教师必须善于选择与应用，以使评价结果具有较高的信度、效度与可行性。此外，教学评价都应具有改进教学的积极功能，不应只是评价教学成果的工具。因此，教师应设法改进评价技术，运用正确的方法，实施教学评价，以增进教学效果。

本章小结

本章第一节介绍了有关学前教育课程与教学的基本概念，学前教育课程与教学的特点、目标、内容，以及学前课程的类型、实施和评价；第二节介绍了学前儿童游戏的类型及组织指导；第三节介绍了亲子园教学活动的原则、方法、手段以及设计组织指导和评价；第四节介绍了幼儿园教学活动的教学原则、方法手段以及设计组织指导和评价。

本章思考与实训

一、简答题

1. 简述幼儿园课程的特点。
2. 简述幼儿园教学活动的基本原则。
3. 简述从教育的作用上分，学前儿童游戏的种类。
4. 简述幼儿园的教学方法和手段。
5. 试述幼儿园课程的整体评价。
6. 结合幼儿园教育实践，论述游戏对幼儿发展的价值意义。
7. 试述如何指导学前儿童的游戏。

二、案例分析

案例1

小班模仿表演活动

1. 教师组织小朋友围坐一圈，讲述大森林的故事，引入到动物的动作。
2. “我是老虎，我喜欢奔跑！”做出相应的动作。
3. “我是羚羊，我喜欢跳跃。”做出相应的动作。
4. “我是……我喜欢……”做出相应的动作。

重点研讨

以上案例是某一活动的设计意图，体现了什么教学原则？

案例2

阅读以下材料，回答相关问题。

活动设计一：中班绘画活动《小鸡和鸡妈妈》

活动目标：

1. 感受小鸡和鸡妈妈的温馨，培养幼儿对父母的亲情。
2. 发展幼儿观察力和想象力。
3. 画出小鸡的各种动态。

活动设计二：大班科学活动《身体中的水分》

活动目标：

1. 乐于参加集体活动，并感到快乐。
2. 知道补充身体水分的多种方法。
3. 了解人体离不开水的基本常识，知道喝白开水是为身体补充水分的最佳方法。

活动设计三：小班体育活动《椅子乐》

活动目标：

1. 喜欢参加体育活动，体验体育运动带来的乐趣。

2. 增强身体的体质。

3. 学会走、跑、跳等基本动作。

重点研讨

1. 以上活动设计的活动目标存在哪些问题？

2. 在设计活动目标时应注意什么？

三、章节实训

1. 实训要求

以“家庭”为主题设计一次幼儿园教学活动，并进行评价。

2. 实训过程

（1）5-7 人组成一个主题活动设计小组；

（2）分工合作，设计一个幼儿园教学活动；

（3）每组推选一个同学进行试讲；

（4）汇报评价（同学点评,个人反思）。

3. 实训评价

项目		评分标准	分值	得分
活动准备	1	目标是否具体、操作性强，内容是否蕴含教育价值	10	
	2	重点难点是否清晰	10	
	3	教学方法选择是否恰当，玩教具是否符合教学需要	10	
活动过程	1	内容是否符合本班幼儿的生活经验和心理发展水平	10	
	2	所创设的情境能否帮助幼儿进入活动状态	10	
	3	活动能否体现幼儿主体性	10	
	4	师幼定位是否准确，教师的指导是否适宜、有效	10	
活动延伸	1	结束是否自然、流畅	10	
	2	活动延伸的角度和方法是否适宜、全面	10	
	3	通过活动，幼儿的综合能力能否得到发展	10	
自我反思				

第六章　区域活动、日常生活活动与其他形式的活动

引入案例

今天的区域活动，教师交给建构区的任务是搭建各种各样的工厂，有了本月主题学习《各行各业》的铺垫，孩子们很快就投入到工厂的建构中。滔滔、波波和嘉嘉各自搬了一筐积木很认真地进行着他们的建构工作。滔滔和波波搭了一半便把两个人所搭的积木组合在了一起，说要合作搭一个大大的杂货店，而嘉嘉则专注地在建构自己的钟表店。过了一会儿，从建构区里传出了大声的争吵声。教师走过去一看，原来是滔滔和波波的杂货店建的太大了，积木都不够用了，他们看到嘉嘉还有很多积木就去拿了他的来用，争吵就这样开始了。波波和嘉嘉吵得小脸通红。"吵架能解决问题吗？"教师轻声问他们，顿时他们安静了下来，都摇了摇头。"那就要想办法解决问题呀！"他们都不说话了，过了一会儿，滔滔对嘉嘉说："你的钟表店不是很大也用不了那么多积木，能不能把你用不着的积木先借我们用一下啊？"这次嘉嘉愉快地答应了……

嘉嘉的钟表店建得很漂亮，他采用了两边对称的方法，下面直直细细的，上面宽宽的，插上了两个翅膀一样的屋檐，最上面是尖尖的房顶，颇像古老的欧洲建筑。孩子们在惊叹的同时波波提出了它的一个缺点，他觉得这座钟表店好像不结实，一碰就会倒的样子。于是教师请所有的孩子一起想办法，怎么解决这个问题，让钟表店更结实一点。孩子们想出了很多好办法，有的说把下面再加粗一点，有的说把上面改细一些，有的说把"翅膀"去掉让上下一样粗就不会倒了。嘉嘉说他也想到一个好办法，他没有说话只是走上来，将钟表店上半截和下半截调换了一下，这样就变成了下面粗上面细，而且房屋的风格没有任何改变。不可否认，嘉嘉的办法是最好的，所有孩子都为嘉嘉的机智而鼓起了掌。在分享了波波和滔滔的杂货店后，教师请他们和孩子们讲了他们搭建过程中的那个小插曲，最后他们告诉同伴："遇到问题要想办法解决，吵架是解决不了问题的。"

问题　幼儿在区域活动中自主学习、自主解决问题是幼儿园教学活动指导策略的关键。以上案例是如何体现了教师指导幼儿自主学习的指导策略的？

本章学习目标

（1）理解掌握区域活动的定义、特点和类型，初步学习根据幼儿班级具体情况设计区域活动、投放材料，并尝试组织指导儿童活动。

（2）理解幼儿园日常生活活动的含义、内容和要求、教育意义。

（3）了解幼儿园劳动的特点、内容和要求。

（4）了解幼儿园娱乐、节日活动的形式和组织方法，能够根据不同的节日设计活动的组织形式。

本章知识结构

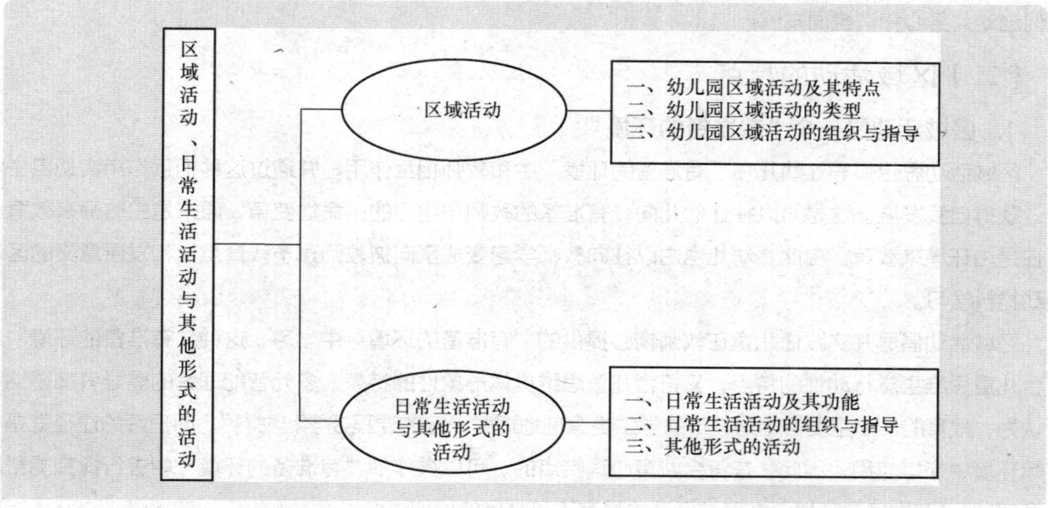

第一节 区域活动

一、幼儿园区域活动及其特点

(一)区域活动的概念

区域活动起初叫做活动区教育模式，最早出现在 1930 年代英国的一些幼儿学校(5-7 岁儿童学校)，1970 年代开始流行于美国幼教界。1980 年代末 1990 年代初，有别于传统的直接教学、分科教学模式的一种幼儿教育新思想、新方法开始在我国幼教界广泛传播，它对我国幼儿教育改革与发展所产生的积极影响已越来越多地为大家所认识，已成为幼儿园普遍采用的一种教育活动形式，它为幼儿自由选择、自发探索、操作摆弄的自主活动开启了另一扇门。这就是“区域活动”，也被称为“区角活动”“活动区教学”(以下不作区分，统称“区域活动”)。

区域活动在我国幼儿园开展的最初阶段，仅仅作为集体教学的一个补充，被有限地安排在教室的角落，所以被称为“活动角”“区角活动”或“活动区活动”。随着改革的深入，活动角逐渐增加、扩大，活动区教育又被称为“区域活动”。

幼儿喜欢在活动区中游戏和学习。区域活动，以其组织形式的灵活、活动内容的丰富，有力地推动着幼儿教育朝着多样化、个性化的方向发展，其独特的教育价值已被大家所认可。《幼儿园工作规程》提出了幼儿园教育工作的原则之一是“创设与教育相适应的良好环境,为幼儿提供活动和表现能力的机会与条件”。在幼儿园的活动室和可利用的地方，为幼儿创设灵活多样的活动区，供幼儿自由选择游戏活动，让幼儿真正成为环境的主人，这是对《幼儿园工作规程》精神的贯彻与落实。尤其是新《纲要》的颁布，使幼儿园区域活动的地位直线上升。区域活动具有的这些优越性使得它越来越受到人们的重视和普遍关注。

区域活动中宽松的氛围，丰富的操作材料，灵活多样的活动形式，能满足幼儿发展的不同需要。那么，究竟什么是区域活动呢?

区域活动是一种个别化的学习，是教师根据幼儿的兴趣和发展的需要，在幼儿园中为幼儿设置一定的教育环境即活动区，让幼儿自主选择活动材料，根据兴趣，以自己的方式，通过主动活动来学习，从而促进幼儿身心和谐全面发展。

（二）区域活动的特点

1. 区域活动是一个“有准备的环境”

区域活动思想倡导让幼儿在“有准备的环境”中和教师相互作用，并通过这种相互作用实现自主学习，获得自我发展。这是对以往让幼儿向“有准备的教师”学习的革命性变革，原来是由教师来教育，现在是由环境来教育。由此，幼儿也由以往向教师学习变成了向被教师赋予教育意义和发展意义的区域活动材料学习。

区域活动倡导并实践让儿童在教师精心提供的“有准备的环境”中学习，这种“有准备的环境”既符合儿童思维直觉行动性的特点，又符合儿童思维具体形象性的特点。多元智能理论的倡导者加德纳教授认为，教育的一个重要目标是“帮助学生更深刻地理解一定的课程或学科材料”，而理解的途径就是在实际环境中加以应用。因此，在符合儿童心理特点的、可以操作的“有准备的环境”中进行探究能帮助儿童理解，“有准备的环境”在区域活动中具有不可替代的价值。

2. 区域活动采取的教育方式是“导师制”

区域活动思想倡导教师从“准备教案”转向“准备幼儿的活动材料”。可以说，从“教师”到“导师”，从“备课”到“备材料”，从“知识传授者”到“发展支持者”，这是教育史上教师角色的重大变革。所谓“导师”应该是幼儿在探究环境过程中的支持者和引导者，重在创设一种师幼关系平等、幼儿同伴关系平等的民主环境，营造与幼儿在活动中人格、角色和参与方式平等的民主氛围。

在区域活动中，教师成为幼儿进行自发工作的“导师”，他们准备好适宜的环境，提供支持性干预，引导幼儿主动学习；他们陪伴幼儿在适宜的环境中体验主动学习的乐趣；他们不仅尊重、热爱、了解幼儿，更能引导幼儿实现真正的自我发展。

面对新一轮的幼儿园课程改革，幼儿园教师必须成为引导型教师——“导师”，即幼儿活动的引导者、支持者、研究者和喝彩者。

3. 活动区教学具有灵活性特征

霍力岩、孙冬梅（2006）等参照蒙台梭利区域活动教育思想与光谱区域活动思想并吸收二者的长处，结合我国幼儿园的一些实际情况，在幼儿园开展了为期三年的初步实践，发现丰富多彩的区域活动对幼儿各方面发展起到了促进作用。他们提出不同的幼儿园由于地理环境和教学条件的不同，在采用活动区教学时可以因地制宜，进行灵活变通，如在场地设计、活动材料、教具选择上均可体现当地的特色，对区域活动目前在幼儿园的开展提出了相应的要求和建议，对区域活动的顺利开展提供了一定的依据。

活动区的讲评也很灵活，可以是教师讲评，也可以是幼儿自评、幼儿同伴互评。教师以游戏伙伴的身份对游戏进行讲评，更能吸引幼儿，为幼儿所接受。对不同的活动区，还可以从不同的角度采用不同的讲评方式，可以分为作品展览式讲评、分小组讲评、发现式讲评、讨论式讲评、反映式讲评等。

4. 区域活动的重要特征是体验

幼儿体验着不同的区域活动，体验的结果是使幼儿拥有更高层次水平的经验。幼儿在区域活动中的体验过程也是幼儿经验提高的过程，幼儿体验到的区域活动是赋予了个体意义的经验的区域活动，渗入了个人的情感。

二、幼儿园区域活动的类型

1. 自然区

扫一扫

扫一扫——各种各样的区域活动

自然区是以养殖、种植动植物为主要内容的幼儿活动区，其教育目的是让幼儿通过观察生物生长规律了解自然知识。在自然区内可以根据季节性要求种植一些植物，让幼儿观察植物的生长规律，也可以养殖一些小动物，让幼儿观察小动物的习性。在教室内，还可以利用花盆种植反季节的植物，用鱼缸、笼子饲养鱼、鸟等小动物，使幼儿有机会了解更多的生物知识。

2. 手工区

手工区是为了锻炼幼儿的小肌肉活动能力和创造能力所设计以幼儿手工创造活动为主的教育环境。在手工活动区内，要为幼儿准备一些用于构造活动的材料，如废旧纸板、小木块、针、线、布头，纽扣等，手工区的材料要经常更换，以便于幼儿利用不同材料进行不同的构造活动。在手工区内进行构造活动可以对幼儿小肌肉的发育和精细动作的锻炼有较大作用，可设置针线区、自理能力操作区、毛线编区等。

3. 语言区

语言区是幼儿进行语言锻炼的活动区域，一般应有启发幼儿说话的景物设计。如利用玩具柜的背面挂一块布，画上美丽的景物，组织幼儿把旧图书里的人物、动物剪下来做成贴绒教具，进行桌面表演和讲故事等，可以有效提高幼儿的语言表达能力。

4. 科学区

科学区一般以幼儿园常识教学中所涉及的知识内容为主，把一些能够培养幼儿科学素质的物品集中在科学区内，并定期更换区域内景物设计，以启发幼儿对科学探索的兴趣。可设置海洋、天体、动植物、机器、人体等。自然界的万事万物都可让幼儿去采集、去了解、去研讨，达到丰富他们知识的目的。

如在墙上画一幅“海底世界”图，区域内放有水箱、木块、小木船、磁铁、蜡烛、塑料袋、小瓶子等不同材料，幼儿可以利用这些材料进行不同的探索，以了解科学的奥秘，培养对科学的兴趣，以及观察事物变化的能力和动手制作能力等。

5. 图书阅读区

设立图书阅读区的主要目的是让幼儿自己阅读儿童读物，幼儿能够读懂或看懂的读物是启发幼儿智力的重要工具，从小培养幼儿认真阅读的习惯是使其形成学习能力的基础，因此设立图书阅读区是非常重要的。在图书阅读区还应备有浆糊、纸条、剪刀等物品，供幼儿随时修补图书使用。采用图书角、阅读区，听（或讲）故事区、英语区、新闻栏等，对幼儿的阅读能力、语言表达能力的提高有着很大的作用。

6. 美工区

美工区是发展幼儿美术创造力的重要活动环境，在美术活动区域内备有从事美术创造的各种材料，以供幼儿活动时使用，如颜料、画笔、剪刀、各种纸、橡皮泥等。在美工区内还可以摆放一些物体的标本、模型等物品，供幼儿进行美术创作时临摹使用。还可设置折纸区、剪纸区、绘画区（可分水彩、水粉、蜡笔、棉签、印章等）。

7. 音乐区

音乐区是发展幼儿音乐活动能力的学习环境，在音乐区里备有电子琴、录音机和各种打击乐器等。

孩子们在可以亲自操作录音机，听唱自己喜欢的音乐，还可以随着歌声翩翩起舞。在这个区域中可设置打击乐区、舞蹈区、音乐欣赏区，以及表现少数民族的音乐和服饰的区域。这对培养幼儿的音乐感受力、鉴赏力、表现力有着很大的促进作用。

8. 构造活动区

构造活动区是利用各种构造游戏材料组织幼儿开展构造活动的游戏区域，如小、中、大型积木、积塑以及其他可以用来进行构造活动的废旧材料等。在构造活动区里，幼儿可以根据自己对社会生活知识的了解，利用现有的材料进行各种各样的建筑或构造活动，以发展幼儿的想象力和创造力。可设置积木区、积塑区、泥塑区、沙石区、木工区、嬉水区等。这些活动对提高幼儿的动手操作能力、创造力有很大的帮助。

9. 社会活动区

所谓的社会活动区是指根据幼儿渴望参加社会活动的心理需要，按照社会生活实际设计的某种场景，让幼儿在活动区域内模仿社会实践活动。在这个区域中可设置娃娃家、儿童医院、小商店或超市、美容美发店、邮局、公园、照相馆、酒楼、茶吧等，可以将许多的成人劳动都搬到幼儿园，以满足幼儿模仿成人劳动的愿望，让幼儿学会人与人之间的交往，学会生活。

在这些区域里不仅要设计一定的场景，还要准备一些仿真玩具，以便于幼儿利用这些场景和玩具进行不同角色的创造性游戏。任何环境都是在不断变化的，随着幼儿年龄的增长，兴趣、需要、能力的发展，幼儿的活动环境要经常进行变换和调整，使幼儿能够经常保持较高的活动愿望，以促进幼儿的身心健康发展。

10. 体育区

体育区分大肌肉运动和小肌肉运动。大肌肉运动有攀登架、滑梯、篮球、排球、羽毛球、保龄球、跳绳、拉力器、踢毽子等运用肢体、躯干动作进行的运动量大的运动；小肌肉运动有串球、魔方、插玩具、大小不同的锁与锁匙、橡皮筋等。

11. 小栏目、小墙饰

（1）主题栏：根据班级主题活动内容而设置，如我的妈妈或爸爸、球、桥、小鸡……

（2）亲子栏：可用家庭的照片（游戏、生活、学习的有意义的）也可用父母喜欢的东西。

（3）幼儿作品栏：可以是幼儿的美术作品、数学作品、小制作等。对这些作品教师可对作品进行一些修饰，可用框修饰、空间位置置换、增补等进行美化，再贴在作品栏中。

（4）评比栏：幼儿评比栏的标志由幼儿自己来决定。

（5）值日生栏：在这个栏目中，培养幼儿为他人服务的品质，让幼儿充分地表现自己。如今天我为大家或什么人做了一件什么事？其记录方法可以是幼儿自己画，可以是图加文的，也可以是老师写的，也可以是其他幼儿说的等。

（6）气象观察记录栏。

（7）幼儿出勤栏：由幼儿一起设计一个牌，幼儿来了走了，自己去翻牌。这样，每日本班孩子的出勤情况，就一目了然了。

（8）师生交流栏或生生交流栏信息等。

以上这些栏目的设置，一定是在教师有计划、有目的，在充分发挥幼儿主体性、幼儿参与设计、参与收集和准备材料、参与布置、参与操作、参与管理的情况下进行的，教师绝不能包办代替。

三、幼儿园区域活动的组织与指导

教师在活动区域除了提供多种多样符合幼儿需要、兴趣的材料外，还要给予幼儿较大的自由度，保证幼儿有充足的时间和空间自由活动，让幼儿在宽松愉快的气氛中学习。同时教师应当好幼儿的参谋和助手，根据需要提供适度的帮助。

教师要有效地对区域活动进行指导，就要注重针对不同年龄班幼儿在区域活动中的特点进行指导。

（一）小班

1. 小班幼儿区域活动的特点

（1）在活动的交往性方面，小班幼儿有以自我为中心的倾向，他们喜欢独自操作、平行活动，常常是一个人独自在角落摆弄材料，很少与人闲谈，也很少就操作中的有关问题与同伴交流，就是有交流也是片言只语，很快就结束。小班幼儿的交往范围小，活动中只关注自己，对别人做些什么没有特别的反应，但在教师的引导下，他们也开始关注别人的语言和行动，并作出简单的回应。小班幼儿的交往更多的是以玩具为中介发生的，但这种交往常常是以负面的形式出现，如玩具被别人拿走而发生争执。

（2）在活动的创造性方面，小班幼儿大多具有“从众心理”，他们在区域中的操作活动很多情况下以模仿为主。他们在选择操作的内容、材料甚至是操作的表征上都常常模仿身边的同伴。对材料大多停留在常规性的操作上，不断地重复，扩展性的操作较少出现，如有也是简单的变化，有时则离开了材料的固有功能，只把材料作为随意摆弄的工具。小班幼儿有时也有创造性的表现，只是这种表现是低水平的，往往具有明显的生活印迹。

（3）在解决活动区域的问题方面，小班幼儿经常会遇到像游戏人数、材料等常规性方面的问题，或遇到不会使用材料、不会操作等知识性、技能性的问题。由于自我中心意识强，能力有限，他们缺乏解决问题的经验、能力和耐心，容易中断或放弃活动，或改换材料，进行其他活动。对于突如其来的困难不知所措，有畏难情绪，较少采用积极的态度面对困难。如为了让自己能够进入某一区域，而将别人的限制标志拿下，放上自己的，一经制止即放弃区域活动，而转化为观望、闲逛。虽然有时也会试着去解决，但更多的是停留在反复的动作操作上。

（4）在活动的自主性方面，小班幼儿的自主性有一定程度的发展，大部分幼儿能独立地选择自己喜欢的区域和材料，发起的活动大多是自发自愿的，不需要教师过多的指导或控制。活动中有初步的自主支配行为和活动能力，能根据自己的意愿调节活动时间，能用自己喜欢的方式进行操作。对于新材料、新内容或有一定操作难度的材料会出现犹疑，需要在教师的指导下，才能完成。但完成一项操作后，往往不能自主地进入下一项操作，而是出现观望或停止的现象。他们经常不能自主地解决遇到的问题或纠纷而中断活动。

2. 小班幼儿区域活动的组织与指导

（1）促进幼儿间的交往方面。小班幼儿在区域活动中的交往是比较被动的、负面的，因此教师的引导和介入非常重要。一方面，教师在活动前应向他们提出交往的要求，使他们从无意识的交流逐步转向有意识的交流；另一方面，教师应引导他们向同伴介绍自己的活动经验和发现。同时，还可以提供能够激发他们共同兴趣的、需要一起玩的玩具，让他们在共同玩耍的过程中进行互动和交流。另外，教师应注意及时地解决他们在活动过程中出现的问题，以推动他们游戏和交往的顺利进行。

（2）发展幼儿的创造性方面。培养小班幼儿的创造性，首先应理解和接纳他们不自觉的模仿行为，并挖掘其中的积极因素，巧妙地使模仿成为小班幼儿学习的动机、成长的过程，为创造打下基础。一方面，教师可以用平行游戏来代替说教，使幼儿得以观察、模仿、学习；另一方面，教师在尊重他们好模仿的同时，应创设适当的环境，营造创造的氛围，引发他们生活中的各种经验，鼓励他们在操作游戏时同中求异，进行初步的创造。例如，利用辅助材料在原有造型的基础上添枝加叶，让幼儿充分发挥想象力；运用简单的问题启发，扩展出常规以外的多种玩法等。

（3）引导幼儿解决问题方面。小班幼儿的矛盾较多地表现为常规性、知识性和技能性问题，教师应分别采取有针对的解决策略。对于常规性的问题，主要的解决办法是创设良好的游戏环境，明确游戏的规则，如减少空间的拥挤，讲清楚操作的程序；对于知识性的问题，应巧妙采用各种启发方式丰富幼儿的知识经验；对于技能性问题，则可以采用适当的讲解示范或平行参与活动的方法，给幼儿以技术上的支持。如动手区的幼儿由于没有掌握包糖果的方法，结果重复了多次也没有把糖果包住，教师就采用讲解示范的方法，使他很快地掌握了方法。

（4）发挥幼儿的自主性方面。小班幼儿的自主性有一定程度的发展，但还很不稳定，总体上还处于初级阶段，需要教师的积极培养。为此，教师应为他们创设一种能感受到的、有自由选择游戏权利的心理环境，鼓励他们自由地去选择自己感兴趣的游戏。在幼儿的每一次操作中，不要过多的干涉或评价，而是经常以一个微笑、一句肯定的话语、一个满意的点头，鼓励他们自主地操作、自主地思考、自主地解决问题。如“你可以去玩你自己想玩的游戏”“再来一次会成功的”。这样，他们在每次活动中就会大胆而自主地开展活动，充分展现自我，发展个性。

（二）中班

1. 中班幼儿区域活动的特点

（1）在活动的交往性方面，中班幼儿社会性交往水平开始从以自我为中心向以社会为中心转移，他们已不再满足于自己玩，而是开始喜欢找同伴一起玩，有强烈的参与同伴游戏的愿望。他们会联合起来玩同一个玩具，即使是玩不同的玩具，在玩的过程中也会主动地把自己的发现与同伴进行交流和分享。但由于他们的社会行为规则还没有很好地建立起来，因而他们的交往很容易发生冲突，告状、“战争”是常有的事。中班幼儿的交往还会出现“强强联合、弱弱相对”的现象，即能力强的幼儿常常在一起玩，并很快一起进入活动，而能力弱的幼儿虽聚在一起，但无从开始，结果是能力强的幼儿玩得津津有味，能力弱的幼儿却面面相觑。

（2）在活动的创造性方面，中班幼儿具备了一定的创造意识并能付诸行动。对于同一材料，当他们多次操作后便不再满足于原有的常规性玩法，而是尝试着提出自己的见解。尤其是男孩子，能积极调动已有的生活经验，不断地变换方法和角度进行试验和探索。如动手区中的玩“夹食物喂小动物”游戏，幼儿一开始出现的是重复夹、喂的动作，后来把一筐食品全倒入“小猪”的口中，从不同角度将大小、形状、软硬不同的食物夹出来。

（3）在解决活动区域的问题方面，中班幼儿解决问题的能力比小班幼儿明显增强，遇到困难不再表现出畏惧或马上放弃，但缺乏独立解决问题的意识。当发生常规性争执时，经常采用直接向老师告状、求助的方式来解决；当发生知识性、技能性的困难时，一开始会尝试解决，但解决的办法比较简单，一旦不成功，往往转而选择其他内容的活动。

（4）在活动的自主性方面，中班幼儿在区域活动中的自主性日渐发展，有了比较明显的自主意识，从对活动材料的使用到游戏同伴的选择，从活动玩法的确定到游戏纠纷的解决，幼儿都表现出了比较鲜明的自主意识和自主决策的能力。如在活动的初始，他们完全是根据自己的喜好进入益智区并选择自己喜欢的玩具和游戏同伴较快地进入游戏，以往所存在的那种张望和犹豫不再出现。他们已逐步摆脱对教师讲解、示范的依赖，探索中的目的性增强，能有意识地根据材料所隐含的玩法进行思考和判断。当完成一项操作后，能独立地转入另一项操作。

2. 中班幼儿区域活动的组织与指导

（1）促进幼儿间的交往方面。为了促进中班幼儿在区域中的交往，教师应解决他们在交往中经常出现的“矛盾”“告状”及“强强联合、弱弱相对”现象。教师一方面应与幼儿一起讨论、制定区域联合活动规则，以此来规范幼儿的行为，减少交往中出现的矛盾。另一方面，应巧妙地引导不同能力的幼儿进行合理交流。如教师可以给不同能力层次的幼儿发色卡，规定在区域活动中，持不同色卡的幼儿必须结伴活动。运用这种方式，就自然而然地将不同能力层次的幼儿进行了隐性调配。

（2）发展幼儿的创造性方面。中班幼儿创造力的培养，重点应放在投放的材料上。一方面投放的材料应与幼儿的生活紧密结合，以利于幼儿调动已有的生活经验，不断地变换方法和角度进行试验、探索和创造。另一方面投放的材料应体现开放性。如半成品材料，具备了多种组合和变通的可能，可促使幼儿通过自主的探索不断地创新玩法。随着幼儿创造力的发展，教师可以尝试阶段性、系列化的材料投放方式，即同一种材料，由易到难不断地提高操作难度，以引领幼儿不断地深入探索和创造。如夹食物材料，可以不断升级为暗箱夹物、管道夹物等，让不断出现的挑战去激发幼儿的创造热情。

（3）引导幼儿解决问题方面。中班幼儿在遇到困难时经常采用直接向老师求助的方式来解决，缺乏独立解决问题的意识和能力。为此，教师应当重点培养幼儿解决问题的意识和能力。当幼儿求助时，不妨与他们共同思考：“为什么会出错？错在哪里？”并进一步与其讨论：“怎样才能不出错？”帮助幼儿理清思路，初步学习一些解决问题的方法。在解决问题的过程中，要使幼儿始终处于主动的地位，给予幼儿心理上的帮助，以树立他们探索的信心。

（4）发挥幼儿的自主性方面。中班幼儿在区域活动中的自主性、独立性日渐发展。教师应充分发挥区域环境的暗示性功能，为幼儿的自主探索留出空间，尤其在涉及必要的技能学习时，可尝试运用图示、流程图等方法，为幼儿的自主学习提供可攀爬的阶梯，让幼儿通过自主的探索获得必要的技能。如在投放新图书时，教师可以尝试利用图示法向幼儿提出阅读的要求和问题，让幼儿在阅读完新书后在图示表上用简笔画的方式回答问题。这样可以帮助幼儿确定较明确的阅读目的，让他们能带着问题认真观察画面，寻找画面间的联系，思考画面内容，从而逐渐提高自主阅读的能力。

（三）大班

1. 大班幼儿区域活动的特点

（1）在活动的交往性方面，大班幼儿更喜欢与同伴一起活动，而且关系较为融洽，往往能把这种关系保持到活动结束。他们常常是边操作边交流，乐意介绍自己的操作经验。他们的合作水平较高，遇到困难时，更愿意通过讨论寻找解决问题的方法并一起尝试解决，而不是直接求助于教师。在共同完成同一主题活动时，幼儿分工明确，能自主地协调好各自的分工，如编辫子时一个拉，一个编；装饰乐器时，一个固定好图案，一个粘。

（2）在活动的创造性方面，大班幼儿的创造力有了一定的发展，在教师的启发和引导下，他们更容易迁移原有的经验进行创造性活动。在操作中不会局限于某一种玩法，而是能对几种材料的综合使用或在前一游戏玩法的基础上拓展出不同的玩法。他们会通过互动交流,充实、补充、完善操作内容，共同进行创造性的操作活动。如他们根据教师提供的图示一起探索斜坡的玩法，一开始按图示玩，后来互相交流、讨论、比较，还搭出两面相连但坡度相对的坡面、坡度不一样但相连的两个坡面，玩起了冲斜坡游戏及将物品滑入洞中的游戏。

（3）在解决活动区域的问题方面，大班幼儿的思维积极、活跃，愿意学习新的东西，喜欢自己感兴趣的、具有一定挑战性的学习内容。他们常常采取“尝试错误法”探索解决困难的方法，试图找出一种比较合适或正确的操作方法，但缺乏耐心，不能认真观察，找不到解决问题的关键所在，也不懂得在必要时寻求他人的帮助，因此，常常是很久也不能解决问题，最后只得放弃。操作技能有困难时，会自行跳过有难度的部分，寻找比较容易达到目标的操作材料。

（4）在活动的自主性方面，大班幼儿活动的主动性较中班强，不再满足于追随、服从教师，而是有了自己的想法。活动前能对自己要做的事情有一个大致的想法，他们的行为少了些盲目性，多了些目的性、计划性。他们能根据分工的需要，选择游戏的伙伴，但在活动中有时会出现不按分工进行游戏的现象。他们愿意自主探索，能通过不断调整找到适合自己能力的操作材料，探索不同的操作方法，使探索活动不断向前推进。探索中遇到困难时能通过同伴影响、迁移操作经验、和同伴讨论协商等办法解决。

2. 大班幼儿区域活动的组织与指导

（1）促进幼儿间的交往方面。促进大班幼儿的交流，指导主要放在交流的有效性上，提高交流的水平。教师应创设让幼儿进行交流和合作的机会，引导幼儿进行积极的互动和交流，共同解决操作中遇到的问题和困难。例如，提供小木工、斜坡、球、轨道等需要共同合作才能完成的材料。为了操作这些材料，幼儿必须分工协作，这将使幼儿学会如何与同伴进行有效的合作与交流，从中体验到合作、交流所带来的快乐，也可获得交往的经验。

（2）发展幼儿的创造性方面。大班幼儿创造力有较快的发展，他们的创造性随时随处都有可能表现出来。教师应注意敏感地捕捉幼儿创造性思维的“闪光点”，从中挖掘潜在的创造素材，进而鼓励幼儿大胆地“异想天开”“标新立异”。如同样的操作材料，应引导他们从不同的角度、方向、功能等方面举一反三，大胆探索多种玩法和规则。教师还应注意调动他们已有的生活经验，以启发性的提问激发他们思维的灵感火花。例如，在接水管活动中，教师向幼儿提出：“怎么让水流到每个家庭中?”在这一问题的启发下，幼儿找到了不同的解决办法。有的用细铁丝捆牢，有的用透明胶粘住，有的则以合作的方式解决等。

（3）引导幼儿解决问题方面。对于大班幼儿在区域活动中遇到的问题，教师不必直接参与解决或示范讲解，而是应尽量让幼儿自己去思考、操作，在“试误”中不断地调整，亲身经历解决问题的过程，养成思考的习惯。有时，大班幼儿不能解决问题，很重要的原因是没有细心观察、分析自己操作的情况，不能发现问题存在的主要原因。因此，教师应通过提问或具体操作的方式，引导幼儿认真观察，发现问题存在的关键原因。另外，教师可以引导幼儿通过合作的方式解决问题。

（4）发挥幼儿的自主性方面。大班幼儿自主性的培养，应着力于操作的计划性上。在区域活动中，凡是能够让幼儿自己选择、计划和作出决定的地方，教师就应尽可能地提供机会，引导幼儿参与学习计划的制订，并按照计划进行学习。教师应成为幼儿决定和计划的支持者，为幼儿执行并完成计划提供适宜的条件与必要的帮助，并使幼儿与他人交流、讨论以完善自己的计划与决定，更好地为幼儿自主性发展服务。

第二节 日常生活活动与其他形式的活动

一、日常生活活动及其功能

（一）幼儿日常生活活动的概念

幼儿日常生活活动是指幼儿一日活动中的生活环节和一些每天都要进行的日常活动，包括进餐、饮水、睡眠、盥洗、如厕、入园和离园、过渡活动、自由活动以及散步等。

（二）幼儿日常生活活动的功能

日常生活活动是幼儿园课程的组成部分，对幼儿全面发展有重要的促进作用。在幼儿的体育教育方面，日常生活活动为幼儿提供了充足的营养和训练机会，促进幼儿体育目标的实现；在幼儿智育方面，日常生活为激发幼儿的好奇心和求知欲以及借助观察理解知识的机会；在幼儿德育方面，幼儿在日常生活的待人接物中学会并运用人与人相互交往的行为规则；在幼儿美育方面，幼儿学会在日常生活中发现美、创造美。

二、日常生活活动的组织与指导

（一）生活活动的组织与指导

以幼儿园为例，生活活动的组织与指导主要是根据各园幼儿一日活动安排来做好保育和教育的工作。组织幼儿日常生活活动的要求：保教相结合、建立幼儿合理的生活常规、引导幼儿进行生活技能的练习。

1. 来园及晨间活动

幼儿教师以热情、亲切的态度接待幼儿和家长，相互问好，渗透礼貌教育，用简洁的语言向家长了解幼儿在家里的情况，听取家长的要求和意见。组织幼儿户外活动，活动材料要丰富，时间和空间要宽裕。引导幼儿观察照料自然角和种植园地。同时，还要注意以下几点：

（1）协助教师和保健医生进行晨检，让幼儿愉快地接受检查，并做好标记。

（2）开窗通风。

（3）做好幼儿生活用品的安放及消毒工作。

（4）热情接待幼儿和家长，与家长做好交接手续。

（5）指导和帮助幼儿穿脱衣帽，放在适当位置，使幼儿养成良好的习惯。

（6）清点人数，做好点名记录。

2. 饮水

（1）准备饮用水。要做到清洗饮水桶，按时消毒；及时打水，控制水温，保持全天供应温开水；盖好饮水桶盖，防止污染。

（2）组织饮水和培养幼儿的饮水习惯。根据不同年龄幼儿的需要组织他们饮水，培养良好的饮水习惯。

3. 进餐

为幼儿创设一个干净、安静的进餐环境，进餐前和进餐过程中注意不要大声训斥幼儿，教幼儿正确的坐姿和使用餐具的方法，教育幼儿不挑食、不偏食，提醒幼儿细嚼慢咽、不撒饭菜、不弄脏衣服、不东张西望、不大声说话，观察幼儿的食量和进食速度，进餐结束后，让幼儿把餐具、椅子放在指定地方，并养成饭后漱口、擦嘴的习惯。同时，还要注意以下几点：

（1）根据天气情况做好三餐一点（或二点）的保温和保洁工作。

（2）分发餐具和饭菜。应根据幼儿特点和教育的要求分发盘子、碗和勺子或筷子；分发饭菜时要公平，少盛多添；同时照顾个别幼儿。

（3）营造进餐环境和养成良好的习惯。环境清洁、空气新鲜；进餐前或进餐时不要批评婴幼儿，态度和蔼可亲；饭前洗手，进餐时不打闹等。

4. 盥洗与入厕

教会幼儿正确洗手、洗脸以及使用洗手液（或肥皂）的方法，让幼儿使用流动水进行盥洗，每个幼儿各自使用自己的毛巾。强化卫生习惯，教育幼儿节约用水和洗手液（或肥皂）。同时，还要注意以下几点：

（1）准备毛巾。毛巾应清洁消毒，挂放在阳光通风处。

（2）照顾婴幼儿盥洗。包括洗手、洗脸、洗脚、洗臀部等。

（3）照顾婴幼儿大小便。提供清洁、不冰冷的便盆；掌握婴幼儿排便时间规律，督促幼儿专心排便；及时为婴幼儿擦臀部和穿好裤子；指导婴幼儿便后洗手、冲厕等。

5. 睡眠

睡眠前组织幼儿进行一些安静活动，如饭后散步，做好睡前的准备，保持幼儿轻松愉快的心情。提醒和检查幼儿不把玩具等其他东西带到睡眠室，不能在室内走动或说话。逐步教会幼儿独立穿脱衣服及鞋袜，并能整齐地叠放在固定的地方，教给幼儿正确的睡姿（右侧卧或仰卧），并注意纠正幼儿不良的睡眠习惯，随时为幼儿盖好被子。同时，还要注意以下几点：

（1）创设婴幼儿良好的睡眠环境。开窗通风，保持室内温湿适宜；为婴幼儿准备舒适、温暖的寝具；睡眠时，拉上窗帘、保持安静等；入睡前不能恐吓婴幼儿，注意对个别婴幼儿进行指导。

（2）培养婴幼儿正确的睡姿和良好的睡眠习惯。

（3）正确处理婴幼儿的遗尿问题。

（4）指导帮助婴幼儿穿脱衣服与整理床铺。

6. 户外活动

户外活动主要包括早操、室外体育锻炼、散步等。《幼儿园工作规程》规定，幼儿户外活动时间不得少于两小时。但户外活动的安全工作最重要，需要注意以下几点。

（1）根据季节和天气情况确定户外活动的时间并帮助婴幼儿增减衣服。

（2）做好户外活动场地和运动器械的准备和收拾整理工作。

（3）户外活动时，教师和保育员要"眼观六路，耳听八方"，及时发现情况，消除安全隐患或进行处理教育，如发生意外事故，要立即处理，不能隐瞒和拖延。另外还要注意照顾体弱和肥胖幼儿。

7. 离园

帮助幼儿回顾一天的活动内容，检查幼儿的仪容仪表，开展多种活动，稳定幼儿情绪，严格履行接送制度，接待家长态度和蔼亲切，与家长沟通幼儿一天在园生活情况，特殊情况交代清楚。主动使用礼貌用语，妥善安排暂时不能回家的幼儿。同时，还要注意以下几点：

（1）指导婴幼儿收拾玩具、摆好桌椅，将带来的衣帽穿好后离园。

（2）热情主动接待家长，介绍婴幼儿在园的表现和健康状况，及时反馈有关信息，并将婴幼儿亲自交给家长，不得交给陌生人。

（3）提醒婴幼儿离开时与老师、其他小朋友打招呼。

（4）清点人数，做好交班记录。

（5）全部婴幼儿离园后，打扫好室内卫生，检查门窗、水电是否关闭。

（二）教学活动的组织与指导

教学活动的实施大致可以分为开始、进行、结束三个主要环节。一个教学活动的开始，主要是激发幼儿的学习兴趣，让幼儿集中注意力，引出活动的主题。所以，幼儿教师可以从幼儿已有经验入手，采用讲故事、猜谜语或提问的方法导入。在进行部分，教师要有步骤地引导幼儿运用多种感官参与活动，充分操作，尝试和发现，突出重点，解决难点。教学中既要面对全体，又要重视个别差异。在结束部分则可使用简短的语言小结学习的内容，布置任务、活动及延伸，鼓励幼儿继续探索，评价幼儿学习时的情况。

（三）游戏活动的组织与指导

游戏是幼儿的一种自主活动，要使游戏能积极开展起来，首先必须对游戏的各个环节进行认真准备，给幼儿提供必需的游戏时间与空间，和幼儿一起准备游戏的材料，也可借助家长的资源为游戏的准备提供人力和物力。在幼儿游戏的过程中，还必须对幼儿的游戏仔细的观察，了解幼儿游戏的现状，在必要的时候参与幼儿的游戏活动，并灵活地加以指导。这样既尊重幼儿的游戏意愿，发挥他们的主观能动性，又能寓教育意义于其中，使幼儿获得发展。

知识拓展

附表　幼儿一日生活保教工作内容观察要求与记录表

活动环节	观察项目	要点提示	实际情况记录与分析
晨检	1. 保健员对幼儿一问、二看、三摸、四查、五处理；了解幼儿在家的身体状况；检查幼儿咽喉、情绪、脸色、皮肤、仪表、头发、指甲等；检查幼儿是否带有危险品 2. 幼儿带有药品的应注明姓名、班级、用量及服用时间	每个见习生观察 15-20 名幼儿晨检后回班 重点观察教师是否关注幼儿晨检的情况，以作为教师一日对幼儿进行个别教育和照顾的依据	
晨区活动	1. 保育员做好开窗通风、清洁工作，准备开水等 2. 引导幼儿将带来的物品放在固定的位置	保教人员根据情况进行随机教育，特别关注卫生不合格的幼儿	
舆洗	检查幼儿舆洗方法是否正确，督促幼儿遵守日常卫生方面的常规要求（如：手随脏随洗）	观察是否备有肥皂（或洗手液）	
如厕	1. 注意幼儿大小便卫生习惯的培养（如：擦拭屁股的方法是否正确、女孩小便后是否用卫生纸擦干尿液等），并指导幼儿整理衣裤 2. 保育员定时打扫并消毒厕所	不限制幼儿如厕的次数与时间；卫生纸是否方便幼儿拿到	
集中教育活动	1. 观察幼儿坐、立、行姿势正确与否，注意保护幼儿的嗓音 2. 做好活动前的准备工作	观察幼儿活动室的光线是否适宜；是否根据幼儿的身高配置桌椅	

知识拓展

续表

活动环节	观察项目	要点提示	实际情况记录与分析
进餐	1．保育员做好餐前的准备工作 2．保教人员注意观察并把握好幼儿的食量 3．保持愉快的进餐情绪，鼓励幼儿把自己的一份饭菜吃完 4．注意个别照顾，纠正不良的进餐习惯，如挑食、偏食等 5．掌握好幼儿的进餐时间（20-30分钟）	特别关注保教人员是否在进餐前后处理幼儿的行为问题；了解幼儿的食谱，观察幼儿的食欲	
睡眠	1．保持幼儿情绪愉快，安静进入寝室（注意观察幼儿是否带小物件上床） 2．督促或帮助不同年龄幼儿迅速穿脱衣服并进行整理 3．注意观察幼儿的睡姿，并纠正不良睡姿，提醒幼儿排尿	观察是否在幼儿入寝室前1小时开窗通风，创设安静、舒适的睡眠环境，培养幼儿自我服务的能力	
喝水	1．观察幼儿是否养成主动喝水习惯，喝水时不说笑、小口喝 2．杯子专用，每天消毒，喝完水后将杯子放回原处	观察是否保证幼儿能随时喝到水，不限制幼儿喝水的时间、次数	
游戏与户外活动	1．了解是否保证幼儿每天两小时的户外活动，包括一小时的保育活动 2．活动是否有安排幼儿自由选择、自由交往和自由玩的时间和内容 3．检查玩具材料、大型活动器械是否符合卫生要求和安全要求；观察幼儿是否有捡拾掉在地上东西的习惯	观察是否针对不同体质的幼儿安排不同的活动量；是否注意活动前后及时增减衣服	
离园	1．巡视、整理活动室，保证幼儿清洁的仪表等 2．提醒幼儿带好衣服等物品 3．安全交接幼儿，并与家长进行有针对性的交流 4．做好未被接走的个别幼儿的交接工作	安定未离园幼儿的情绪，开展安静活动	
评价	根据以上的观察情况，运用已学过的理论，评价幼儿园保育工作及保教结合的优缺点，并提出建设性的意见		
附注	1．第一天上午8：30，全体同学集中，请园长或分管保育工作的负责人介绍本园保育工作情况 2．观察幼儿园园舍及设备卫生状况 3．分析幼儿园一周食谱 4．见习生跟班（跟幼儿）观察、记录		

三、其他形式的活动

（一）幼儿劳动

幼儿劳动具有游戏性、生活性特点。通过幼儿劳动，满足幼儿的好奇心、模仿欲望，同时帮助幼儿发展初步的自理能力。劳动的组织形式一般是自我服务劳动、为集体服务劳动、种植饲养劳动和手工劳动。

幼儿劳动通过手脑并用的方式既促进幼儿体能的增长，又促进了幼儿智力的发展，也逐步帮助幼儿形成了正确的劳动观念和珍惜劳动成果的思想。

组织幼儿劳动的要求：明确幼儿劳动的目的要求，为幼儿劳动创设适宜条件，科学安排幼儿劳动内容，劳动形式多样化、趣味化，重视劳动过程中的安全和卫生。

（二）幼儿园的节日及娱乐活动

幼儿园节日活动是为纪念性节日、传统的民俗节日和幼儿自己的节日而组织的活动。由于节日活动都具有鲜明的社会性和民族性，开展相关的活动将有助于幼儿感受民族传统文化的丰富内涵以及增强民族自信心，同时也有助于幼儿审美和创造美水平的提高。

幼儿园娱乐活动是指通过幼儿喜闻乐见的文艺形式或带有游戏性质的手段，以丰富幼儿的生活，给幼儿带来快乐为主要目的的活动。由于娱乐活动具有趣味性、观赏性和实操性特点，为幼儿智力、审美能力的发展创设了富有童趣和吸引力强的环境。

组织幼儿节日及娱乐活动的要求：节日活动应有计划、有准备地进行，突出不同节日应有的特色，活动内容和时间必须符合幼儿年龄特点，活动开展要面向全体幼儿，使幼儿成为活动的主人。

扫一扫

扫一扫——美国节日教育

节日活动组织形式有全园庆祝会、联欢游艺活动、班级庆祝活动、慰问活动。娱乐活动的组织形式：迎新活动、毕业欢送活动、生日聚会、亲子活动、郊游。

本章小结

幼儿园的区域活动越来越受到人们的重视和普遍关注，它倡导让幼儿在“有准备的环境”中和教师相互作用，采取“导师制”教育方式，组织形式灵活，活动内容丰富，幼儿体验着不同的区域活动，自主选择活动材料，根据兴趣，以自己的方式，通过主动活动来学习，从而促进幼儿身心和谐全面发展。幼儿教师要注重针对不同年龄班幼儿在区域活动中的特点进行指导。

幼儿的日常生活活动、劳动、节日活动的组织形式是多样的，但是形式必须服务于教育目标。为了实现特定教育目标，教师可采用灵活多样的形式组织活动，但活动形式的转换与否在于幼儿，老师作为观察者、引导者，适时地进行调整。比如活动的组织形式可从集体到个别，再由个体到集体，当幼儿对某件事情感兴趣时，老师为孩子创设了个体尝试练习的机会和条件，让幼儿充分感知和体验。而当大多数孩子都对活动产生兴趣，他们的经验希望在集体当中得到分享、交流、提升时，老师可以通过集体活动的形式来满足他们。

本章思考与实训

一、思考题

1. 幼儿园区域活动有什么特点？包括哪些类型？

2. 如何组织与指导幼儿园的区域活动？

3. 如何灵活选择幼儿的日常生活活动、劳动、节日活动组织形式？

4. 在组织和指导活动时，日常生活活动和幼儿劳动、节日及娱乐活动在要求上有什么侧重点，在促进幼儿发展上各有哪些突出优势和不足？

5. 请根据一定的教育目标，设计幼儿的一日活动。

二、案例分析

案例呈现一

小班幼儿的日常活动

★ 带领幼儿散步，初步认识幼儿园的主要设施和工作人员，引导幼儿向教职工问好。

★ 本周连续请幼儿观看魔术表演，以稳定幼儿的情绪，使其产生喜欢老师、喜欢幼儿园的情感，对依恋感强的幼儿进行有针对性的引导。

★ 欣赏故事《松鼠的眼泪》，暗示幼儿不要哭闹，引发积极的情感。

★ 与中班《笑一笑》活动相结合，让幼儿在中班哥哥姐姐的带领下进行活动。

★ 模仿游戏：请你照我这样模仿。

★ 复习律动《扭扭虫的舞蹈》。

★ 与大班的《哥哥姐姐真能干》活动相结合，观看哥哥姐姐的表演。

★ 与大班或中班联合进行“大带小”的互认活动，让每个幼儿认识一个哥哥或姐姐，并一起活动。这也是为该主题第二周的教学活动《走一走，瞧一瞧》作准备。

★ 手指游戏：点点虫（点点虫，虫虫飞，点点鸡，鸡会啼，点点鸟，鸟飞了，嘟啦啦）。玩法：将食指尖碰在一起，做出虫、鸡、鸟碰头的样子，念到最后一句时将手分开，表示鸟飞了。

本案例中，小班幼儿的日常活动融合了哪些活动要素？

案例呈现二

在《有趣的叶子》系列活动中，教师利用区域活动时间，专门指导一组幼儿学习树叶贴画，而这个内容是全班幼儿即将学习的。在美术活动《给妈妈的新年礼物》中，由于教师提供的材料不够，许多幼儿的想法没办法完成，于是教师把活动中的所有材料投放美工区中，让幼儿继续操作，同时补充一些新材料，这样没有完成设计的幼儿就在区域中制作起来……桌子上放着两把形象逼真的纸折的立体机关枪，几个男孩情不自禁地被吸引过去，摆弄着枪反复比试、爱不释手。他们很想也做一把这样的枪，于是他们开始关注墙板上的示意图，并自由选择教师事先放在筐里的各种纸张，专心致志地做起了折纸手枪……

重点研讨

很多教师都发现孩子出现上述的行为，有些教师十分重视利用这样自由的机会实施随机教育，有些教师却视而不见。那么作为幼儿园教师，该如何看待类似的现象呢？

三、章节实训

1. 实训要求

观察并分析幼儿园的半日活动。

2. 实训过程

（1）事先学习相关理论知识，并了解了《幼儿教师半日活动组织评量表》。

（2）教师安排并组织学生观察幼儿园的半日活动。

（3）回到班级后，学生填写《幼儿教师半日活动组织评量表》，并讨论。

3. 实训评价

教师半日活动组织评量表

1. 活动设计

① 内容选择

【等级】

A. 内容本身有问题　　B. 大多数幼儿不能接受

C. 内容正确，适合大部分幼儿水平　　D. 注意结合生活实际

E. 能注意学科本身的联系和内容间的联系

【说明】教师在选择活动内容时往往比较随意，较少思考所选择的内容是否值得幼儿学习。制定此项的目的是引导教师认识到活动内容选择的核心是什么。

② 活动组织形式

【等级】

A. 活动形式单调无变化　　B. 活动形式以集体教学，教师讲授为主

C. 有小组学习及个别活动机会　　D. 活动形式多样、灵活

【说明】为使教师认识到任何一种教学模式都有其独特的发展价值，学习《规程》不在于形式的翻新，而在于观念的转变。所以,此项不排斥任何一种活动形式，而将重点放在引导教师根据幼儿多种需要选择活动形式上。

2. 具体实施

① 教师注意重点

【等级】

A. 教师只注意教材本身，而不注意幼儿反应　　B. 教师只注意个别幼儿的反应

C. 教师只注意部分幼儿的反应　　D. 教师能注意多数幼儿的反应

E. 教师在注意多数幼儿反应的同时，能注意满足个别幼儿的需要

【说明】制定此项的目的是希望以此引导教师将教育的重点从教材、大纲转到幼儿身上来。

② 幼儿在学习中的地位

【等级】

A．幼儿通过机械记忆，消极接受知识　　B．幼儿听教师讲授为主，回答问题是应答性的

C．幼儿听教师讲授为主，理解性接受知识　　D．幼儿经过思考后，理解性接受知识

E．主动思考，实际动手，自我发现

【说明】通过此项评价标准，引导教师从注意教学结果转向注重教学过程。因此，等级表述上力求详尽、具体，将不同情况下幼儿学习特征描述出来，以便使教师从中领会《规程》的实质。

③ 材料的利用

【等级】

A．无教学辅助材料，只运用幼儿的听觉　　B．有教学辅助材料

C．运用辅助材料，理解教学内容　　D．材料丰富，有幼儿自己动手操作的材料

E．材料丰富，幼儿有再创造的机会

【说明】运用教学辅助材料的目的若仅局限于演示、验证，那么，幼儿是无法去创造、发现的。制定此项以此引导教师真正理解教具的作用。

第七章　幼小衔接与家园共育、社区合作

引入案例

义乌某小学一年级学生兰兰（化名），已经上小学一年级第二学期了，却成天嚷着要回幼儿园上课，说小学学的东西没意思，每天都是抄抄写写的，胳膊酸死了，作业又那么多，一点玩的时间都没有。她很想回到幼儿园，脾气也变得很糟糕，家长为此很是苦恼。

问题　你认为导致兰兰出现上述情况的主要原因是什么？针对幼小不衔接的问题，我们应该如何去应对？

本章学习目标

（1）了解幼小衔接的涵义与重要性，掌握造成幼小不衔接的主要原因、幼小衔接工作的主要内容与方法，以及应注意的问题。

（2）认识家园共育的重要性，掌握家园共育的方法及基本形式。

（3）了解社区与学前教育机构的关系，掌握幼儿园与社区合作的方式及要求，认识到社区幼儿教育的意义及经验。

本章知识结构

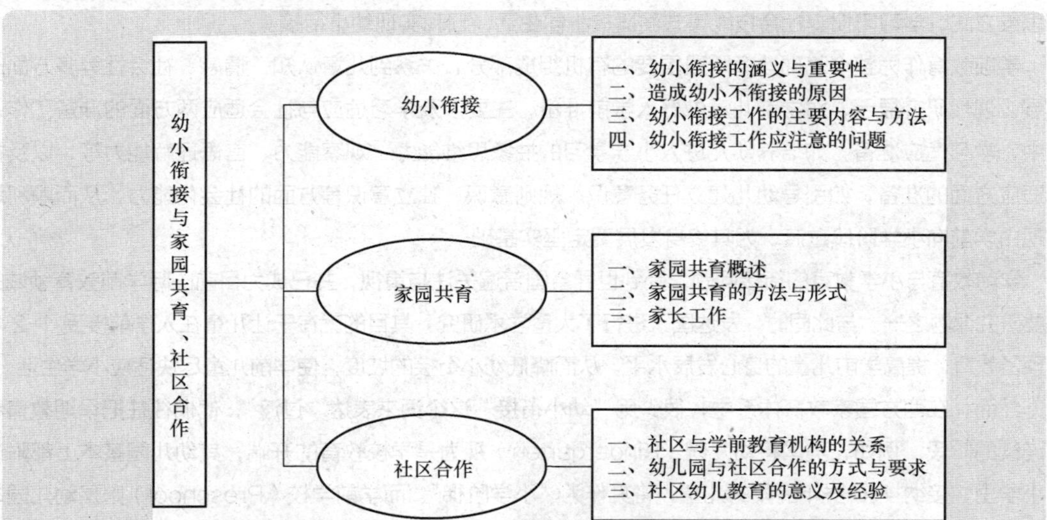

家庭、幼儿园、社区和小学作为影响幼儿身心发展的几个重要因素，彼此之间的联系与合作对促进幼儿身心发展具有重要意义。本章主要介绍了幼小衔接、家园共育与社区合作对幼儿身心发展的重要性，其中包括幼小衔接的涵义、造成幼小不衔接的主要原因、幼小衔接工作的主要内容与方法以及应该注意

的问题、家园共育的方法及基本形式、幼儿园与社区合作的方式及要求等重要方面，以期为幼儿进入小学学习奠定坚实的基础。

第一节 幼小衔接

学前儿童从出生到进入家庭生活，然后进入幼儿园接受正规教育，再到最后结束学前教育进入小学接受正式的义务教育。在这一过程中，学前儿童身心发展经历了几个重要过渡阶段，而幼儿园与小学之间的过渡则是学前教育所关注的重点内容。本节将从学前教育学的视角来探讨幼儿园与小学之间的衔接与合作问题，为指导幼儿园与小学的合理教育提供理论依据，从而保障学前儿童身心发展的顺利与和谐过渡。

一、幼小衔接的涵义与重要性

在系统论述幼小衔接之前，有必要把幼小衔接的涵义阐释清楚，这是说明本节内容的前提条件。同时，在说明幼小衔接涵义的基础上，指出做好幼小衔接工作的重要性。

（一）幼小衔接的涵义

教育学中的衔接是指两个相邻的教育阶段之间的相互联系。幼儿园与小学是邻近的两个教育阶段，儿童是否能够从幼儿园阶段顺利过渡到小学阶段，对于其健康发展显得尤为重要。因此，幼小衔接的涵义可以理解为幼儿园与小学教育之间的相互联系。该阶段是幼儿在其发展过程中所面临的一个重大的转折期，如果处理得不好，就会对幼儿日后的发展带来不利的影响。其核心是此年龄段的幼儿怎样有效地从思维方式、学习习惯、社会技能等方面适应小学生活，顺利实现幼小衔接。

学前教育作为整个基础教育阶段重要的有机组成部分，关系到儿童认知、情感、社会性等多方面的发展。现代研究显示，对学前儿童做好入学前准备，主要涉及学习适应与社会适应两方面的准备工作。其中，学习适应准备，如培养幼儿进入小学学习的抽象思维能力、观察能力、言语理解能力等，以及社会适应方面的准备，如引导幼儿建立任务意识、规则意识、独立意识等方面的社会化能力，从而顺利地实现由学前向小学阶段过渡，为其终身发展奠定坚实基础。

学前教育与小学教育的衔接问题，受到世界各国普遍关注与重视，并已成为目前国际学前教育领域的重要研究课题之一。与此同时，发达国家进行了大量学术研究，其目的就在于让儿童在入学前接受 1-2 年的预备教育，提高学前儿童的身心发展水平，从而降低幼小衔接的坡度，使学前儿童尽快适应小学生活。

然而，在西方国家教育体系中，很少用“幼小衔接”这个词来表达“过渡”，他们往往把早期教育看作连续的阶段。例如，美国将幼儿园（Kindergarten）视为是学校教育的开端，其幼儿园基本上都附设在小学里，接纳 4-6 岁年龄段的儿童，将其作为“小学阶梯”。而学前学校（Preschool）则是幼儿园之前的非正式的学校教育，美国只有很少一部分儿童去学前学校接受教育，大部分儿童则是由父母承担教育儿童的主要职责。这一时期相当于我国幼儿园大班前的早期教育。所以，当他们在讨论“transition”即“过渡”的时候，往往探讨的是从家庭教育到正规学校教育的过渡，或者从私人托幼机构进入设在小学内部的幼儿园的过渡。瑞士拥有 26 个州，各州拥有教育自主权来设定自己的教育制度，其中日内瓦实行的就是将学前两个年级与小学一二年级设在一个机构中。英国初等教育则分为三个阶段，即保育学校（2-5 岁）、幼儿学校（5-7 岁）、初级学校（7-11 岁）。儿童从 5 岁开始进入幼儿学校，全部接受义务教育，经过两年的预备教育后再进入初级学校学习。从幼儿学校的课程内容来看，虽然幼儿学校属于小学阶段，但其课程内容、课程实施仍然根据儿童身心发展的特点与规律进行设置，逐步由学前教育阶段向小学阶段过渡。因此，这些国家大部分公立的学前学校或幼儿园就附设在小学内。这种设置可以使幼儿园与小学提供相互观摩与沟通的机会，从而在课程设计、教学形式的选择与环境创设上，尊重幼儿身心发展的特质。

我国的幼儿园与小学，大部分分属于独立的教育机构，二者之间同时具有各不相同的教育目的和教育任务。这对幼儿顺利进入小学，实现平稳过渡而言相当不利，这也是造成目前我国幼小衔接问题凸出的重要原因。因此，切实做好幼小衔接工作则显得尤为必要。

（二）幼小衔接的重要性

幼儿园与小学之间的过渡是正规教育系统中的第一个过渡时期。这对于刚接受完学前教育的幼儿而言，具有相当大的困难。但是，这并非意味着幼儿进入小学必然会产生不适应的反应，如果幼儿园与小学之间能够切实有效地做好衔接工作，那么，对于幼儿进入小学来说，适应不会有太大问题。由此可见，做好幼小衔接工作对于幼儿顺利融入小学意义重大。幼儿园与小学必须要充分认识幼小衔接工作的重要性，切实抓好幼小衔接工作。

1. 做好幼小衔接工作是衡量幼儿园教育质量的重要标准

学前儿童心理发展理论已经明确告知我们，儿童身心发展存在着量变到质变的客观规律。这一客观规律造成了儿童身心发展具有连续性和阶段性的特征。儿童在各个发展阶段都存在着质的差别，主要反映在三个方面：①机体各器官和系统发展成熟的程度和机能不同；②心理品质不同；③社会性的需要不同。

幼儿园和小学是儿童身心发展的两个重要阶段，也是具有密切关联的两个阶段。幼儿能否顺利地实现幼儿园向小学的过渡，同时取得理想的教育效果，其关键取决于两个教育阶段的过渡坡度。例如，在学前儿童认知发展方面，幼儿的感知、记忆、注意、想象都是以无意性为显著特征，思维以直接行动性和具体形象性为典型特征；而进入小学后，课程内容则过多地要求儿童具有较高的抽象逻辑思维。由于儿童身心发展具有连续性的特征，使得幼儿在刚进入小学后，其身心并非会立马发生本质的转变。因此，在过渡期间做好幼小衔接工作则成为减小教育坡度的主要举措。

从终身教育的角度看，幼儿园三年的教育工作都在为儿童身心健康发展服务，都贯穿着为小学教育做准备的精神，都包含着身体素质、心理水平、行为习惯和学习能力等诸方面由低到高、由量到质的成长过程。幼儿园教育的根本目标仍然是促进幼儿身心连续健康地发展，而幼小衔接工作则是保证幼儿身心能够顺利过渡并实现连续性发展的重要举措。所以，幼小衔接工作可谓是幼儿园教育的一项关键任务，这也成为衡量幼儿园教育质量的一个重要标准。幼儿园必须要努力做好幼小衔接工作。

2. 做好幼小衔接工作是提高小学教育质量的重要基础

幼儿在结束幼儿园教育之后，就要进入小学以接受义务教育，义务教育阶段的重要目标便是提高学生的学业水平，实现学生身心的全面发展。幼儿从幼儿园进入小学后，其已经达到的发展水平密切关乎着其在进入小学后的发展前景，如果幼儿在幼儿园已经获得了较高的发展水平，能够顺利地进入小学接受教育，那么，这对于提高小学教育的质量而言无疑具有重要的意义。适应得好的儿童，情绪愉快而自信，对老师、同学容易产生亲近、信任的感情，学习积极性较高。而如果幼儿适应不好，再加上小学阶段的学业压力，便会使得幼儿产生更多的消极心理，如自卑、压抑、畏缩等，这对儿童在小学后续阶段的发展而言相当不利。由此可见，进入小学后幼儿的发展水平关乎小学教育的质量，而幼小衔接工作的一个重点便是要提高幼儿的发展水平，为幼儿适应小学阶段的要求做好充分准备。所以，做好幼小衔接工作对于提高幼儿的发展水平，进而为提高小学阶段的教育质量都具有重要的现实意义。

二、造成幼小不衔接的原因

据调查显示，我国刚入小学的儿童中有不少人会产生不适应的问题，如感到疲劳、厌学、留念幼儿园生活等。这些现象是幼小不衔接问题的突出表现。那么，造成幼小不能衔接的根本原因究竟是什么？归根结底还是幼儿园与小学之间的差异过大，两者的坡度过陡，使幼儿进入小学后产生了不适应。具体而言，幼儿园与小学之间的差异可以分为以下三个方面：

（一）教育观念的不同

教育观念的不同是造成幼儿园与小学之间不衔接矛盾的根本原因。该方面又突出体现在三个方面，即儿童观、教育观、教师观的本质不同。儿童观是对儿童根本的看法、观点的总和，它是影响教育的起点。在儿童观方面，幼儿园将儿童视为小孩，是大家保护的对象，并非是真正意义上的学生，对其学业没有强烈的要求；而在小学，幼儿的角色已经发生了本质的变化，人们已经将其视为真正的学生，其主要的责任也变成了学习。教育观受儿童观决定，是对培养什么人、怎样培养人所形成的根本观念。幼儿园的教育观强调保教合一，注重游戏和活动的教育价值；而进入小学后，教育观更加强调系统的教育，注重各门课程的学习，方式也以上课为主。教师观是教师对自己各种素养的根本认识，它受儿童观与教育观的影响。在教师观方面，幼儿教师往往以保育者和教育者的双重身份来对待自己的工作，对幼儿也充满了关爱和呵护，是幼儿的游戏伙伴；小学教师则更多地以教育者的身份来对待小学生，对学生更多的是进行教育和要求。正是这些教育观念的差异，导致了幼儿园与小学之间的本质区别。

（二）教育实践的不同

除了上述教育观念不同外，在观念指导下的教育实践也存在着巨大的差异。如果说教育观念的差异是导致幼小不衔接的本质原因，那么，教育实践的差异可谓是导致幼小不衔接的直接原因。具体而言，主要存在以下四个方面的不同。

1. 生活环境的不同

环境是儿童身心发展的必要条件，儿童是在与周围环境的相互作用过程中实现发展的。幼儿园的生活环境与小学的生活环境可谓是截然不同，这两者的不同造成了幼儿进入小学后的典型不适应。幼儿园的环境布置注重趣味性和教育性的结合，而小学的环境布置则更加注重教育性与效益性。所以，整个幼儿园的布置也显得丰富多彩，室外活动材料多；而小学每班只有一间教室，教室内课桌、板凳、黑板加讲台，布置比较单调，以学习用具为主，生活用具极少，整个教室学习气氛浓。

2. 教育方面的不同

除了周围环境的差异外，两者在教育性上也存在着典型差异。具体表现在教育目的、教育内容、教育途径、教育方法等方面。在教育目的方面，幼儿园在强调保育的基础上，注重教育幼儿，其目的存在双重性；而小学的目的则要单一一点，即主要以教育为根本目的。在教育内容方面，幼儿园教育更加注重直接经验的获得，感知性、趣味性、零碎性等特点较为突出；而小学教育则更加注重系统知识的学习，知识的理论性与逻辑性逐渐增强。在教育途径方面，幼儿园教育的途径多样，以游戏、活动、生活、上课等途径为主；而小学教育的途径则相对单一，主要以课堂教学为主，对其他途径给予的时间和机会较少。在教育方法方面，幼儿园教育主要采用游戏和实践的方式，而小学教育则更加注重讲授和练习。

3. 规章制度的不同

无论是日常生活制度还是学习制度，幼儿园与小学之间都存在着典型的不同，两者规则性的强制程度有所区别。在生活制度方面，“幼儿园的一日活动中，休息、睡眠、吃饭、喝水、上厕所等生活活动和无意的智力活动的时间比小学多；而大运动量的体力活动和需要意志力控制的有意智力活动则比小学少。”在学习制度方面，幼儿园教育的学业管理没有小学的严格，在接送、上下课、请假等方面都较为宽松，而小学教育则对时间管理较为严格，按照统一的时间规定上下课、上放学等。幼儿园教育没有规定的作业要求，而小学则需要做作业，准备学业考查等。

4. 人际关系的不同

人际关系是影响儿童身心发展的一个重要因素，尤其是师幼或师生关系，以及同伴关系，都是直接关乎儿童能否实现身心全面发展的关键。但是，幼儿园与小学之间，其在人际关系上均存在着极大的不同。在师生关系方面，幼儿园教师与幼儿之间的关系要密切许多，幼儿教师需要给予幼儿更多的关爱，两者之间充满了类似亲子情的师幼情谊；而小学的师生关系则要简单许多，由于教师更多关注学生的学业水平，导致教师与学生之间的感情远远没有幼儿园时期强烈，教师对学生的情感关注程度也要弱许多。在同伴关系方面，在幼儿园里幼儿之间总是围着一张桌子接受教育与活动，幼儿之间彼此合作交流居多，人际关系也较为密切；而进入小学之后，儿童或者一人一桌，或者两人一桌，彼此之间交流合作的机会减少；同时，彼此之间还存在着学业之间的竞争，这些使得同伴关系变得更加复杂和难以应对。

（三）教育体制的不同

除了单方面论述幼儿园与小学之间的不同差异之外，导致幼儿园与小学之间不衔接的另一个原因还有着体制的原因，即幼儿园与小学两种机构在教育体制里并非是紧密联系的，这点在我国尤为突出。幼儿园和小学的教育行政管理部门、教材的编写者、科研队伍、师资培养等方面，都分立而治，各有各的系统和运行措施，分别强调自己所在阶段的教育特色，而不愿意相互靠拢，相互联系，这就必然造成幼儿园与小学的脱节。

三、幼小衔接工作的主要内容与方法

幼小衔接工作意义重大，但是，该工作也并非是一件简单容易之事，需要各方的通力合作与努力。具体而言，幼儿园与小学之间要重视幼小衔接工作，通过采用多种工作方法，顺利完成幼小衔接工作的主要内容。

（一）幼小衔接工作的主要内容

总体而言，幼儿园的幼小衔接工作可以从两个方面着手，一是全面做好入学准备，二是在大班进行专门的入学准备工作。

1. 全面做好入学准备工作

强调幼小衔接工作的全面准备，这主要是从整个幼儿园三年教育说起的。对于幼儿园教育来说，教育的根本目的在于促进幼儿身心的全面发展，为将来的后续教育打下良好的基础。所以，整个幼儿园三年教育都应该是在为入学做好充分准备。具体而言，幼儿园需要做好以下工作。

首先，加强身体素质的培养。儿童上小学需要有较好的体质、耐力、抵抗力和动作协调能力，这样才能承担紧张的脑力劳动并独立完成作业。幼儿园需要建立合理的生活作息制度，为幼儿提供丰富营养的膳食，注重加强幼儿的身体锻炼，培养幼儿养成健康的生活习惯，掌握基本的生活自理能力。

其次，注重学习兴趣和能力的培养。对于幼儿进入小学而言，其任务将发生重大改变，完成规定的学习任务是其承担的主要责任，因此建立学习的兴趣并掌握一定的学习方法则显得尤为必要。幼儿园需要组织各类学习活动，激发和塑造幼儿的学习兴趣，同时，在此过程中注重培养幼儿的学习能力。

再次，促进幼儿语言和动手能力的发展。小学阶段的教育与学习对语言的要求较高，教育的内容更多以言语讲授的形式呈现，所以，培养幼儿的语言能力尤为重要。幼儿园需要为幼儿营造良好的语言交往环境，创造各类语言活动，鼓励幼儿的发言和交流，培养语言能力。此外，小学教育对于幼儿自己是否能够具备独立动手能力较为关注，幼儿能够具备独立动手能力便能顺利完成小学阶段的一些重要任务，如数学、自然、劳动等内容。所以，幼儿园应重视动手能力培养，在日常活动中给予幼儿更多实践的机会。

最后，关注幼儿良好品质的养成。良好的个性品质可以帮助幼儿更好地适应新的环境，幼儿园应培养幼儿保持健康愉快的情绪，学会与人相处，面对困难能够勇于承担，对于各类规则要能够遵守，待人接物要文明礼貌等。幼儿园应重视良好个性品质的培养，这对幼儿顺利进入小学接受教育将具有重要作用。

2. 在大班做好专门的入学准备工作

在儿童入学前一年，教师可以采用多种方法集中和有针对性地对儿童进行入学准备教育，帮助儿童做好体力、智力、品德、意志、生活和学习习惯方面的准备。

首先，引导幼儿对小学生活充满向往。大班幼儿有时会向往小学生活，渴望佩戴红领巾、拥有新文具，这种积极情感为幼儿教师做好幼小衔接工作提供了机遇。幼儿教师应利用这种机会，向幼儿传递小学生活的情况，加深幼儿对小学生活的认识，从而帮助幼儿对小学生活建立熟悉感。

其次，培养幼儿的学习能力。大班应该在游戏和活动的基础上，对幼儿提出明确的教育要求，让学生能够独立完成一些学习任务，如背诵儿歌、练习写字等。这些活动虽然比小学要简单许多，但是却为小学的相应学习工作积累了初步能力。

最后，培养幼儿的自制力，建立良好的学习习惯。儿童入小学之后要担负起紧张的学习任务，要能在课堂中集中注意，不做小动作，这需要在幼儿园就开始有意识地锻炼意志，培养自制力，养成良好学习习惯。

（二）幼小衔接工作的主要方法

幼小衔接工作的责任主体主要包括幼儿园、小学和家庭，从责任主体的视角来看，加强幼小衔接工作的方法可以从两个方面着手，即幼儿园组织的幼小衔接工作和小学所做出的幼小衔接努力。

1. 幼儿园的幼小衔接工作方法

幼儿园要建立幼小衔接工作的常规制度，这是幼小衔接工作的主要方法，也是确保幼小衔接工作能够顺利规范进行的条件。首先，幼儿园要积极建立与周边小学的联系制度。小学属于义务教育，遵循就近入学的规定。为了做好幼小衔接工作，幼儿园需要与周边小学建立紧密的联系，其方法包括：定期沟通，确定双方责任与义务，邀请小学教师入园展开交流示范。其次，幼儿园应重视家长在幼小衔接工作中的作用，其方法包括：鼓励家长带领幼儿去周边小学参观，讲述家长曾经的小学生活，为幼儿建立良好入学心理；在暑假可以按照小学的作息来要求孩子；为幼儿购买小学的用品，增加幼儿的兴趣。再次，在大班做好入学的准备，其方法包括：组织幼儿集体参观周边的小学，熟悉学校环境；培养幼儿的有意性；提高幼儿的听、说、读、写能力；合理组织大班环境，与小学环境进行适当衔接；利用幼儿园毕业之际，进行毕业教育，增加幼儿与小学生之间的认识交流。最后，重视幼儿情感和人际关系的培养，如学会合作与分享，懂得努力完成规定任务，能够遵守各类规则。

2. 小学的幼小衔接工作方法

做好幼儿园与小学的衔接工作，小学方面应当进行认真的调查研究，深入幼儿园了解大班的教育、教学工作和幼儿园生活制度的特点，了解家长和学生的思想动态并采取措施，准备迎接新生。总体而言，小学的幼小衔接工作方法主要包括四点。首先，适当调整一年级上学期的课程设置，注重适当保留游戏和户外活动的时间；其次，合理安排教学内容，注重讨论与合作学习；再次，减少作业要求，降低学生负担；最后，加强对刚入学幼儿情绪情感的支持，小学教师要充满热情，给予幼儿更多的情感关注。

四、幼小衔接工作应注意的问题

幼小衔接工作作为学前教育领域的一项重点工作，其意义不言而喻，但是想要彻底地做好该项工作，则又需要利益各方能够通力合作，遵循幼小衔接工作的基本要求，避免可能产生的消极问题。具体而言，做好幼小衔接工作应注意避免小学化、表面化和片面化等问题的产生。

（一）避免小学化倾向

许多人认为，只要让幼儿提前学习小学一年级的教材，让幼儿学好拼音，学会识字、写字和做算术，就可以减轻幼儿入学后的压力和负担，就是为入小学做好了准备。其实，这种教育观念是彻底错误的，可能该措施能够暂时缓解幼儿入小学后的不适应症状，但是，并非有利于幼儿的长远发展。小学化倾向的弊端主要有三点：一是造成入小学后的不专心，因为由于在幼儿园已经掌握了小学的相关内容，入学后便会感到上课内容的无趣，所以产生不专心，久而久之便形成了习惯，最终影响后续的学习；二是造成幼儿死记硬背的习惯，由于幼儿并不能完全理解小学的内容，只能采取死记硬背的方式，死记硬背可能会起到暂时的效果，但是长远下去便会造成幼儿养成不善思考的习惯，不利于其终身发展；三是在读写算方面所形成的错误习惯将难以改正，幼儿在幼儿园养成的学习习惯具有稳定性的特征，一旦养成错误学习习惯，后面想要改正则很难。

知识拓展

教育部关于规范幼儿园保育教育工作防止和纠正“小学化”现象的通知

教基二［2011］8号

各省、自治区、直辖市教育厅（教委），新疆生产建设兵团教育局：

近些年来，各地在加快学前教育发展的同时，积极推进幼儿园教育改革，努力更新教育观念，促进了幼儿园保育教育质量的不断提高。但是，由于应试教育和社会上一些不良宣传的影响，当前幼儿园教育“小学化”的现象日益突出，严重干扰了正常的保育教育工作，损害了幼儿的身心健康。为进一步贯彻落实《国务院关于当前发展学前教育

知识拓展

的若干意见》(国发〔2010〕41 号)和《幼儿园教育指导纲要(试行)》，规范办园行为，防止和纠正“小学化”现象，保障幼儿健康快乐成长，现就有关要求通知如下：

一、遵循幼儿身心发展规律，纠正“小学化”教育内容和方式。幼儿园(含学前班，下同)要遵循幼儿的年龄特点和身心发展规律，科学制定保教工作计划，合理安排和组织幼儿一日生活。要坚持以游戏为基本活动，灵活运用集体、小组和个别活动等多种形式，锻炼幼儿强健的体魄，激发探究欲望与学习兴趣，养成良好的品德与行为习惯，培养积极的交往与合作能力，促进幼儿身心全面和谐发展。严禁幼儿园提前教授小学教育内容。幼儿园不得以举办兴趣班、特长班和实验班为名进行各种提前学习和强化训练活动，不得给幼儿布置家庭作业。

二、创设适宜幼儿发展的良好条件，整治“小学化”教育环境。幼儿园要创设多种区域活动空间，配备丰富的玩具、游戏材料和幼儿读物，为幼儿自主游戏和学习探索提供机会和条件。严禁教育行政部门推荐和组织征订各种幼儿教材和教辅材料，严禁任何单位和个人以各种名义向幼儿园推销幼儿教材和教辅材料。幼儿园不得要求家长统一购买各种幼儿教材、读物和教辅材料。幼儿园要严格控制班额，不得违反国家相关规定超额编班，坚决纠正大班额现象。

三、严格执行义务教育招生政策，严禁一切形式的小学入学考试。规范小学招生程序，依法坚持就近免试入学制度，严禁小学举办各种形式的考核、面试、测试等招生选拔考试，不得将各种竞赛成绩作为招生的依据。严禁小学提前招收不足入学年龄的幼儿接受义务教育。

四、加强业务指导和动态监管，建立长效机制。各地要充实学前教育教研力量，建立并完善学前教育教研制度，依托城市优质幼儿园和农村乡镇中心幼儿园，形成覆盖城乡的学前教育教研指导网络，定期对各类幼儿园进行业务指导。教育行政部门要研究建立幼儿园保育教育质量监测评估机制，切实加强对各类幼儿园保育教育工作的动态监管，定期对“小学化”现象进行专项检查，对违反规定的，责令其限期整改。存在“小学化”现象的幼儿园，举办招生选拔考试的小学一律不得参与评优、评先。设立家长举报电话，加强社会监督。

五、加大社会宣传，营造良好社会氛围。各地教育行政部门要加大力度，开展多种形式的社会宣传。充分利用和引导各种传媒宣传科学的学前教育理念。幼儿园要采取多种形式开展家庭教育指导，实现家园共育，形成全社会共同关心支持的良好社会氛围。

各地接到本通知后，应采取切实可行的措施，对幼儿园教育“小学化”现象和小学违规举行入学考试的现象进行督查和整改，并于 2012 年 3 月底前将本省整改情况书面报送我部基础教育二司。

中华人民共和国教育部

二○一一年十二月二十八日

(二)避免表面化倾向

有的幼儿园，包括部分理论工作者，以为幼儿园与小学衔接就是让幼儿园大班在外部环境和条件上采取措施，让幼儿对小学生活有所了解。如之前所述的组织幼儿进入小学参观，与小学生进行交流互动，适当使大班环境与小学环境相融合等。其实，这种观念虽有其合理的一面，但是却反映出了表面化的局限。这些举措对于幼儿适应小学生活是具有重要意义的，但是，各方工作者在具体实践中应该认识到，这些举措只能从表面上加深幼儿对小学的认识，但是并不能够从本质上彻底解决幼儿园与小学之间的不衔接。所以，幼儿园要避免幼小衔接工作的表面化，多多挖掘幼小衔接工作的深层次方法，促进幼小衔接工作的全面解决。

（三）避免片面化倾向

有人误以为，小学是以学业为主，只要学习成绩好就可以了，因而幼儿园与小学衔接只注意学业上的准备，以为孩子知识多、智商高就不愁入学适应问题。这种观念其实也是片面化的一种突出表现，持有这种观念的学前教育工作者，其在处理幼小衔接工作之时更多地关注幼儿智力的培养，以图幼儿进入小学后能够轻松自如。但是，这极容易导致幼儿园教育进入另一个极端，如果过于重视智育，而忽视了其他方面的培养，那么则违背了学前教育的根本目的，造成了幼儿身心的不和谐发展，这必然会给其终身的发展带来极大不利。所以，幼小衔接工作应该注重幼儿身心素质的全面培养，不仅是智力方面的培养，而且还应包括身体、道德、审美等内容，要做到身心发展的全面准备，这才是做好幼小衔接工作的根本举措。

第二节　家园共育

随着学前儿童发展心理学理论的不断演进与发展，关于幼儿身心发展的原因与机制已经被众多研究者科学地加以揭示和解释。目前，关于幼儿身心发展是主观因素与客观因素相互作用结果的这一观点，已经逐渐被心理学者和教育学者所普遍接受。其中，影响幼儿身心发展的主观因素主要指幼儿自身的心理因素，影响幼儿身心发展的客观因素则主要指幼儿的遗传和成熟，以及生活在其中的自然环境与社会环境。对于幼儿身心发展而言，客观因素为幼儿身心发展提供了可能与条件，尤其是教育对幼儿的身心发展起着关键性的作用。而家庭和幼儿园作为影响幼儿身心发展的主要教育源，其对幼儿的身心发展更是起到了至关重要的作用。因此，积极阐释家园共育的一般理论，探讨家园共育的主要方法和基本形式，同时阐明幼儿园的家长工作，这对促进两大教育影响源的相互协作，共同参与和引导幼儿的身心发展，无疑具有重要的理论和现实意义。

一、家园共育概述

家园共育主要指家庭和幼儿园为了实现学前教育的既定目标，两者相互协调与配合，并在遵循一定方式、方法及原则的基础上，旨在促进幼儿身心全面和谐发展而组织的各种教育活动的总和。对于影响幼儿发展的各种因素而言，家庭与幼儿园可谓是其中最基本和最重要的两个关键性因素。促进家庭和幼儿园相互合作以共同养育幼儿，不仅是确保能够为幼儿的健康快乐成长营造良好的环境和条件，从而实现幼儿的全面和谐发展，更是推动家庭、幼儿园与幼儿实现共生发展的基本途径。目前，强调家园共育以促进幼儿的成长已经成为国际学前教育的重要发展趋势。为何对家园共育做出如此的重大的关注，这主要缘于两个方面，一方面，家庭教育对幼儿身心发展的巨大作用是促使我们探讨家园共育的前提条件，家庭教育有着其独特之处，拥有重要的教育优势；另一方面，做好家园共育建设是充分发挥家庭与幼儿园各自特色和优势的基础，这也是肯定家园共育价值的关键所在。

（一）家庭教育的重要作用

家庭是由婚姻关系、血缘关系或收养关系组成的社会生活的基本单位。儿童从出生到成人并走向独立生活之前，会一直同父母生活在家庭这一独特的环境之中，父母作为孩子的主要监护人，除了对子女生活上的照料之外，更多的时候是对其所展开的家庭教育。教育功能作为家庭的一个重要功能，是家庭生活中的一个重要组成部分。作为人生接受教育的第一阶段，家庭教育对于儿童的发展具有极大的作用，而学前儿童由于其身心发展的特征，如发展迅速、可塑性强、具有极大的发展潜能等，其家庭教育对于学前儿童身心的发展意义更大。具体而言，家庭教育不仅能够保证学前儿童身体的健康生长，而且能够促进学前儿童在认知、情感、社会性以及个性等方面的全面发展。

1. 促进儿童身体的健康发育

身体的健康发育是儿童身心全面和谐发展的重要内容，也是学前教育阶段的重点任务。儿童身体发展的客观规律告诉我们，学前期是个体身体发展的关键阶段。该阶段儿童身体发育非常迅速，无论是肌肉、骨骼、神经系统，还是大脑的发育。在学前儿童阶段，身体的发展更是处于身心全面发展的基础地位，不仅是儿童获得其他方面发展的基本条件，同时更是促进儿童在其他方面获得发展的有利因素。孩子作为父母的宝贵财富，其在一出生之后，便会得到家庭成员的广泛爱护，尤其是对孩子身体的照顾更会是无微不至，这为幼儿身体的健康发育作出了保证。此外，在幼儿成长过程中，家长还会向幼儿传授保护身体健康的知识和方法，培养幼儿养成健康的生活习惯，这些对维持幼儿身体的健康发育而言意义重大。

2. 促进儿童认知的发展

认知是儿童心理发展的重要内容，“它包括感知觉、记忆、思维、想象和语言等方面”。婴儿自出生后，一直受到父母的照料，亲子之间关系的日益增强为婴幼儿的心理发展提供了重要条件。婴幼儿在与父母的相互作用过程中，使自己的认知得到不断发展。例如，孩子在父母的带领下，接触生活中的各类事物，促进了感知觉的发展；也正是在对周围事物的不断感知中，孩子记住了各类事物，并发展了记忆能力；在掌握大量感知觉材料的基础上，孩子学会运用某种事物代替另一种事物，产生了想象；孩子在与父母不断的交往中，学会理解成人的言语，并逐渐掌握说话能力，促使了语言的发展；在掌握语言的同时，儿童的思维也开始日益得到发展，能够反映事物的本质属性和内在规律。

3. 促进儿童情绪情感的发展

情绪情感在儿童的身心发展过程中具有重要的作用，它对儿童的心理和行为都有着巨大的影响，是儿童认知、社会性以及个性发展的重要激发因素。孩子在出生后，家长在照顾孩子的过程中，使孩子逐渐养成了对亲人的依恋之情，这是保证孩子情绪情感健康发展的重要基础。有父母在身边，孩子便会感到安全，对周围世界的探索也会变得积极主动。父母对孩子平时所表现出的关怀、温暖、支持和鼓励，非常有助于儿童积极、愉快情绪情感的获得与发展，并且有利于儿童形成对他人的关爱感、善良、同情、体贴，并对儿童自信心和自尊感的形成具有积极的影响，甚至许多成人在追忆童年经历时都能深刻体会到这一点。由此可见，家庭教育对学前儿童情绪情感发展的重要意义。

4. 促进儿童社会性的发展

社会化是儿童发展的一个重要内容，这是人类社会对儿童所提出的必然要求。儿童自出生后，便开始正式进入人类社会了。儿童需要逐步地融入社会方能成为一个真正的人，在此过程中，儿童需要掌握社会准则和规范、行为习惯、交往技能等。而家庭作为孩子成长的首要和重要场所，家长对培养孩子掌握这些知识、技能、态度、价值观等内容方面具有重要作用，因此，可以说家庭是儿童社会化起步发展的重要摇篮。儿童的许多社会性行为，如分享、谦让、轮流、协商、帮助、友爱、尊敬长辈、关心他人等，就是在与父母的交往中，在父母的要求和指导之下逐渐习得并发展的。

5. 促进儿童个性的形成

个性主要指一个人所具有的比较稳定的、具有一定倾向性的心理特征的总和。个性反映了一个人的总体精神面貌，它包括动机、气质、性格、能力、自我意识等方面。个性的形成与发展是儿童身心发展的重要内容，也是家庭教育的重要方面。儿童自出生后，在与周围环境的相互作用过程中，尤其是与父母的相互交往中，使自己的个性日益得到养成和发展。通过父母的教育引导，儿童养成了最初的兴趣、需要和态度，确立了自己对待事物的动机；气质在儿童出生后便已经初步形成，但是也并非是一成不变的，通过父母的教育影响，儿童的气质还是会发生积极的改变；“性格是在后天生活过程中形成的，是主体与客体相互作用的结果”，父母对儿童的良好照顾，为儿童良好性格的养成打下了坚实基础；儿童能力也是在家庭环境中逐步开始发展起来的，父母教会了儿童走、跑、跳等运动能力，在引导儿童解决问题中培养了儿童的智力；自我意识也是在家庭中逐步形成的，在与父母的交往中，儿童形成了自我认识，懂得了自我评价，并学会了进行自我调节。

（二）家园共育的主要价值

本节引言已经谈到，幼儿身心的发展是多因素相互作用的结果，家庭和幼儿园都是影响幼儿身心发展的重要因素。其中，家庭教育是影响幼儿身心发展的基本因素，而幼儿园教育则是引导幼儿身心发展的专业关键因素。正是由于两个因素对幼儿身心发展都具有极其重要的价值，因此，两个教育因素协调一致则显得尤为必要，这也是避免两者之间产生相互抵制的基本要求。苏联教育家苏霍姆林斯基认为，没有家庭教育的学校教育，和没有学校教育的家庭教育，都不可能完成培养人这一极其细微而复杂的任务。该论断也表明了家庭与幼儿园教育之间相互合作、共同育儿的必要性。那么，为何如此强调家园共育，以下将从三个方面论述其主要价值。

1. 发挥家庭教育的优势

家庭教育与幼儿园教育之间有着巨大的差异，这些差异凸显了家庭教育的独特之处，同时也反映了家庭教育具有幼儿园教育所缺乏的一些优势。家庭教育与幼儿园教育之间的差异主要体现在多个方面，其一，两者的环境截然不同，家庭是具有血缘关系的亲情网络，功能比幼儿园多；其二，教育者与教育对象之间的关系和地位不同，家长与幼儿之间不仅存在教育关系，还有亲子等亲情因素，而幼儿园更多的是师幼关系；其三，教育者自身水平不同，家长的素质水平各不相同，有高低之分，而幼儿园教师则具有较高的素养，是专业的教育人员；其四，教育目标、内容、方式方法、途径等都不相同。所以，家庭教育拥有幼儿园教育所不具备的独特优势，例如，由于家庭的血缘性，子女信任父母，更容易接受其教育；家庭以生活为主，但也充满了教育机会，家长通过抓住时机，可以寓教育于生活之中，符合幼儿的学习特点；父母都非常了解自己的孩子，而且教育对象也就是自己孩子而已，所以教育起来可以富有针对性，尊重个体差异等。因此，提倡家园共育有利于发挥家庭教育的优势，促进幼儿的身心健康发展。

2. 实现幼儿园教育的专业引导

尽管家庭教育有着其独特的优势，但是，家庭教育也有着其缺陷性，尤其是专业化和科学化程度不高，具体表现在家长的教育素养并不专业科学。而幼儿园教育则不同，专业化与科学化是其典型特征，幼儿教师比家长要专业和科学许多。幼儿教师是经过幼儿教育专业训练的专职人员，具备一定教育幼儿的本体性知识、条件性知识和实践性知识，能根据幼儿教育的基本原理和规律展开工作，保证了幼儿教育的科学性。正是由于幼儿园教育具有专业化和科学化的特征，因此，发挥幼儿园教育对家庭教育的专业引导则显得尤为必要，这是弥补家庭教育不足的有效途径。

3. 促进教育合力的形成

家园共育所遵循的理论依据是学前教育的影响必须坚持一致，这是确保学前家庭教育和幼儿园教育均能够沿着正确的轨迹进行的必然要求，也是最终促进幼儿身心全面和谐发展的基本途径。家园共育不仅有利于发挥家庭教育和幼儿园教育的各自优势，而且又能够实现两者的“相互补充，互为基础，两者就教育目标、内容、方法和态度达成共识的时候，其教育的合力最大，教育影响最一致，幼儿身心发展也最迅速和顺利”。所以，家庭与幼儿园之间必须要实现密切配合，只有真正做到家园共育，方能真正实现幼儿身心的全面和谐发展。

二、家园共育的方法与形式

随着家园共育理论的日益成熟，关于家园共育的重要意义与价值已经被家庭和幼儿园普遍认同和接受，并已经在实践中作出了积极的探索，关于家园共育的方法与形式也得到了不断丰富和发展。

（一）家园共育的主要方法

目前，已有的家园合作活动大致可以分为两类：一类是以幼儿园为核心的家园合作活动，另一类是以幼儿家庭为核心的家园合作活动。因此，关于家园共育的方法也主要有以下两类。

1. 以幼儿园为核心的家园共育方法

以幼儿园为核心所展开的家园共育活动方法，主要指由幼儿园方面进行组织，以加强幼儿园与家长之间联系的一类方法。该类方法也是家园共育方法中较为重要的一类方法，强调的是充分发挥幼儿园在家园共育过程中的主导作用。具体包括：入园和离园之时，幼儿教师与家长之间所作出的交流，这是幼儿园实施家园共育的最简单和最经常的一种方法；对于不善于言辞的家长，幼儿园便可以采用书面的方法，如书信、联系簿和宣传栏等；为了解决个别幼儿的问题，幼儿教师还可以采取家庭访问和电话联系的方法；在集体方法上，幼儿园还可以通过教育活动开放日、家长会、家长学校、家庭讲座等方式，向全体家长传递教育信息，作出共同交流；在吸引家长参与方面，幼儿园可以采用家长来园参与教育活动，同时监督管理等方法。

2. 以家庭为核心的家园共育方法

以家庭为核心所展开的家园共育活动方法，主要指由家长方面主动进行组织，能够有效增进家园共育效果的一类方法。该类方法强调的是促进家长履行教育责任，同时维护其教育知情权所实施的一类方法，对强化家园共育效果具有明显作用。主要方法包括：家长之间为了加强联系和交流，共同对幼儿园的教育提出合理建议，家长可以利用建立家长委员会的方法，共同商讨教育策略，合理影响幼儿园的教育活动；家长之间还可以定期举办交流会，共同交流彼此之间的教育经验，实现育儿经验的分享；此外，为了更好地促进家庭教育的科学合理展开，幼儿教师可以直接指导家长，帮助家长制定相应的教育方案，让家长进行幼儿教育活动。

（二）家园共育的基本形式

如上所述，家园共育的方法有很多种，家庭与幼儿园之间要善于运用各种方法加强彼此之间的合作与联系，实现家园共育的目标。虽然家园共育的方法有很多种，但是从活动形式上来划分，大致可以归纳为下列几种形式。

1. 幼儿园组织的活动

（1）家长会。家长会是幼儿园组织的常见活动，旨在向家长传递教育信息和要求，明确教育活动的安排。家长会有全园性的，也有班级性的；一般是先举行全园性的，待全园的会议结束后再召开班级性的。

（2）家长开放日。家长开放日是幼儿园为了增进家长对幼儿园工作的了解所组织的一种常见活动。家长开放日可以是观察性的活动，也可以是家长参与性的活动。该活动能够加强幼儿园同家长之间的理解，增强彼此之间的信任。

（3）家长接待日。家长接待日是幼儿园为家长所提供的一种旨在听取家长意见和建议的一种活动。家长接待日一般可以固定下来，确定在每月的某一天，家长可以在这天与幼儿园领导或工作人员进行交流，就关心的问题作出协商。

（4）咨询接待日。咨询接待日也是接待日的一种，但是与前种形式不同，这是由幼儿园组织的，由相应专家或学者为家长解答教育问题的一种活动形式。

（5）家长学校。这是系统地开展幼儿家庭教育指导，提高家长教育能力和家庭教育素质的有效途径，托幼机构通过家长学校对家长教育子女过程中常遇到的困难和易产生的问题进行有计划、有重点、有针对性的指导。

（6）家长委员会。家长委员会是由家长代表组织成立的一种组织，委员会旨在聆听所有家长的意见，集中统一地向幼儿园作出反馈，敦促幼儿园就意见作出反应。

2. 幼儿教师组织的日常工作

（1）家访。家庭访问是幼儿园教育共育的主要活动形式之一，主要由幼儿教师组织进行，旨在了解幼儿在家的情况，反映幼儿在园的状况，以增进彼此之间的了解，为共同育儿提供信息基础。

（2）随访。除了进行家访，随时接受家长的来园访问也是必要的，这是尊重家长的教育知情权的基本要求。入园和离园之际是接受随访的重要时机。

（3）电话联系。电话联系是家园共育活动最基本最常见的一种形式。由于电话已经成为人们日常生活的重要组成部分，充分利用这一资源，可以有效地加强家园之间的联系，及时地解决存在的问题。

（4）家园联系簿。这是教师利用书面形式与家长进行联系的一种形式，幼儿人手一本。在联系簿上，家长之间可以使用书面方式加以交流，共同探讨幼儿在园和在家的情况。

3. 征集意见工作

（1）家长信箱。家长信箱是幼儿园用来收集家长对幼儿园工作的意见、建议以及他们在家庭教育过程中碰到的困难、问题的一种形式。由于家长信箱是长期存在的，因此不受各方面的限制，是一种较好的家园共育形式。

（2）调查表。为了征询家长对幼儿园教育的意见和建议，同时也是为了向家长表明幼儿园的一些观点和看法，幼儿园可以通过利用调查表的形式，向家长作出咨询，从而便于了解所有家长的心声。

4. 幼儿园的宣传工作

（1）宣传栏。家园共育宣传栏是幼儿园常设的一种教育形式，通过合理撰写和设计家园共育宣传栏，将一些有用的教育信息公布于该栏中，从而便于家长们的浏览和理解。

（2）园刊。园刊也是家园共育的一种形式，通过创设园刊，将一些有用的学前教育新理论、新观点、新方法置于其中，帮助家长掌握科学的育儿知识，提高家长的育儿能力与水平。

知识拓展

美国幼儿园的家园共育

作者：林秀锦　来源：保育与教育

世界上大多数国家的儿童都是满 6 岁后才正式进入小学就读，而美国的正规教育则是自 5 岁开始。因此，美国的学前幼儿园指的是 3 岁和 4 岁儿童就读的早教机构。本文谈论的家园共育也主要是以 5 岁以下尚未进入国民教育体系的学前保育与教育机构为主，尤其是为 3 岁和 4 岁儿童服务的幼儿园和托儿所。

美国学前幼儿园的家园共育理念可以溯源至成立于 1897 年的中小学家长教师协会（Parent Teacher Association，PTA）。这个遍及全美各州、会员超过六百万的组织长久以来的宗旨是：为家长和教师以及家庭和学校提供联系，为家长提供有关儿童保健以及教育的信息和资源，为保障儿童福利和促进儿童身心健全发展倡言。PTA 鼓励家长参与子女的学习，并为家长提供育儿方面的信息。家长们也以不同方式参与不同层次的活动。传统的家长参与（parent involvement）和亲职教育理念近十多年来已逐渐转化成家长和教师或家庭和学校建立伙伴关系（family partnership）的理念。家校双方将彼此视为平等的合作伙伴，共同为孩子的成长和教育努力。校方积极向家庭招手，期望通过家庭和学校的伙伴关系，更密切、更有系统地规划并营建一个更适合儿童、家长和教师的健全和谐的环境。学校鼓励家长投入子女的教育，更关注公民的权利和义务，更积极地参与有关儿童与教育的决策过程。同时，家长也更积极主动地和教师交流，分享相关信息，配合教师和学校的活动和需求，或向幼儿园咨询育儿资讯。家长甚至进一步地参与监督、影响和改善学校的环境和教学品质。

学前保教机构无论是在过去的家长参与还是近年来的家园或亲师伙伴关系上大致是与上述的中小学情形类似。不过，理念虽相同，但家园共育在保教幼儿园因儿童年龄和学校职责的差异而在施行方式上更加多元。

三、家长工作

托幼机构的家长工作，指托幼机构的工作人员与幼儿家长相互合作，共同教育幼儿的过程。从前面的理论和实践角度，我们已经看到家庭教育对幼儿的身心发展具有极其重要的作用，明确家庭教育的重要作用使我们必须要充分肯定家庭教育的价值，只有这样方能为幼儿的全面和谐发展创造良好的条件。当然，家庭教育也有其缺陷性，这就需要专门从事学前教育的托幼机构来加以帮助和引导，以促使家庭教育发挥最积极的作用。对于学前教育机构而言，在充分利用家庭教育这一有利条件的基础上，积极争取家长参与到学前教育之中，同时，对家长加以正确合理的指导，帮助其树立科学的育儿观，掌握科学的保教方法，从而促进幼儿健康快乐地成长。通过这一举措，可以有效地实现家园共育，形成教育合力以实现学前教育的共同目标。因此，学前教育机构必须重视家长工作，要能够与家长进行全面的沟通和交流，建立完善的家长工作机制，促进彼此之间的密切合作，积极推动家长对学前教育的参与和支持，保障学前教育工作的全面顺利进行。为了做好家长工作，学前教育机构必须清晰地理解家长工作的重要意义，在遵循一定的基本原则的基础上，努力完成家长工作的主要任务，实现家长工作的根本目的。

（一）家长工作的根本目的

家长工作作为托幼机构推动家园共育的一个关键性举措，其重要性可想而知。为了切实做好家长工作，学前教育机构必须要坚持以相互合作，以共同促进幼儿身心全面和谐发展为根本目的，实现帮助家长营造良好的家庭教育环境，提高家长的科学育儿水平，同时吸纳家长的积极参与等主要工作任务。

学前教育机构家长工作的主要目的则在于充分发挥家庭教育的重要作用，同时利用学前教育机构的专业性对其加以科学的引导和帮助，从而实现家庭和学前教育机构之间的密切合作，为幼儿的身心发展创造良好一致的环境条件，引导和促进幼儿身心的全面和谐发展，共同实现学前教育的目标。虽然家庭教育和托幼机构教育存在着重大差异，如内容、原则、方法和途径等，但无论是家庭教育还是托幼机构的教育，其最终的目的归宿仍然是帮助幼儿实现身心的全面与和谐发展。因为，幼儿是家庭教育和托幼机构教育所共同关注的教育对象，正是通过幼儿这一纽带促使家庭和托幼机构之间关系的形成，而为了实现幼儿身心的全面和谐发展，家庭与托幼机构之间所形成的这种初步关系，必须通过采取积极有效的举措加以巩固和加强，建立长久稳定的育儿合作关系，从而辅助整个学前教育的实施过程。所以，学前教育机构所开展的家长工作作为推动家庭和学前教育机构建立密切共育关系的关键举措，其根本目的仍然是相互合作以共同促进幼儿身心的全面与和谐发展，而这一点也成为衡量学前教育机构家长工作开展的是否成功的主要标准。

（二）家长工作的主要任务

围绕实现共同育儿的学前教育目的，学前教育机构家长工作必须完成各种类型的任务。目前，国家所颁布的《幼儿园工作规程》对家长工作作出了明确规定，指出“幼儿园应主动与幼儿家庭配合，帮助家长创设良好的家庭教育环境，向家长宣传科学保育教育幼儿的知识，共同担负教育幼儿的任务”。根据这一规定，学前教育机构家长工作的主要任务可以概括为三个方面，即帮助家长营造良好的家庭教育环境、提高家长科学保育教育水平、同时促进家长对学前教育机构工作的积极参与，形成教育的合力。

1. 帮助家长营造良好的家庭教育环境

环境作为幼儿身心发展的重要条件，一直备受教育家和心理学家的关注。学前教育家蒙台梭利曾对环境的重要性给予了充分论述，并将“有准备的环境”视为其教育方法的基本要素，强调“环境就是课程的基础”。而当代日益完善的学前儿童心理发展理论也已经充分证明，幼儿是在与周围环境相互作用的过程中实现自我身心发展的。这些科学理论和规律所给予我们的启发，便是要求我们应深刻认识到良好环境对于幼儿身心发展的巨大价值，应积极构思和努力营造一个全面一致的良好教育环境，从而为幼儿的身心发展提供有利的基本条件。家庭作为幼儿从出生到成人所一直生活于其中的主要环境与场所，也是幼儿身心发展的主要教育影响源之一。幼儿年龄小、自主能力较差，家庭教育环境对其影响很大。但是，并非每一个家庭教育环境都是有利于幼儿身心发展的，尤其是家庭教育仍然存在一些局限性，这使得家庭教育环境对于幼儿身心的发展可能会造成正反两个方面的影响，而其中的不利影响正是我们所不愿看到的。因此，为了促进幼儿身心的健康全面和谐发展，必须要对最原始的家庭教育环境加以全面的改造，努力构建起一个科学合理的有利教育环境，确保幼儿的健康快乐成长。

学前教育机构家长工作的首要任务之一，便是要帮助家庭营造良好的教育环境。在系统阐述如何帮助家长营造良好的家庭教育环境之前，有必要对家庭教育环境的基本构成作出简要说明。目前，学前教育界对于家庭教育环境的构成持有比较一致的观点，认为家庭教育环境大致可以由两个主要部分构成，即物质环境和精神环境。因此，对于学前教育机构的家长工作而言，也需从这两个方面着手，帮助家长创设良好的物质环境和精神环境。

（1）帮助家长创造良好的物质环境

家庭物质环境主要指适宜于幼儿身心发展的各类物品（如玩具、书籍）、空间及其布局等。学前教育机构的工作人员“可帮助家长选择衣服用品，使孩子的衣服用品经济、实用、美观、卫生；可帮助家长合理布置美化房间，防止家庭意外事故；也可帮助家长选择孩子的玩具和书籍，使孩子的玩具、书籍教育性和经济性兼备”。此外，由于幼儿存在活泼好动的心理特点，家庭环境应尤其重视为幼儿的身心发展提供更加广阔的活动空间，同时配备适宜的活动材料。另外，不要总是将孩子长时间关在家中，应多让孩子到户外去活动，利用双休日及假日带孩子到大自然中去，丰富知识、开阔视野、陶冶情操、锻炼身体。

（2）帮助家长营造良好的精神环境

家庭精神环境主要指影响幼儿身心发展的人际关系及其心理氛围。与物质环境相比，拥有良好的精神环境对于幼儿身心发展而言要更加重要。在人际关系方面，要尤其重视亲子关系的培养。学前教育机构的工作人员要帮助家长正确认识亲子关系的重要性，为父母提供有效的可以促进亲子关系的策略和方法，帮助父母与子女之间建立和谐密切的亲情关系。在心理氛围方面，学前教育机构的工作人员使“家长对幼儿应充满爱抚、关怀、尊重、理解和信任，使孩子感到安全、幸福和自由”，帮助家长营造良好的心理氛围。

2. 提高家长科学保育教育水平

总体而言，提高家长科学保育教育的水平是学前教育机构家长工作的一个核心任务。因为，只有提高了家长科学保育和教育的水平，才能切实保障学前家庭教育的质量，促进幼儿健康快乐地发展。那么，决定家长科学保育和教育水平的因素有哪些，在此有必要加以说明。目前，学前教育界对这一问题的理解虽然存在着差异，但是在综合各类学者观点的基础上，仍然有三个方面是被多数学者所广泛认同的，即家长对家庭教育的意识、家长所拥有的教育观念以及家长所掌握的保教方式方法。因此，对于学前教育机构所开展的家长工作而言，可以试图从这三个方面着手，努力提高家长科学保育和教育的水平。

（1）增强家长对学前儿童家庭教育重要性的深刻认识

我国学前教育专家陈鹤琴曾指出：“幼稚教育是一种很复杂的事情，不是家庭一方面可以单独胜任的，也不是幼儿园一方面可以单独胜任的，必定要两方面共同合作才能发挥充分的功效。”该论述表明了家庭教育具有不可替代的价值，做好家庭教育是促进幼儿身心全面和谐发展的重要保证。所以，对于家庭的主要责任主体家长而言，其所担负的教育责任可谓是意义重大。因而，家长必须要深刻认识到学前儿童家庭教育的重要意义和价值，端正自己在家庭教育中的角色和义务，努力发挥各自的教育优势，共同引导和促进孩子健康快乐成长。

（2）帮助家长形成正确的家庭教育观念

家教观念决定着家长的教育行为，目前，我国不少幼儿家长的儿童观、发展观、教子观、人才观等方面都存在问题，导致一些家长在对孩子的教育上步入误区，直接影响着家教质量和家园（所）合作教育。因此，学前教育机构要充分发挥自己在教育观念方面所拥有的科学优势，积极指导和帮助家长树立正确的家庭教育观念。例如，在儿童观和发展观上，要传授家长有关幼儿身心发展的特征，掌握幼儿身心发展的基本规律；在教子观上，要帮助家长认识到学前儿童家庭教育的目的旨在促进幼儿实现体、智、德、美的全面和谐发展，这四个方面相互联系、相互影响，一定要注重每个方面的发展，不能忽视其中任何一个方面的发展；在人才观上，要帮助家长形成正确的人才观，幼儿只要能够实现身心的全面和谐发展便是成才了，而并非是要培养小神童。

（3）帮助家长掌握科学的保教方法

著名的前苏联作家高尔基曾说过："爱孩子，这是母鸡也会的事，要善于教育他们，这就是国家的一桩大事，这需要有才能和渊博的知识。"这句名言告知我们，家庭教育是一件非常重要的事情，同时也并非是一件容易的事情，这需要掌握大量的科学育儿知识，同时还能够懂得使用科学正确的保教方式方法。当前有的家长缺乏家教办法，家庭教育常因方法不对而事与愿违。所以，学前教育机构的工作人员应该指导家长运用科学的保教方式方法去实施家庭教育。具体而言，一是要向家长宣传有关幼儿心理和教育的科学知识，为家长积淀良好的学前儿童教育的理论基础；二是要帮助家长认识家庭教育的基本原则，理解家庭教育的一般过程；三是要帮助家长掌握具体的家庭教育的方式方法，学会主动制订合理的家庭教育方案，实施科学的家庭教育。

3. 促进家长对学前教育机构工作的积极参与

学前教育机构的家长工作不仅要促进家庭教育质量的提高，而且还要懂得利用家庭的资源去提高学前教育机构自身的教育质量，这也是学前教育机构家长工作的一个重要任务。那么，如何利用家庭的资源去支持学前教育机构的工作，这便需要学前教育机构的工作人员努力促进家长对学前教育机构工作的积极参与，使家长能够理解和支持学前教育机构的工作，能够参与学前教育机构的教育决策，能够愿意为学前教育机构的工作需要提供服务，同时能够对学前教育机构的工作进行监督和评估。

（1）使家长能够理解和支持学前机构的工作

争取家长对学前教育机构工作的理解是做好一切教育工作的前提条件。学前教育机构工作人员应该利用各种合适的渠道去吸引家长对学前教育机构工作的认识，如为家长提供观察学前教育机构工作的机会，从而加深家长对学前教育机构保教工作的理解，明白学前教育机构保教工作的重要意义，同时体会学前教育机构保教工作的艰辛，进而能够为学前教育机构的保教工作提供力所能及的支持，最终增强学前教育机构与家长之间的相互信任与共同合作。

（2）使家长能够参与学前教育机构的教育决策

学前教育机构的教育决策应该能够考虑吸引家长的积极参与，因为，教育幼儿并非是学前教育机构单方面便可顺利完成的事情，所以需要家长的积极参与。此外，"家长是孩子的法定监护人，家长有权了解并参与托幼机构的各项教育决策"。那么，学前教育机构应该如何吸引家长参与教育决策，这要求学前教育机构能够主动为家长提供机会，让其参与和制订自己孩子的教育计划，如制订孩子的发展目标、内容、教育方法、教育途径等，这样不仅有利于提高家长的积极性，而且更能实现因材施教，充分尊重幼儿的个体差异。此外，学前教育机构还应该允许家长参与各项管理和决策，如人员、财物、时间、空间等方面，充分发挥家长的聪明才智。

（3）使家长能够愿意为学前教育机构的工作需要提供服务

幼儿家长由于其背景的各不相同而存在着巨大的相互差异，如社会角色、教育背景、经济条件等方面，因此，幼儿家长可以成为学前教育机构的重要人力资源。学前教育机构应该意识到家长资源的重要价值，积极鼓励家长在自愿的基础上为共同育儿贡献力量。具体而言，一是鼓励家长提供人力支持，可以根据自己的社会角色或特长，参与学前教育机构所组织的活动，如唱歌、跳舞、扮演警察、消防员等；二是鼓励家长提供财力和物力支持，家长可以自愿捐款，家中一些闲置的玩具和物品也可以捐赠给学前教育机构；三是可以为学前教育机构提供信息服务，如将孩子的信息传递给幼儿园，同时向外宣传学前教育机构的工作，扩大学前教育机构的影响。

（4）使家长对学前教育机构的工作进行监督和评价

学前教育评价是学前教育工作的一个重要环节，做好学前教育评价是学前教育机构的一项重要工作。家长作为学前教育中的一个重要利益相关者，参与学前教育评价也应该是其享有的基本权利。此外，"幼儿家长毕竟不是托幼机构的工作人员，不会有意护短，同时，为了自己孩子的合法权益，他们在监督与评估托幼机构的保教工作时，更容易采取客观、公正和严肃的态度"。所以，让家长成为学前教育评价的主体之一，可以有效促进学前教育评价的效率和效果。具体而言，学前教育机构应该允许家长参与学前教育机构的评价，使家长能够对学前教育机构的工作作出积极的监督，提出合理有效的评价意见，为改善学前教育机构的工作贡献力量。

（三）家长工作的基本原则

原则是指导行为的基本准则，学前教育机构家长工作的基本原则便是指导学前教育机构开展家长工作的基本准则，它是确保学前教育机构顺利完成家长工作的基本要求。由于学前教育机构的家长工作有着其根本目的和主要任务，想要顺利有效地完成这一艰巨和复杂的工作，学前教育机构必须要遵循家长工作的基本原则，在深入理解和把握家长工作的基本要求的基础上，推动学前教育机构家长工作的展开。

1. 互尊互利原则

互尊互利原则就是学前教育机构的工作人员与家长之间应该能够相互尊重，在此基础上实现互利，即共同促进幼儿的发展。互尊互利原则是做好家长工作的首要要求。通常情况下，家长均有一定的文化素养，他们均能关注自己孩子的教育问题，能够通过多种渠道获知相关学前教育知识，如电视、网络、报刊等，并且对学前教育的目的、内容、方式方法均有自己的相应见解。因此，学前教育机构的工作人员应该将家长视为自己的合作伙伴，相互尊重，共同为幼儿的身心发展贡献机智。对不同社会地位、不同职业、不同经济条件的家长要一视同仁，同样的尊重。只有这样才能与家长建立平等互助的同伴关系，达成互尊互利的要求。

2. 经常性原则

经常性原则是指学前教育机构的家长工作应该能够坚持常态化，将家长工作贯穿于平时的各项工作之中，建立完善的家长工作机制。学前教育机构的家长工作不应"只是出于偶然的事故原因而相互求助的行为，也不能是报喜不报忧或只报忧不报喜的刻板通报，而应注意利用一切便利条件，相互联络，随时沟通"。学前教育机构的工作人员要坚持与家长开展工作，抓住任何一次与家长相互见面的机会，主动与家长之间进行相互交流，分享有关孩子教育的各种信息，为调整各自的教育活动提供基础。

3. 预见性原则

预见性原则即指保教人员根据幼儿身心发展的规律、家长心态变化的规律和幼儿教育的规律，能预料这三者的未来，并主动采取预防措施，防患于未然，禁之于未发。凡事预则立，不预则废。学前教育机构的家长工作并非是在幼儿教育发生意外之后所采取的补救措施，而是能够结合当前的具体情况，及时做好预见性的工作和安排，促使家园共育走向科学正确的轨道。该原则要求学前教育机构的工作人员能够预先做好家长工作计划，并根据实际形式的变化，不断调整自己的工作安排。

4. 全面性原则

学前教育机构教育的一个重要特点便是全面性，即面向全体幼儿展开教育活动，而家长工作作为它的一个重点工作，也必然要遵循全面性的原则。那么，何谓家长工作的全面性原则，这里主要指学前教育机构的工作人员必须要面向所有幼儿的家长开展自己的工作，切实做到能够为每位幼儿和家长服务。该原则要求学前教育机构的工作人员应该“积极主动地与每个幼儿家长取得联系，与每个幼儿家长真诚合作，对幼儿家长一视同仁，从而为每个幼儿创设最适宜的家庭教育和幼儿教育条件”。

5. 差异性原则

与全面性相对应，学前教育机构教育的另一个重要特点便是差异性，这是由个体身心发展的差异性所决定的，也是因人施教的具体表现。所以，对于学前教育机构家长工作而言，也必须能够坚持做到差异性原则。那么，何谓家长工作的差异性原则，这里主要指学前教育机构应该能够尊重和满足幼儿及家长的多样化、差异性的需要，具有针对性地开展家长工作。由此可见，差异性原则也是做好家长工作的基本要求之一，该原则要求学前教育机构的工作人员能够合理分析每位幼儿及家长的背景、问题和需要，及时采取个性化的措施，有效做好家长工作。

6. 要求适度性原则

托幼机构教育的因材施教特点反映了幼儿及家长所存在的差异性，这在一定程度上要求托幼教育机构能够满足幼儿及家长所存在的差异性需要。由于家长工作是一项双向互动的教育工作，因此，在满足家长不同需要的同时，对家长提出合理的要求也成为完成家长工作的必然要求。当然，也正是由于家长之间的差异性，使得学前教育机构所提出的家长要求应该适度合理，一方面，要符合家长的能力和物力水平；另一方面，要尽量排除家长的后顾之忧，减轻家庭的负担。

第三节　社区合作

随着社区概念和社区教育的兴起，人们对社区教育的重要价值已经日益认可，并尝试去加强学校与社区之间的合作，以增强教育影响的和谐一致，构建良好的教育生态系统。学前教育作为基础教育的一个重要组成部分，加强学前教育机构与社区之间的合作也成为必然。本节将从社区与学前教育机构之间的密切关系谈起，讨论幼儿园与社区合作的方式与要求，同时总结社区幼儿教育的意义和经验。

一、社区与学前教育机构的关系

社区一词源于拉丁语，意思是共同的东西和亲密伙伴的关系，由德国社会学家滕尼斯（Tonnies Ferdinand，1859—1936）第一次用于社会学研究。其概念主要指一定区域内人群所组成的社会共同体，它以共同的心理和文化为基础。社区主要由五个要素构成：人口；地域；制度——保证人机关系协调的各种社会规范、行为准则、规章制度；关系——在同一社区内人群之间存在多种关系，如亲属关系、邻居关系、师生关系、职业关系等；机构——社区内应设有负责执行各项规章制度、协调人际关系、把握人口流动变化和开展各种政治、经济、文娱、教育活动的机构。由此可见，学前教育机构作为社区内的一种机构形式，也是社区组成的一个重要部分，因此，社区与学前教育机构之间的关系可以归纳为整体与部分之间的关系，而社区功能与学前教育机构功能之间的关系也可以被称之为互补式功能关系。

如上所述，从社区与学前教育机构之间的关系，以及其功能之间的关系可以看出，作为社区子系统的学前教育机构，它是支撑社区的重要元素，学前教育机构功能的发挥是社区对其所提出的必然要求，当然，社区也有教育功能，为学前儿童提供教育机会也是其所承担的重要责任。因而，就两者教育的共同功能来分析，社区与学前教育机构之间是有着共同目的的，旨在为本社区内的家庭提供充足便利的教育条件，便于家长的工作、学习和生活，同时促进儿童的身心发展。其实，社区教育是促进教育体制改革和发展的一种重要形式，它也是终身教育的重要组成部分；而学前教育作为基础教育的重要阶段，在与社区教育之间建立紧密衔接和联系则显得非常合理与必要。所以，社区需要关心和支持学前教育机构的发展，而学前教育机构也应配合社区，为营造良好的社区环境作出努力，双方都应明确自己的职责和义务，切实有效地推动和谐社区的建设。

由此可见，社区与学前教育机构之间的密切关系促使两者必须正视自己的角色和义务，只有做到相互合作、相互支持，方能为幼儿的身心全面和谐发展准备良好的生态环境。所以，"社区是幼儿园教育的背景，也是幼儿园取之不尽、用之不竭的教育资源；是幼儿园教育向社会的延伸与拓展，也可以称之为幼儿教育的一种非正规形式"。

二、幼儿园与社区合作的方式与要求

加强幼儿园与社区之间的合作是当前教育改革的重要要求，为了切实做好幼儿园与社区之间的合作，必须掌握一定的方式方法，同时，按照相互合作的一些基本要求开展幼儿园与社区合作活动，避免合作过程中可能产生的问题。

（一）幼儿园与社区合作的主要方式

社区学前教育方式多样，按照不同的维度可以作出多种类型的划分。从不同举办者的角度来看，可以划分为由幼儿园举办的社区学前教育，或者是以幼儿园为中心所举办的社区学前教育；由社区举办的学前教育，或者由社区之中的某一机构所举办的学前教育，如政府机构、博物馆、图书馆等；由社区中的个人或者团体所举办的学前教育等方式。从社区学前教育服务机构的分工角度来看，又可以划分为社区学前医疗保健机构活动、社区学前看护机构活动、社区学前教育机构活动等方式。从社区学前教育功能的复杂程度来看，又可以划分为单一的学前教育服务、综合的学前教育服务两种方式。从社区学前教育机构的营业时间来看，又可以划分为暂时性的学前教育服务和持续性的学前教育服务两种方式。从社区学前教育的稳定性程度来看，又可以划分为固定的社区学前教育服务方式和流动型的社区学前教育服务方式。最后，从社区学前教育的正规程度来看，又可以划分为正规的社区学前教育方式、非正规的社区学前教育方式以及非正式的社区学前教育方式。由于社区学前教育的方式多种多样，因此幼儿园与社区之间的相互合作也可以拥有多种方式。具体而言，我们可以从以下两个方面来进行探讨。

1. 融入幼儿园的方式

融入幼儿园的方式主要指幼儿园根据自身的需要，积极挖掘社区的各类教育资源为自己所用的一种方式。该类方式可以从利用社区中的人力、物力以及日常活动来进行。其一，充分发挥社区中各类人员的作用，为在园儿童创造教育活动机会，如聘请警察来园讲述安全和正义的道理，为幼儿树立正直的榜样；聘请消防员来园阐述防火的措施，明白火的作用和危害；聘请工人来园讲述生产劳动的故事，让幼儿学会热爱劳动的习惯。其二，充分利用社区之中的物品、场景和设施来进行学前教育，如可以利用社区中的树叶、石头等材料，为幼儿创设各类饰品；可以利用社区中的公园、体育馆开展各类户外活动；

可以利用商店、车站、电影院等设施帮助幼儿认识各类事物。其三，还可以充分利用社区所开展的活动和日常发生的重大事件进行学前教育，如社区开展的节日活动、植树活动、尊老爱幼活动等，帮助幼儿学习生活知识。

2. 融入社区之中的方式

融入社区之中的方式主要指幼儿园不再局限于自身的场所，走入社区之中，努力同社区融合，共同为社区发展提供服务的一种方式。该类方式可以从下列几个方面着手：其一，为幼儿的园外生活建立活动场所，如建立幼儿玩具馆、图书馆、亲子活动馆、幼儿游戏室等；其二，开展流动型的学前教育服务，对于偏远地区的幼儿教育而言，社区可以通过流动型的方式为这些幼儿的学前教育创造机会；其三，设立家长教育咨询机构，直接为幼儿的家庭教育出谋划策，如建立家长育儿班、新婚班等；其四，为社区工作服务，促进社区环境的建设，"该类活动尽管不直接为幼儿和幼儿家长服务，但其最终目的是为了净化社区，为幼儿的健康成长提供良好的生态环境，改善幼儿园与社区各部门、居民之间的关系"。

（二）幼儿园与社区合作的基本要求

幼儿园与社区之间合作的意义重大，但是想要做好两者之间的合作工作却并非易事，所以，必须要全面理解幼儿园与社区合作的基本要求，这样方能避免产生不必要的问题。具体而言，幼儿园与社区合作主要包括下列基本要求：

（1）教育性原则。幼儿园与社区合作的根本目的仍然是为幼儿身心发展提供条件，因此，强调幼儿园与社区合作以共同创造良好的教育环境则是双方工作的根本任务。

（2）幼儿园、社区及家庭教育一致性的原则。教育影响一致的原则要求幼儿园、社区和家庭必须坚持相互配合，保持教育影响的一致，实现共同育儿的目的。作为幼儿身心发展的三个主要影响源，三者之间相互配合协调是显得非常必要与合理的。幼儿园与社区之间的合作，应该能够充分利用家庭这一纽带，以家庭促进彼此之间的关系。

（3）互惠性原则。一方面，幼儿园可以充分利用社区的资源，为自己的教育活动提供便利，但是，同时也要树立为社区服务的观念，这样才能激发社区的积极性；另一方面，社区要大力支持幼儿园的教育活动，积极贡献自己的力量，当然，社区也可以要求幼儿园为社区发展出谋划策，只有这样方能实现双方的共赢。

（4）常态化原则。幼儿园与社区之间的关系表明，两者之间是一种持久性的关系。所以幼儿园同社区之间的合作必须保持常态化的原则，建立相互合作的长效机制。

（5）地域性原则。社区的概念决定了自身的地域性特征，这使得幼儿园与社区之间的合作必须能够尊重地域性的要求。要根据当地的时节、气候，居民的需要，社区和幼儿园方面的要求制定社区幼儿教育活动的计划，体现本地区、本社区特色。

三、社区幼儿教育的意义及经验

社区幼儿教育主要是指以社区为背景所展开的教育活动。社区幼儿教育具有重要的意义，必须重视社区幼儿教育的建设，而目前国外社区幼儿教育的一些优秀经验，已为我国社区幼儿教育的建设提供了重要参考和启发。

（一）社区幼儿教育的意义

社区幼儿教育作为学前教育的一种重要形式，对于促进整个学前教育的水平而言意义重大。不仅利于幼儿的身心发展，便于家长的工作和生活，促进家长对幼儿教育和社区的参与，同时，还能提高和扩大社区的服务，增进社区的和谐。

1. 有利于幼儿在园与离园时段的身心发展

加强社区幼儿教育建设的一个重要目的则在于为幼儿营造全面一体的良好教育环境，使幼儿无论是在园或者不在园都能够获得有利的身心发展。通过社区幼儿教育，不仅可以为幼儿园教育提供大量的教育资源和机会，便于幼儿在园之时进行各类学习，而且还能够为幼儿离开幼儿园之后的时段，提供丰富的教育机会，从而实现全时段的幼儿教育。

2. 便于家长的工作与生活

大力发展社区幼儿教育，可以为家长带来许多好处。不仅能够为家长继续从事工作和学习创造了机会，而且也能够通过社区教育改善家长的日常生活，促进其与子女之间的亲子关系，增进家长对幼儿教育的理解，提高自己的育儿水平。

3. 促进家长对幼儿园教育和社区服务的支持

当然，开展社区幼儿教育的目的不仅在于为家长提供便利，而且更加需要吸引家长的参与，从而为社区和幼儿园教育的发展贡献力量。家长应树立责任感，积极参与社区组织的教育活动。此外，“社区幼儿教育也是幼儿园同幼儿家庭教育合作的结合部，可以促进幼儿家庭教育的社区化和幼儿园教育的社区化，并使其接近幼儿家庭”。

4. 提高社区服务的质量与范围

随着社区建设的发展，社区服务不再局限于提供生活方便，其文化教育、法律咨询和维权等方面的服务也得到了长足的发展。加强社区幼儿教育的建设，不仅可以丰富社区便民服务的范围，同时，还能够提高社区服务的质量。

5. 增进社区的和谐

社区幼儿教育建设只是社区建设的一个重要方面，但却是事关社区每位家庭切身利益的重大事情。随着每个家庭对自己孩子教育的重视程度日益增强，加强社区幼儿教育建设不仅能够满足每个家庭的迫切需要，更能够提高每个家长的积极性和幸福感，这对于构建和谐社区而言意义重大。

（二）社区幼儿教育的经验

当前，利用社区资源，对处境不利的幼儿进行补偿教育，是世界各国追求幼儿教育起点的公平，改善社会处境不利的家庭和人群代际恶性循环的有力措施。以下将以美国、英国和日本三个发达国家为例，探讨国际社区幼儿教育的基本经验。

1. 美国的社区幼儿教育经验

美国是世界上学前教育最为发达的国家之一，其学前教育的许多举措已成为各国学习的重要对象。社区幼儿教育作为学前教育的一种重要形式，在美国也得到了重视。目前，美国社区幼儿教育的重要举措主要通过重大项目的方式来进行推动。该项目的名称为“提前开端计划”（Head Start），旨在通过开展社区幼儿教育的方式以提高贫困家庭幼儿的受教育水平，试图扭转贫困的代际传播。大量的跟踪研究报告表明，美国政府投资社区，利用社区对幼儿进行补偿的教育确实给幼儿个人和家庭带来了显著的成效，也带来了巨大的社会效益。

2. 英国的社区幼儿教育经验

英国也是世界上学前教育较为发达的国家之一，其开展社区幼儿教育的历史也较长，而学前游戏小组则是英国社区幼儿教育的主要形式。在 1960 年左右，英伦敦的自由团体——儿童救济基金会发起成立社区幼儿活动组织，以满足城市无法入园幼儿的教育和看护需要，同时，为已入园的幼儿争得一块游戏场地。该意图得到了广大家庭的积极支持，于是在 1962 年成立了学前游戏小组协会，这些措施也促进了学前游戏小组在英国的推广。目前，学前游戏小组已经遍布英国，在推动社区幼儿教育的发展，增进幼儿的身心发展水平过程中发挥了极大作用。

3. 日本的社区幼儿教育经验

日本作为亚洲的教育强国，其学前教育发展水平一直处于较高的水平。为了规范学前教育的发展，日本政府颁布了多项法规政策用以指导幼儿园教育，而社区幼儿教育作为一项重要内容，也是各项政策所明确说明的重点。日本政府于 1990 年制定颁布的《幼稚园教育要领》便对社区幼儿教育作出了基本规定，指出社区是幼儿生活从家庭向外延伸的重要场所，一方面，幼稚园教育要注重与家庭之间的密切联系与配合，另一方面，幼稚园还需要将家庭社区与自己的工作建立紧密的合作关系，由此可见社区教育的重要地位。目前，“天使计划”便是其社区幼儿教育的主要形式。

综上所述，重视社区幼儿教育已经成为发达国家的普遍选择，通过主导项目的方式推动社区幼儿教育成为主要形式，这对我国社区幼儿教育的建设具有重要的参考价值。

本章小结

家庭、幼儿园、社区和小学作为影响幼儿身心发展的主要因素，加强各因素之间的联系与合作是确保幼儿能够顺利成长的重要条件，因此，本章从幼小衔接、家园共育以及社区合作三个方面探讨了彼此之间的联系与合作。首先，本章对幼小衔接的涵义与重要性作出了界定，针对造成幼小不衔接的原因，提出了幼小衔接工作的主要内容与方法，同时明确了幼小衔接工作应注意的问题；其次，本章对家庭教育的重要作用，以及家园共育的主要价值作出了概述，同时论述了家园共育的主要方法与基本形式，并对家长工作的目的、任务与原则作出了阐释；最后，本章界定了社区与学前教育机构之间的关系，说明了加强社区与学前教育机构合作的重要性，同时，指出了幼儿园与社区合作的方式与要求，并分析了社区幼儿教育的意义及经验。

本章思考与实训

一、思考题

1. 为什么要重视幼儿园与小学之间的衔接工作?
2. 简述幼小衔接工作的内容与方法。
3. 简述家园共育的方法与形式。
4. 简述托幼机构家长工作的目的、任务及原则。

5. 幼儿园与社区合作的方式有哪些?

6. 幼儿园与社区合作有哪些基本要求?

二、案例分析

案例呈现一

家长的倾述

一年级的学生小婧的家长倾述：小婧刚上学那阵子，每天放学回来还都挺高兴的，也能主动写作业，可开学不到一个月，放学回来就不高兴，也不爱写作业了，还说“好好写，也得不到小红花，小学还不如幼儿园好”。

放学接孩子时，老师告诉家长：“她上课经常开小差，做小动作，有时想说话就说话，影响了正常教学。”回家后家长批评了她。

家庭作业没有家长提醒，她从来不主动做，只有家长在旁边监督，才勉强做一些，只要家长一离开，她马上就会玩这个弄那个，就算眼前没什么可玩的，也是玩笔呀、橡皮呀或者干脆发呆。为了这个事家长不知跟她讲了多少遍道理，讲也讲过，骂也骂过，打也打过，就是没效果。

有天早上，她突然说：“我不去上学了，就是不去上学了!”

重点研讨

该案例说明了什么现象，请结合本章所学知识谈谈导致小婧不想去上学的原因，同时提出预防此类现象发生的措施?

案例呈现二

及时沟通——让家长放心

李少宏从小体弱多病，像温室中的花朵。家长对于孩子在幼儿园的情况常感到不放心。每天接送孩子时，总是不厌其烦地询问孩子：在幼儿园喝了多少水？睡觉被子盖好吗？小便后裤子是否包好……最后干脆把孩子每天接回家去睡觉。

在了解了孩子的各种情况后，教师首先做孩子妈妈的工作，并回答了家长的各种疑问，然后上门给爷爷奶奶做工作，向家长保证，一定会尽心照料，保证孩子健康成长。通过这一次次的家访，终于打消了家长的顾虑。从此以后，班级中的三位老师紧密配合，关心照顾李少宏，同时引导孩子做力所能及的事：想喝水自己去，热了脱衣、冷了穿衣，有困难可以请求老师帮助。一段时间过去了，每天看见孩子都是高高兴兴、健健康康的，家长从此转变了对幼儿园工作的看法。与此同时教师利用递小纸条、电话联系、等形式及时与家长汇报孩子的点滴进步，使家长从事实中对教师的各种工作产生信任，开始更积极主动地配合幼儿园的教育工作。

重点研讨

结合案例谈谈家园共育的主要价值。

三、章节实训

1. 实训要求

了解幼小衔接、家园、社园合作的价值、内容及方式方法；学习评价幼小衔接、家园合作、社园合作工作的内涵及要求。

2. 实训过程

在多媒体教室，通过分小组进行案例研讨活动的方式来展开：

（1）呈现关于幼小衔接工作的教学案例，如“带领大班幼儿去小学访问”；关于家园合作的教学案例，如“开展家长座谈会”；关于幼儿园与社区合作的案例，如“组织幼儿到社区里的敬老院慰问”。

（2）分小组针对案例中的问题进行讨论：案例中所开展的幼小衔接工作是否全面有效，切实做好幼小衔接工作应注意那些问题？案例中，教师的家长工作是否达到目的？哪些地方做的较好，哪些地方需要改进？幼儿园与社区的合作，还可以开展哪些有教育意义的活动？

（3）探讨幼儿园衔接与合作工作的重要意义。

（4）各组成员根据老师提出的问题进行讨论，每个小组用 30 分钟进行集中讨论，最终形成一个书面材料。

（5）讨论结束后，由每个小组的组长分别上台作汇报，进行分享和交流。

3. 实训评价

教师进行评议和小结。

参考文献

[1] 蔡迎旗．学前教育概论[M]．武汉：华中师范大学出版社，2006．

[2] 昌利娜．《幼儿园教师专业标准(试行)》解读[J]．早期教育，2012，(5)：14-17．

[3] 陈帼眉，冯晓霞，庞丽娟．学前儿童发展心理学[M]．北京：北京师范大学出版社，2003．

[4] 陈厚云，方明．美国重视发展学前教育及其启示[J]．学前教育研究，2001，(2)：74-76．

[5] 陈幸军．幼儿教育学[M]．北京：人民教育出版社，2010．

[6] 崔丽娜．美国幼儿教师专业标准研究[D]．杭州浙江师范大学幼师学院，2011: 52-53．

[7] 但菲．高素质幼儿教师的培养与教师的专业化发展[J]．学前教育研究，2006，(4)：43-45．

[8] 杜燕红．以幼儿为本:《3-6 岁儿童学习与发展指南》的核心要义[J]．教育导刊，2013，(3)：15-19．

[9] 冯晓霞．幼儿园课程[M]．北京：北京师范大学出版社，2000．

[10] 冯晓霞．幼儿园课程[M]．北京：北京师范大学出版社，2001．

[11] 傅建明．学前教育学[M]．北京：中央广播电视大学出版社，2007．

[12] 高岚．学前教育学[M]．广州：广州高等教育出版社，2000．

[13] 高潇怡．幼儿教师学习观的类型研究[J]．教育学报，2008，(10)：71．

[14] 耿振美．浅析幼儿教师必备心理素质的培养[J]．中国教育研究论丛，2005，(00)：785-787．

[15] 古蓬勃．刍议新时期幼儿教师应具备的职业素养[J]．中国校外教育（下旬刊），2010，(12)：75-76．

[16] 关永春．幼儿园教师资格考试学前教育学考点解析[M]．北京：清华大学出版社，2013．

[17] 国家中长期教育改革和发展规划纲要（2010-2020 年）[N]．中国教育报，2010-07-30．

[18] 胡箭，张根健．幼儿教育学基础[M]．北京：北京师范大学出版社，2013．

[19] 黄慕琼．从幼儿改革趋势谈幼儿教师的能力结构[J]．教育导刊，1994，(6)：45-47．

[20] 黄人颂．学前教育学[M]．北京：人民教育出版社，1989．

[21] 黄人颂．学前教育学[M]．北京：人民教育出版社，2009．

[22] 霍力岩．学前教育评价[M]．北京：北京师范大学出版社，2000．

[23] 霍力岩．区域活动的本质特征[J]．幼儿教育，2009，(1，2)：23-25．

[24] 蒋荣辉．浅析幼儿园教师专业标准视野下的幼儿教师素质结构[J]．职业教育(下旬刊)，2013，(1):22-24．

[25] 教育部基础教育司．《幼儿园教育指导纲要（试行）》解读[M]．南京：江苏教育出版社，2002．

[26] 金建生、王玉生．学前教育学[M]．天津：南开大学出版社，2013．

[27] 李辉．《幼儿园教师专业标准(试行)》的认可度调查与政策建议[J]．教育导刊，2013，(5)：12-16．

[28] 李婧．早教机构 0 - 3 岁婴儿教育活动问题与对策研究[D]．西南大学，2011．

[29] 李生兰．学前教育学[M]．上海：华东师范大学出版社，2006：2．

[30] 李晓铭．浅论幼儿教师必备的素质与能力[J]．中国教育学刊，2010，(9)：81-82．

[31] 北京师范大学教育系学前教育研究所．学前教育学[M]．北京：北京师范大学出版社，1998．

[32] 梁志燊．学前教育学[M]．北京：北京师范大学出版社，2014．

[33] 林崇德．发展心理学[M]．杭州：浙江教育出版社，2002．

[34] 刘晓东．儿童教育新论[M]．南京：江苏教育出版社，1998．

[35] 刘晓东，卢乐珍．学前教育学[M]．南京：江苏教育出版社，2009

[36] 刘馨．学前儿童体育[M]．北京：北京师范大学出版社，1997．

[37] 刘焱．幼儿教育概论[M]．北京：中国劳动社会保障出版社，1999．

[38] 刘焱．学前教育原理[M]．大连：辽宁师范大学出版社，2002．

[39] 刘焱．儿童游戏通论[M]．北京：北京师范大学出版社，2004．

[40] 刘懿．学前教育活动设计与实践[M]．南昌：江西省高校出版社，2006．

[41] 刘占兰．学习领会《幼儿园教师专业标准》促进教师专业发展[J]．幼儿教育，2012 ，(3): 6-9．

[42] 刘志清．不同年龄班幼儿区域活动的特点及指导策略[J]．学前课程研究，2007，(4)：57-60．

[43] 吕燕．个性化区域活动中的创新举措[J]．学前教育研，2005，(2)：51-52．

[44] 孟昭兰．婴儿心理学[M]．北京：北京大学出版社，2005．

[45] 庞丽娟，李辉．婴儿心理学[M]．杭州：浙江教育出版社，2003：57．

[46] 庞丽娟．《幼儿园教师专业标准》的研制背景、指导思想与基本特点[J]．学前教育研究，2012，(7)：3-6．

[47] 庞丽娟，刘占兰．《幼儿园教师专业标准》说明[N]．中国教育报，2011-12-14．

[48] 庞丽娟，叶子．论教师教育观念与教育行为的关系[J]．教育研究，2000，(7)：48-51，71．

[49] 彭兵，邸安娜，陆楚生．区域性幼儿教师专业标准的探索与思考:以武汉市幼儿教师专业标准的编制为例[J]．学前教育研究，2011，(3)：27．

[50] 秦金亮．《幼儿园教师专业标准(试行)》的复杂性选视[J]．幼儿教育(教育科学)，2012，(3)：1-5．

[51] 石伟平．教育发展研究[M]．2006：27．

[52] 孙春荣．《幼儿园工作规程》颁发前后中国幼儿德育的比较[D]．云南师范大学，2007．

[53] 孙学勤．幼儿劳动能力培养及其迁移[J]．家庭与家教(现代幼教)，2007，(7，8)：47-49．

[54] 唐产生，隋玉梁．家教大典[M]．北京：蓝天出版社，1991．

[55] 唐淑，钟昭华．中国学前教育史[M]．北京：人民教育出版社，1993：69，79，93．

[56] 王标．中国学前教育的形成与发展述论[D]．福建师范大学，2007．

[57] 王冬梅．达州市幼儿教师素质现状与对策研究[J]．学理论，2012，(27)：166-168．

[58] 王莹．早期教育机构教师的儿童学习观研究[D]．西南大学，2010：5．

[59] 解希静．论反思型幼儿教师的专业素质[J]．牡丹江师范学院学报(哲学社会科学版)，2005，(1)：95-96．

[60] 阎水金．学前教育学[M]．上海：上海教育出版社，1998．

[61] 杨晓萍，李静．学前教育学[M]．重庆：西南师范大学出版社，2011．

[62] 杨泽．浅谈 0～3 岁婴儿早期教育的原则与方法[J]．读与写（教育教学刊），2011，(3)：92．

[63] 幼儿园教师专业标准(试行)(征求意见稿)[N]．中国教育报，2011-12-12．

[64] 余稚风．制定幼儿教师专业标准须关注的三个问题[J]．中国教师，2011 ，(6)：16-18．

[65] 赵桂丽，对贯彻《幼儿园工作规程》行政策略的思考[J]．学前教育研究，1997,(3)：49-51．

[66] 张博．现代幼儿教育观念研究[M]．长春:东北师范大学出版社，2003：97．

[67] 张亚军，方明惠．幼儿园活动设计与经典案例[M]．上海：华东师范大学出版社，2013．

[68] 郑健成．学前教育学[M]．上海：复旦大学出版社，2011．

[69] 郑建成．学前教育学[M]．上海：复旦大学出版社，2013．

[70] 中华人民共和国教育大事记(1949～1982)．北京：教育科学出版社，1984：4．

[71] 朱莉，马丽枝，任广红．幼儿教师专业素质结构的理论探讨[J]．内蒙古师范大学学报（教育科学版），2013，(2):

56-59 .

[72] 陆艳 . 区角活动设计与指导学习体会[EB/OL] . http://www . jjbwxx . com/contentlist_422_16588 . html

[73] 易贤网 .现代社会儿童发展上出现的一些特点[EB/OL] .2009-12-27 .http://www .Ynpxrz .com/n51604c1175p2 . aspx .

[74] 周学雷 . 利用有利资源扩展幼儿生活和学习的空间[EB/OL] . 中国学前教育研究会 . 2009-12-03 . http://www . cnsece . com/article/5716 . html .

[75] qqx-ying . 第四章 幼儿园教育的基本要素[EB/OL] . 豆丁网 . 2010-11-23 . http://www . docin . com/p-100042482 . html .

[76] daoqqzhuan .《学前教育原理》课程案例集[EB/OL] . 道客巴巴 . 2014-02-10 . http://www . doc88 . com/p-74962545570 . Html

[77] newnifing . 2014 年幼儿教育学案例分析[EB/OL] . 豆丁网 . 2014-05-26 . http://www . docin . com/p-819639287 . html